인문학자들이 뽑은
세계사 인물 오디세이

인문학자들이 뽑은
세계사 인물 오디세이

초판 1쇄 발행 2010년 6월 5일
초판 2쇄 발행 2012년 3월 10일

지은이 이혜령 외
펴낸이 이영선
펴낸곳 서해문집
이 사 강영선
주 간 김선정
편집장 김문정
편 집 허 승 임경훈 김종훈 김경란 정지원
디자인 오성희 당승근 안희정
마케팅 김일신 이호석 이주리
관 리 박정래 손미경

출판등록 1989년 3월 16일 (제406-2005-000047호)
주 소 경기도 파주시 교하읍 문발리 파주출판도시 498-7
전 화 (031)955-7470 | **팩 스** (031)955-7469
홈페이지 www.booksea.co.kr | **이메일** shmj21@hanmail.net

ⓒ 구범진 · 김봉철 · 김응종 · 김현영 · 박구병 · 박준성 · 박훈 · 방현석 ·
   손세호 · 송찬섭 · 이성숙 · 이정호 · 이주영 · 이혜령 · 임기환, 2010
ISBN 978-89-7483-432-6 43900

이 도서의 국립중앙도서관 출판시도서목록(CIP)은 e-CIP 홈페이지(http://www.nl.go.kr/ecip)에서
이용하실 수 있습니다.(CIP제어번호: CIP2010001853)

트라시마코스
Thrasymachos

체 게바라
Che Guevara

19

인문 학자 들이 뽑은

구범진
김봉철
김응종
김현영
박구병

세계사 인물 오디세이

시팅불
Sitting Bull

박준성
박 훈
방현석
손세호
송찬섭
메노키오
Menochio

메네트라
Menetra

그로노비우스
Gronovius

이성숙
이정호
이주영
이혜령
임기환
지음
후쿠자와 유키치
福澤諭吉

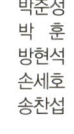

몽타유 사람들

이문건
李文楗

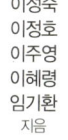

서해문집

'인간은 만물의 척도'라는 말이 있다. 이는 세상의 중심이 되어 모든 것을 판단하고 주도하는 인간의 존엄함과 유능함을 단언하는 자신에 찬 말이다. 그러나 모든 인간이 이러한 자부심과 확신을 갖고 사는 것은 아니다. 이 말이 나왔던 당시 그리스에도 인간의 기본적 자유와 정치적 발언권을 부여받지 못했던 노예가 있었으며, 대다수의 여성들이 규방에 갇혀 지냈다. 세상의 중심이 될 수 있었던 사람들은 극히 일부에 불과했다.

오늘날이라고 사정이 크게 나아진 건 아니다. 오히려 광대한 자연과 치밀하게 얽혀 돌아가며 개인을 압도하는 사회체계와 문명 앞에 인간은 더 큰 무력감을 느끼기도 한다. 또한 사람들마다 각기 다른 처지와 조건이 상황을 더욱 악화시킨다. 각자의 능력과 외모, 성격뿐 아니라 개인이 소속되어 있는 인종, 국가 및 사회집단과 문화적 배경에 따라 각기 누릴 수 있는 지위와 물질적인 복지, 사회적 영향력, 그리고 경험의 폭과 내용까지도 크게 달라진다. 이러한 구조에서 인간은 인간의 경쟁 상대 혹은 적이 되어 인간의 해방과 자기실현에 기여하는 것이 아니라 오히려 장애 요소가 되기까지 한다. 더구나 요즘처럼 정보 기술이 발달한 상황에서 각 개인의 개성과 정보는 보호받지 못하고 오히려 권력과 자본에 의한 통제와 조작의 대상이 되고 있다.

이런 상황 속에서 과연 인간이란 어떠한 존재이고 인간에게 바람직한 삶이란 무엇이며, 또한 인간은 어떠한 가치와 방향을 추구해야 할 것인가에 대해 끊임없이 질문이 있어 왔다. 이에 대해 종교에서는 인간 삶의 모순적 상황으로부터의 초월과 탈피를 통한 해탈과 구원이 추구되었다면, 철학에서는 인간의 본질적인 보편성과 합리성이라는 전제로 인간성의 완성이 모색되기도 했다.

그러한 답변들에는 보편적이거나 초월적인 통찰력이 들어 있지만, 우리가 완벽한 해답을 찾았다고 보기는 어려울 것이다. 수많은 사람들이 다양한 모습으로 살아가는 각 개인의 실제 삶과는 다소 거리가 있기 때문이다. 여기서 우리는 보다 구체적이고 다양한 삶의 모습을 조명함으로써 부분적으로나마 새롭게 답변을 찾아야 할 필요를 느낀다.

이 책을 통해 우리가 관심을 갖고자 하는 것은 보편적이고 본질적인 존재로서의 인간의 삶이 아니다. 또한 지대한 극기와 자기 부정을 통해 인간적인 상황으로부터 초탈할 수 있었던 성인들의 생애도 아니다. 오히려 인간적인 한계와 가능성 안에서 주어진 환경에 충실하게 적응하고, 한편으로는 그에 도전해 갔던 사람들의 삶을 비추어 보고자 한다. 다시 말해 인간으로서 부여받은 감정과 욕구에 어쩔 수 없이 얽매이면서도 자신을 포함한 기존 상황에 대해 근본적인 문제와 의문을 제기하여 그것을 해결하고 개선시키고자 노력한 구체적인 모습을 추적해 보고자 하는 것이다.

그러나 개인의 생애 그 자체에 대한 관찰에만 국한되는 것은 큰 의미가 없을 것이다. 어떠한 개인이라도 결코 혼자 사는 것이 아니라 타인과 이웃으로 얽혀 사회체계 및 문화적인 규범에 따라 살고 있다. 따라서 우리는 개인의 순응과 도전, 포기와 좌절에 이르기까지 그것이 당시의 사회·문화적인 구조에서 어떠한 위치를 차지하고 있으며, 또한 각자의 시대를 구성하고 있던 요소들이 어떻게 작용했는가에 대해서 조명해 보고자 한다. 그렇다고 해서 개인의 삶을 주어진 시대의 산물로서만 보고자 하는 것이 아니라, 오히려 개인과 시대와의 상호작용에 주된 초점을 맞추어 보고자 한다.

모든 사람은 주어진 환경에 적응하기도 하지만, 작든 크든 그에 대해서 반응하고 도전하면서 변화의 요인을 제공하기도 한다. 따라서 각 인물이 자신에게 주어진 환경을 넘어서 새롭게 구축하고자 했던 이상과 목표, 그리고 그것을 실현하기 위해서 투여했던 실천적 움직임에 보다 많은 비중을 두고자 한다. 그러한 개인적 시도는 성공해서 기존의 틀을 해체하거나 변화시키기도 했고, 반대로 실패하여 더욱 경직되고 편협한 상황을 초래하는 경우도 있었다. 이러한 결과에 대해서도 단순히 개인적인 요소로만 설명하는 데 그쳐서는 안 될 것이다. 즉, 각 개인의 삶과 시도를 사회·문화적인 관점에서 설명하고 평가해 보면서, 그것의 한계뿐 아니라 성취까지 가늠해 보고자 하는 것이다.

이 책에서 우리는 17건의 인물 혹은 인물군의 생애와 그 의미를 검토해 볼 것인데, 전체적으로는 크게 3가지 범주로 나눌 수 있다. 즉, 사회 지도자 내지 개혁가·혁명가, 지식인, '사회의 평범한 구성원이지만 당시 시대 상황을 명료하게 삶으로써 구현했던 사람'으로 분류하여 각각의 사례들을 선정해 보았다.

그러나 이 사람들의 삶에 대한 세세한 사항에 너무 집착할 필요는 없을 것이다. 그보다는 이 책을 통해 인간에 대한 우리 스스로의 인식 변화를 모색해 본다면 더 바랄 것이 없을 것이다. 아무리 하찮은 개인일지라도 실천의 주체로서 각기 고유하고 다양한 방식으로 적응과 변화, 창조를 통해 문화를 축적해 왔다. 이점에서 우리는 이전에 알고 있던 인물에 대해서는 전혀 새로운 면모를 발견하고, 경우에 따라서는 전혀 모르고 있던 의외의 매력적인 인물을 만나는 즐거운 경험의 기회를 제공할 수도 있을 것이다.

이 책은 한국방송통신대학교 문화교양학과 전공 교재였던 《인물로 본 문화》를 더 다양한 독자들이 읽을 수 있도록 손질하여 펴낸 것이다. 이 책을 통해 우리가 유명한 역사상의 인물뿐 아니라 별로 알려지지 않았던 평범한 사람들, 더 나아가서는 나를 포함한 모든 인간이 소중한 존재임을 새롭게 자각하게 된다면 우리 사회 역시 보다 따사롭고 아름다워질 수 있지 않을까?

2010년 5월, 필자를 대표하여 이혜령 씀

차 례
Contents

제 1 부

세상을
바꾸려던
개혁가
혁명가

알렉산드로스

세계 제국 운영과 헬레니즘 문화

알렉산드로스Alexandros(BC 356 ~ 323)

알렉산드로스는 누구인가?

알렉산드로스는 그리스 북부에 있던 마케도니아 왕국의 왕자로 태어나서 세계 제국의 제왕으로 생을 마감했다. 그의 일생은 피비린내 나는 정복과 전쟁으로 채워졌고, 결국은 당시 알려진 세계의 대부분을 정복한 지배자가 되었다. 그는 아버지 필리포스 2세와 어머니 올림피아스 사이에서 태어났다. 알렉산드로스는 아버지로부터 강인한 의지와 용기, 탁월한 통찰력과 통솔력을 물려받았고, 어머니로부터는 격정적이고 감성적인 성품을 물려받았다. 그는 후계자 문제로 아버지와 불화를 겪기도 했지만, 강인한 성격과 어머니의 적극적인 후원으로 왕위에 오를 수 있었다.

필리포스 2세는 아들의 비범한 재능을 알아보고 자식 교육에 큰 공을 들였는데, 저명한 철학자 아리스토텔레스를 아들의 개인 교사로 초빙하기도 했다. 알렉산드로스는 아리스토텔레스에게서 윤리학, 정치학, 지리학, 논리학, 철학을 배웠고 스승의 영향으로 생물학과 의학에 대해서

BC 4세기경 만들어진 알렉산드로스 대왕 동상.

도 관심을 갖게 되었다. 알렉산드로스는 후일 페르시아 원정 때 많은 과학자와 학자들을 함께 데려가 연구와 관찰을 하도록 했는데, 이런 배려는 그의 진지한 학구열과 아리스토텔레스의 영향 덕분이었다.

알렉산드로스는 이미 왕자 시절부터 전사로서 탁월한 역량을 과시했다. 열여섯 살 때 트라키아의 반란 세력을 진압했고 열여덟 살 때는 유명한 카이로네아 전투에서 기병대를 지휘했다. 알렉산드로스는 유능한 군사 지도자로서 군대의 헌신적인 충성을 얻어 냈다. 그는 군사들의 충성에 대해 물질적으로나 정신적으로 충분히 보상했으며, 전쟁터에서 병사들과 생사고락을 같이하며 모범을 보이곤 했다. 로마의 역사가 아리아노스는 알렉산드로스의 군대가 한 사막을 지날 때의 일화를 전한다. 사막 행군으로 모두들 타는 듯한 갈증에 괴로워하고 있던 중, 한 병사가 조그만 샘물을 찾아내 투구에 물을 담아 왕에게 바쳤다. 그러자 왕은 병사에게 감사의 말을 전하고는 그 물을 마시지 않고 그냥 땅에 쏟아 버렸다. 알렉산드로스의 행동에 병사들은 용기백배하여 모두들 그 물을 마신 듯한 기분이 들었다. 알렉산드로스는 이런 헌신적인 군대의 존경과 충성을 바탕으로 페르시아 원정에 성공할 수 있었던 것이다.

알렉산드로스는 신체 단련보다 정신 훈육에 더 많은 관심을 쏟았다. 그는 학문에 관심이 많았으며, 그리스의 문학작품들을 즐겨 읽었다. 특히 호메로스의 서사시 《일리아스》를 좋아해서, 페르시아 원정 내내 곁에 두고 읽었다고 한다. 알렉산드로스는 육체적 쾌락이나 재물에 대해서는 별 욕심이 없었다. 그는 포로로 잡은 페르시아 왕실의 절세미인들을 눈앞에 두고도 탐닉하지 않았고, 자신의 재화와 전리품을 장군과 병사들에게 아낌없이 나누어 주곤 했다.

알렉산드로스의 스승이었던 아리스토텔레스.

하지만 그가 남에게 절대 양보하지 않은 것이 있었다. 그것은 바로 명예와 영광이었다. 그는 평생 자신의 명성을 높이는 데 최선을 다했다. 자신이 그리스인의 전설적인 영웅 헤라클레스와 아킬레스의 후손이라는 것을 자랑스러워했으며 그들을 모범적인 우상으로 삼았다. 그는 순간적이고 허무한 쾌락 대신 영웅적인 업적을 추구함으로써, 후대에 길이 전해지는 '영원한 삶'을 살고자 했던 것이다. 알렉산드로스의 명예욕에 관해서는 플루타르코스가 몇 가지 일화를 전한다. 아버지 필리포스 2세의 전승과 정복을 알리는 희소식이 전해질 때마다 알렉산드로스 왕자는 그리 기뻐하지 않았다고 한다. 그는 친구들에게 "아버지가 모두 다 정복해 버리면 우리들이 할 일이 없을 거야."라고 말했다고 한다. 또 한번은 다레이오스 왕이 이수스 전투에서 패한 후 알렉산드로스에게 사절을 보내 평화를 요청했을 때의 일이다. 평화의 주요 조건은 유프라테스 강 서쪽 영토를 양도하고 막대한 재화를 지불하겠다는 것이었다. 알렉산드로스가 측근들에게 의견을 묻자, 장군 파르메니온이 대답했다. "제가 왕이라면 그 제안을 받아들이겠습니다." 그러자 알렉산드로스가 답했다. "내가 파르메니온 당신이라면 나도 그렇게 하겠소." 결국 알렉산드로스는 다레이오스 왕의 제안을 거절했다. 그는 아시아의 일부를 통치하는 왕이 아니라 아시아 전역의 왕이 되고 싶었던 것이다. 결국 그가 바라던 명성은 대대적인 전쟁과 정복을 통해 얻을 수 있는 것이었다. 알렉산드로스가 약관 스무 살의 나이에 왕이 되었을 때, 이미 그리스 일대는 마케도니아 왕국의 지배하에 있었다. 그때 그의 눈길은 아버지가 정복하지 못한 페르시아 땅을 향하고 있었다.

알렉산드로스의 페르시아 원정

알렉산드로스의 역사적 가치는 그의 페르시아 원정과 동서 문화 융합 정책을 중심으로 평가되어 왔다. 그는 사상 초유의 거대한 세계 제국을 건설했고 그리스와 페르시아 간의 정치 · 문화적 통합을 시도한 최초로 인물이다. 비록 젊은 나이에 사망함으로써 그의 꿈이 미완에 그치긴 했지만, 그의 행적은 이후 헬레니즘 시대가 펼쳐지는 데 결정적인 영향을 미쳤다.

알렉산드로스는 당시에 알려진 세계의 대부분을 정복하여 거대한 세계 제국을 건설했다. 더욱이 기원전 334년에 페르시아 원정에 나서 약 4년 만인 기원전 330년에 페르시아 제국을 멸망시켰는데, 이것은 사상 유례없는 초고속 군사 원정이었다. 그 이후에도 거침없이 인도까지 진군했으나, '세계의 끝'을 눈앞에 두고 회군해서 기원전 323년에 바빌론에서 33세의 나이로 사망했다. 이처럼 단시일 내에 믿기 힘든 업적을 이루었기 때문에, 유럽에서는 그를 반신반인의 영웅이나 신의 아들, 혹은 신으로 추앙했으며 그에게 정복당한 땅 아시아에서는 두려움과 증오의 대상인 동시에 초인적인 인물로 여겼다.

그런데 페르시아 원정은 알렉산드로스 때 처음으로 시도된 것도 아니고 그가 개인적인 차원에서 결정한 것도 아니었다. 기원전 337년의 코린토스 동맹회의에서 그의 부친 필리포스 2세를 총사령관으로 하는 페르시아 원정이 결의되었고, 기원전 336년에는 1만 명의 선발대가 이미 파견된 상태였다. 하지만 바로 그해에 필리포스 2세가 암살되자, 페르시아 원정의 과업이 알렉산드로스의 몫으로 돌아왔다. 그 원정 계획이 불발되지 않고 계속 추진된 데에는 명성과 영예를 향한 그의 개인적인 야망이 크게 작용했다. 그리고 그리스의 불안한 국내 상황도 그의 계획을 더욱 부추겼다. 필리포스 2세가 사망한 이후 그리스 국가들은 마케도니아의 지배에 반기를 들었고 알렉산드로스가 그것을 진압하는 데는 2년이 걸렸다. 그는 그리스 국가들의 저항을 무마시키고 그들의 공식적인 지원을 얻을 만한 명분이 필요했다. 그것이 바로 페르시아 원정이었다.

많은 그리스인들 역시 페르시아 원정에 대해 어느 정도 공감하고 있던 터였다. 그리스—페르시아 전쟁(BC 490~479년) 이후 페르시아는 그리스인이 가장 경계하는 외부 세력이었다. 페르시아는 전쟁에서 그리스군에게 패했지만 여전히 소아시아와 오리엔트 지역에서 국제적인 강국의 위세를 누리고 있었다. 특히 기원전 5세기 말 펠로폰네소스 전쟁에서 페르시아가 그리스인의 문제에 개입한 이후, 에게 해와 그리스에서 페르시아의 영향력은 다시 강화되었다. 따라서 기원전 4세기에는 페르시아에 대한 그리스의 대외적 의존도가 높아지고 더불어 페르시아에 대한 그리스인의 적대감도 깊어졌다. 이런 상황에서 고르기아스와 이소크라테스는 외국인, 특히 페르시아를 주적으로 삼은 범그리스주의를 제창했다. 그것은 그리스인들 간의 소모적인 분쟁을 막고 그리스에 평화를 가져다줄 정치적 해결책이기도 했다.

페르시아 원정은 그리스인이 겪고 있던 경제적 곤경을 해결하는 방법이기도 했다. 기원전 4세기 그리스에서는 폴리스들의 경제 사정이 악화되고 시민들 간의 빈부 격차가 커지면서 사회 개혁에 대한 요구가 늘어나고 있었다. 토지 재분배와 부채 소멸을 주장하는 요구가 여기저기서 터져 나왔고, 급기야 생계를 위해 국경을 넘는 유랑민들까지 생겼다. 이들은 그리스 일대에서 중대한 사회불안 요인으로 인식되었다. 따라서 그리스인들로서는 폴리스의 생산 여건 악화와 인구 과잉을 해결하고 사회 안전을 확보할 수 있는 탈출구가 필요했다. 고대 그리스는 해외 식민지 건설을 통해 생산 부족과 인구 과잉 문제를 해결해 왔다. 그런 면에서 보자면, 페르시아 원정은 대규모 식민지를 확보할 수 있는 기회였다.

기원전 334년 5월, 21세의 청년 알렉산드로스는 최소 3만 5천 명의 군대를 거느리고 헬레스폰토스 해협(오늘날의 다르다넬스 해협)을 건넜다. 이는 역사적인 페르시아 원정이 시작되는 순간이었고 알렉산드로스가 광활한 아시아 지배를 꿈꾸며 첫발을 내딛는 순간이었다. 그는 이후 12년 동안 페르시아 정복과 자신의 제국 운영에 몰두했으며 다시는 조국 땅을 밟지 못했다. 그는 원정 도중에 페르시아군과 지방 세력의 거센 저항을 받기도 하고 그 자신이 부상과 질병으로 고생하기도 했지만, 그의

그리스와 페르시아 간에 벌어진 이수스 전투의 한 장면. 왼쪽의 알렉산드로스와 오른쪽의 다레이오스가 마주하고 있다.

원정은 대체로 순조롭게 진행되었다. 그가 인도까지 진격했다가 다시 수사에 복귀할 때까지 10년 동안 원정한 거리는 약 3만 5천km로, 지구 둘레(약 4만km)의 7/8에 해당한다.

　　알렉산드로스가 원정한 지역은 페르시아 제국의 중심부와 전략적으로 중요한 지방 거점들이었다. 원정 중에 그가 페르시아 왕 다레이오스 3세의 군대와 직접 맞닥뜨린 것은 이수스 전투와 가우가멜라 전투뿐이었다. 이수스 전투에 관해서는 로마 시대 폼페이 유적의 한 모자이크 벽화가 생생하게 묘사하고 있다. 모자이크 그림에서는 이미 전투의 승패가 결정된 듯, 강인하고 저돌적인 이미지의 알렉산드로스와 허약하고 애처로운 이미지의 다레이오스의 모습이 대조적으로 묘사되어 있다. 제국의 운명이 엇갈리는 역사적인 장면이라 하겠다. 이수스 전투에서 결정적으로 패한 다레이오스는 2년 후 가우가멜라 전투에서 제국 회복을 위한 마지막 싸움을 벌이지만, 역시 패하고 말았다. 다레이오스는 기원전 330년 여름에 부하에게 살해당했고 그로써 페르시아 제국은 종말을 맞이했다. 알렉산드로스는 그 후 인도에까지 진군해 페르시아 제국의 남은 영토를 정복하면서 그리스인이 알고 있던 '모든 세계'의 지배자가 되었다. 이제 남은 일은 그 거대한 제국을 어떻게 운영하는가의 문제였다.

세계 제국과 헬레니즘 문화

알렉산드로스의 새로운 대제국은 다양한 민족으로 구성되어 있었다. 알렉산드로스는 합법적으로 제국 지배자가 된 것이 아니고 군사력을 기반으로 제국을 건설한 정복자였다. 하지만 알렉산드로스의 군대는 많아야 5만 병력이었기 때문에, 군사력을 통한 지속적인 지배는 불가능했다. 그는 페르시아 제국의 기존 통치 방식을 수용해야 했다. 당시 페르시아는 20개의 속주로 나뉘었고 각 속주에 대한 통치는 총독이 맡았다. 총독은 중앙정부에 대해 일정한 세금을 냈고, 필요할 경우 군사력을 제공해야 했다. 그들은 대개 페르시아 왕족이나 귀족층에서 배출되었지만, 원활한 통치를 위해 현지 토착 세력과 협력 관계를 맺었다 속주 제도는 아시리아 제국과 페르시아 제국을 거쳐 고대 오리엔트의 전통적인 지방행정 제도로 운용되어 왔다. 고대 오리엔트와 지중해 세계에서는 다민족 제국을 통합적으로 운용할 인적·물적 자원이 부족했기 때문에, 중앙집권적인 통치보다는 지방분권적인 통치가 더욱 현실적인 방안이었다. 알렉산드로스 역시 페르시아의 속주 및 총독 제도를 그대로 수용하면서 정복 지역의 총독들을 교체하지 않고, 그들에게 자신에 대한 충성을 요구했을 뿐이다. 달라진 것이 있다면 총독의 권한을 분산시키고 축소했다는 점이다.

알렉산드로스는 여러 민족들의 고유한 신앙과 문화를 존중했다. 이 것 역시 아시리아 제국과 페르시아 제국 왕들의 방식을 따른 것이었다. 이들 두 제국의 왕들은 대체로 이집트와 바빌로니아의 신전과 종교적 전통을 보존하고 존중했다. 알렉산드로스 역시 이집트의 최고신 아몬과 신성한 황소 아피스의 권위를 인정했고 아몬 신의 사제로부터 아몬의 아들이라는 신탁을 받았다. 그는 또 바빌로니아의 주신 마르둑을 위한 신전을 짓겠다고 약속했다. 이것은 알렉산드로스가 정복 지역의 토착 신앙을 이용해 그 지역의 지배자로서의 정치적 권위를 인정받으려는 시도였다.

하지만 알렉산드로스는 다민족의 다양한 전통과 문화를 존중하는 것으로 그치지 않았다. 그는 세계 제국의 통합을 위한 동질적인 기반을 확립하고자 했다. 첫째, 그는 각 민족의 다양성을 존중하면서도 문화적 통합을 추구했다. 그 통합의 토대는 물론 그리스 문화였고, 그리스 문화를 오리엔트에 전파하던 중심지는 알렉산드리아라고 불리던 신도시들이었다. 그가 70개가 넘는 알렉산드리아를 건설했다고 하지만, 현재 그 위치가 확인된 것은 20여 개 정도다. 대부분의 알렉산드리아는 티그리스 강 동쪽에 위치했다. 알렉산드로스는 기원전 331년 초 이집트에 최초의 알렉산드리아를 건설한 이후, 자신의 정복 지역 곳곳에 알렉산드리아를 만들었다. 그중 이집트의 알렉산드리아가 가장 유명했다. 알렉산드로스는 이 그리스식 도시를 나일 강 하구인 지중해 연안에 건설했다. 역대 이

알렉산드리아의 파로스 섬에 세워졌던 파로스 등대 상상도. 등대의 불빛은 43km 밖에서도 보일 만큼 밝았다고 한다.

집트 왕국의 수도가 멤피스나 테베 같은 내륙 지방에 위치했던 것과는 대조적이었다. 이집트의 알렉산드리아는 후일 기대 이상의 성과를 거두게 된다. 그곳은 이집트 문화를 외부 세계로 전파하는 교량이 되었고 다양한 문물이 모여드는 지중해 최대의 도시로 성장했다. 이집트의 알렉산드리아는 알렉산드로스 사후에도 프톨레마이오스 왕국[1]의 지원을 받아 헬레니즘 시대 최고의 학문과 예술, 교역 중심지가 되었다.

모든 알렉산드리아가 이집트의 경우처럼 성공한 것은 아니었다. 다른 알렉산드리아는 알렉산드로스가 의도했던 성과를 거두지 못했다. 그곳의 주민 구성은 대개 마케도니아인 장교와 병사, 그리스인 용병, 퇴역 군인, 그리스 상인과 학자·예술가, 해방된 포로들과 현지인들이었다. 그런데 마케도니아인과 그리스인은 자신들의 문화가 우월하다고 여겨 현지의 토착 문화를 수용하는 데 인색했다. 특히 그리스인들은 기원전 5세기 이래로 자신의 문화와 외국인의 문화를 차별하고 외국인 문화를 자신의 것보다 더 열등하다고 보았다. 그나마 그리스인들이 비교적 관대한 태도를 보인 것은 이집트 문화 정도였다. 정복 지역의 토착민들 역시 정복자의 문화를 받아들이는 데 소극적이었으며 때로 반발하기도 했다.

1
알렉산드로스의 장군 프톨레마이오스와 그 후손이 통치하던 헬레니즘 시대 왕국으로 고대 이집트와 리비아를 포함하는 지역.

결국 이들 지역에서의 그리스 문화와 토착 문화의 만남은 양쪽의 융합이라기보다 그리스 문화의 일방적인 전파였다고 할 수 있다. 그리스 문화의 수용도 신도시에 국한되었고 토착 지배층의 관심을 끌 뿐이었다. 말하자면 그리스 문화의 역할은 광대한 헬레니즘 세계에 간간이 박혀 있는 몇 개의 점과 같은 것이었다. 더욱이 헬레니즘 세계의 범위가 지중해 지역 주변으로 좁혀지면서 메소포타미아 동쪽의 그리스 문화는 더욱 고립되고 그 비중은 더욱 작아졌다.

지중해 지역이 아닌 곳에서의 그리스식 신도시의 역할을 파악할 수 있는 사례는 아프가니스탄 북부에 위치한 아이하눔이다. 아이하눔은 기원전 3~2세기에 번성했던 도시인데, 한때 알렉산드리아로 불렸던 것으로 보인다. 아이하눔의 유적지는 아크로폴리스, 아고라, 신전, 공공건물, 운동장, 극장, 성벽 등 그리스 도시의 필수적인 요소들을 모두 갖추고 있다. 그리스적인 요소는 이 도시의 외형뿐 아니라 도시민의 정신과 교육에서도 드러난다. 운동장에서 발견된 한 비문에는 델포이의 아폴론 신전에 새겨진 금언들이 기록되어 있는데, 그 금언의 내용은 절제와 중용을 강조하는 그리스인 특유의 가치관을 담고 있다. 그 비문 내용에 따르면 클레아르코스라는 사람이 직접 델포이에 가서 금언을 베껴 왔다고 한다. 클레아르코스는 그리스인 교사로서 그리스의 지식과 문화를 전파했을 것이다. 그러나 아이하눔이 인근 지역에 그리스 문화를 성공적으로 전파했다고 볼 만한 근거는 없다. 아마 헬레니즘 왕국의 축소로 인한 정치적 지원의 중단과 고립화, 인근 토착 문화와의 부조화, 그리스인의 지속적인 충원의 어려움 때문에 도시의 그리스적인 특징은 차츰 약화되었을 것이다. 아이하눔은 기원전 2세기 후반에 초원의 유목 민족에 의해 파괴되었고, 이로써 그리스 문화 전파의 거점 하나가 사라졌다.

　문화적 측면에서 볼 때, 헬레니즘 세계는 지중해를 중심으로 형성되었다. 그리스 문화는 지중해 문화의 일부로서 성장했다. 초기 그리스인의 문화는 이집트, 소아시아, 페니키아의 문화를 수용하면서 자라났다. 이집트로부터 종교, 예술, 건축의 선구적 사례를 수용하고 소아시아로부터는 철기 문화와 화폐 주조법을 배우고 페니키아로부터는 표음문자를 받아들였다. 또한 그리스의 국가들은 지중해 세계와 정치·경제적으로 꾸준히 교류했다.. 말하자면 그리스를 포함한 지중해 지역 국가들은 상호 교류를 통해 정치·경제·문화적인 기반을 어느 정도 공유하고 있었다. 그런 지중해적 기반 위에서 헬레니즘 특유의 문화 교류가 가능했으며, 그리스의 아테네, 이집트의 알렉산드리아, 시리아의 안티오키아, 소아시아의 페르가몬 같은 국제적인 대도시들이 등장한 것이었다. 그러나 메소포타미아는 지중해 중심의 교류에서 다소 벗어나 있었고 더욱이 페르시아 제국의 동부 지역은 그리스인과 직접적인 교류가 거의 없는 지역이었다. 그리스인은 그들 지역의 지리에 대해서도 제대로 알지 못했다. 이처럼 역사적으로 교류 경험이 적고 공유할 만한 공동의 기반도 부족했기 때문에, 그리스 문화와 타민족 문화가 쉽게 융합되지 못했던 것이다. 결국 메소포타미아 동쪽에서의 문화 융합 시도는 상호 교류에 이르지 못하고 그리스 문화 중심의 일방적인 전파에 그치고 말았다.

민족 간 융합 시도

알렉산드로스가 시도한 또 하나의 통합은
민족 간의 인적 융합이었다. 그것은 대대
적인 결혼 정책과 피정복민 대상의 군대
충원을 통해 이뤄졌다. 민족 융합의 상징
적인 사례는 수사에서의 합동결혼식(기원
전 324년)이었다. 알렉산드로스와 80여 명
의 마케도니아 장군들이 페르시아인 신부
와 결혼했고 1만 명의 병사들도 현지인
신부와 결혼식을 올렸다. 이 결혼을 통해

기원전 4세기경 만들어진 알렉산드로스대왕의 동상. 유럽
과 아시아에 걸쳐 대제국을 건설한 알렉산드로스는 헬레
니즘 문화가 형성되는 데에도 큰 역할을 했다.

태어난 자식들은 정복 민족과 피정복 민족의 자연스런 화해와 융합의 산
물이었고, 이들은 알렉산드로스의 세계 제국 경영에서 중심적인 역할을
할 것이었다.

　　그러나 이 결혼은 다분히 강제적인 것이었다. 마케도니아군 장교나
병사들은 결혼에 대해 내심 불만을 갖고 있었다. 알렉산드로스는 병사들
의 결혼을 상려하기 위해 결혼 희망자의 개인 빚을 갚아 주겠다고 약속할
정도였다. 알렉산드로스의 부하 장교나 병사들이 외국인 처와 안정적인
결혼 생활을 한다는 것은 그들이 귀국하지 않고 정복지에 계속 머문다는
것을 의미했다. 하지만 이들은 대부분 귀국을 열망했다. 더욱이 알렉산드
로스가 1년 후인 기원전 323년 6월에 갑자기 사망함으로써 후계자 문제
가 불거졌고 정치 상황과 군대의 향방이 불안해졌다. 장교들은 알렉산드

로스가 죽자 대부분 이혼했고 병사들 중에서도 귀국에 대한 열망이나 병력 이동 때문에 현지에서 안정된 결혼 생활을 계속한 자는 그리 많지 않았을 것으로 보인다. 이로써 알렉산드로스가 야심차게 추진했던 대대적인 민족 융합 정책은 별다른 성과를 거두지 못했다.

알렉산드로스는 정복 지역 청년들에게 마케도니아식 훈련을 시켜 군대를 충원하기도 했다. 그 결과 무려 3만 명의 현지인 청년들이 페르시아 제국의 도시 수사에 모여들었고, 박트리아인과 소그디아나인 병력이 알렉산드로스의 핵심 부대에 포함되었다. 페르시아 원정 중에 알렉산드로스가 이끈 병력이 보통 4~5만 명 정도였다는 것을 감안하면, 그들의 충원은 군대 구성상 중대한 변화를 초래할 수 있었다.

이에 대해 알렉산드로스의 기존 군대는 불만과 분노를 표시했다. 이들은 알렉산드로스가 외국인 병력을 증강시켜 마케도니아 군대의 순수성을 약화시키고 오리엔트적인 지배자 숭배를 도입하는 것에 대해 분노했다. 또 이들은 알렉산드로스가 귀국을 포기하고 바빌론 중심의 세계 제국을 운영하려 한다며 불만을 제기했다. 급기야 기존 군대는 알렉산드로스에게 항의하는 집단행동을 실행했다(기원전 324년 8월). 알렉산드로스는 주모자를 처형해 자신에 대한 불복종을 잠시 잠재우긴 했지만, 병사들의 불만은 사라지지 않았다. 마케도니아 군대의 대대적인 항명에 의기소침해진 알렉산드로스는 폭음과 무절제한 생활을 반복하다 이듬해 사망했다.

이처럼 민족 간의 융합을 위한 알렉산드로스의 노력은 큰 결실을 맺지 못했다. 그는 세계적인 대제국을 건설하는 데는 성공했지만, 세계 제국 운영을 위한 다민족 융합 시도는 미완의 꿈으로 남게 되었다. 그러나 지중해 세계에서는 그의 구상이 어느 정도 결실을 거두어 이제 세계 시민 사상과 국제적인 혼합 문화를 추구하는 헬레니즘 문화는 지중해 지역을 중심으로 번성하게 되었다. 개인의 행복과 세계시민 사상을 설파한 스토아 철학이나 쾌락을 중시한 에피쿠로스 철학, 다양한 개인성을 사실적으로 묘사한 헬레니즘 문학과 예술, 그리고 자연과학 분야의 탁월한 성과는 모두 지중해 세계에서 형성된 것이었다.

헬레니즘 세계를 만들다

알렉산드로스의 페르시아 원정은 알렉산드로스의 개인적인 야망을 달성하는 것이기도 했지만, 그리스인들의 내부 문제를 해결하기 위한 방법이기도 했다. 알렉산드로스는 10여 년의 원정을 통해 그리스에서 인도에 이르는 대제국을 건설했다.

그러나 알렉산드로스는 정복자에만 머물지 않고 거대한 세계 제국을 경영할 비전을 제시했다. 그는 제국 내 다양한 민족들의 고유문화를 존중하면서도 그들을 통합할 수 있는 구상을 실천하고자 했다. 그는 문화 교류와 민족들 간의 인적 융합을 위한 조치들을 단행했다. 그것들은 마케도니아인과 그리스인의 역사적 경험과 고정관념을 뛰어넘는 혁신적인 조치였다. 그래서 그의 구상은 본질적인 한계를 드러내고 숱한 반대 속에 성사되지 못했다. 하지만 그것이 끝은 아니었다. 그의 세계 제국 구상은 실패했지만, 그의 꿈은 지중해 세계를 중심으로 한 헬레니즘 세계에서 승계되었다.

Zoom-in

화려하게 꽃핀 헬레니즘 문화

필리포스 2세의 그리스 정복과 알렉산드로스 대왕의 페르시아 원정은 지중해 세계의 정치·문화적 지평을 변화시킨 중대한 사건이었다. 그리스는 주권 국가인 폴리스 체제가 무너지고 마케도니아 왕국의 지배를 받게 되었다. 페르시아 제국에 속해 있던 이집트와 시리아, 소아시아의 여러 민족들은 페르시아 제국 멸망 이후 알렉산드로스 제국의 지배를 거쳐 헬레니즘 왕국들 영역으로 흡수되었다. 헬레니즘 왕국은 알렉산드로스 사후에 그의 장군들이 알렉산드로스의 제국을 나누어 통치하면서 건설된 것인데, 프톨레마이오스 왕국, 셀레우코스 왕국, 마케도니아 왕국 등이다.

새로운 정치 환경은 문화적인 측면에도 변화를 가져왔다. 문화적 측면의 새로운 요소로는 정치적 환경 변화에 따른 정체성의 변화(개인 중심의 정체성 강화), 알렉산드로스와 그 후계자들의 융합 정책에 따른 국제적 문화 교류의 활성화(다양한 문화의 혼합), 헬레니즘 왕국에서의 그리스인 지배 구조에 따른 그리스 문화의 국제화(그리스 문화의 확산 및 그리스어의 표준화)를 들 수 있다.

헬레니즘 문화의 특성이 잘 나타난 대표적인 분야는 예술·철학·자연과학 분야이다. 예술 분야에서는 다양한 소재 선택과 사실주의적인 개성미 묘사가 돋보이는데, 이는 개인 중심의 사고가 반영된 결과라 하겠다. 조각(〈자살하는 갈리아인 등〉)과 모자이크 장식화, 문학(특히 메난드로스의 희극)에서는 일반 서민의 사생활과 외국인 묘사, 동식물의 정물화 등이 나타나며, 밀로의 비너스 상과 라오콘 군상 같은 조각에서는 개성적인 관능미와 사실적인 인물 묘사가 잘 드러난다. 이는 공적으로 이상화된 존재(신이나 영웅, 지배자)를 소재로 선택해 정형화된 절제와 균형미를 추구하던, 종전의 그리스 예술과는 다른 양상이다.

철학에서도 공동체의 윤리나 정의에 대한 관심보다 개인의 행복에 대한 관심이 더 중요해졌다. 그것은 정체성의 혼란 속에서 불안해하는 개인들에게 정신적인 평온을 가져다주기 위한 변화였다. 제논(BC 335~263년)으로 대표되는 스토아 철학은 인간이 세속적인 관심사와 격정에서 벗어나면 행복을 얻을 수 있다고 보고 극기와 금욕을 강조했으며 세계시민 사상을 주장했다. 한편 에피쿠로스(BC 341~270년)가 창시한 에피쿠로스 철학은 육체적인 고통과 정신적인 번민, 공포에서 벗어나 쾌락 추구를 통해 마음의 평정과 행복을 얻으라고 가르쳤다.

헬레니즘 시대의 자연과학 발전은 이집트와 오리엔트에서 축적된 자연과학 지식과 경험, 프톨레마이오스 왕국의 대대적인 지원, 지중해 세계 우수한 학자들의 노력이 결합해 이룬 업적이었다. 특히 헬레니즘 시대의 최대 도시였던 이집트의 알렉산드리아는 자연과학 등 학문들의 중심지였다. 당시의 해부학과 생리학 지식은 근대에까지 승계되었으며 천문학에서는 아리스타르코스가 지동설을 주장하기도 했다. 기하학의 에우클레이데스, 지구과학의 에라토스테네스, 물리학의 아르키메데스도 당대의 대표적인 자연과학자들이었다.

헬레니즘 세계는 지중해 세계의 다양한 문화가 혼합된 세계였다. 그러나 그 이질적인 문화들을 하나로 묶는 공통의 연결 고리는 그리스 문화였다. 헬레니즘 왕국의 통치자들은 이질적인 문화의 융합을 시도하면서도 기본적으로는 그리스 문화의 국제화를 추구했다. 헬레니즘 세계에서는 코이네^{Koine}라 불리는 그리스어가 공용어로 사용되었으며 상류층을 중심으로 그리스 문화가 보급되었다. 크리스트교의 신약 성서도 코이네로 기술될 정도였다. 그리스 문화의 파급은 인도의 간다라 미술에까지 영향을 미쳤다. 그전까지 인도에서는 불상을 인간의 모습으로 묘사하지 않고 발자국이나 연꽃 등으로 표현했는데, 신을 인간 형상으로 묘사하는 그리스 전통의 영향을 받아 인간 모습의 불상이 만들어진 것이다. 간다라 미술의 인간 불상 제작은 우리나라 불교 미술에서도 수용되어 관례화되었다.

19세기 퀘이커 여성

영국 빅토리아 시대 이중 규범과 페미니즘

퀘이커 여성들(19세기)

빅토리아 시대 이중 규범과 페미니즘

영국 빅토리아 시대는 여왕이 왕위에 오른 1837년부터 그녀가 사망한 1901년까지다. 이 시대의 영국은 영국사에서 경제적으로 가장 번영했고, 런던은 세계문명의 심장부였다. 19세기 동안 영국은 일련의 선거법 개정을 통한 점진적인 선거권 확대와 민주주의 정치제도의 정착과 발전, 제국의 확장, 과학의 발달, 물질주의 팽창 등으로 최고 번영을 구가하고 있었다. 18세기 후반부터 시작된 산업혁명은 빅토리아 시대에 그 절정에 달했으며, 세계 무역이 절반 이상이 영국에서 생산된 상품이었고, 영국 상선은 이를 싣고 세계 곳곳을 누비며, '해가 지지 않는' 대영제국을 즐기고 있었다.

세계 최고의 문명국이었던 영국에서 군인의 성병 감염을 방지하기 위해 매춘 여성들에게 정기적인 성병 검사를 받게 하고, 감염되었을 경우 9개월간의 구류 및 처벌을 규정하는 성병방지법Contagious Diseases Acts이

1864년에 도입되고, 1866·1869년에 점차 확대·강화되면서 매매춘 문제가 여성운동의 태풍의 눈으로 떠올랐다.

당대의, 특히 종교적인 성향이 짙은 퀘이커 여성들은 '성병 확산의 진원지는 남성이므로, 남성도 성병 감염 여부 검사를 실시할 것'을 요구하며, 젠더별로 규정을 다르게 적용하는 성병방지법은 이중 규범이며 남녀 불평등의 악법이라고 선언했다. 이들은 성병방지법을, 빅토리아 시대 젠더별 성적 이중 규범을 합법화한 것으로 인식했다.

젠더에 따른 성에 대한 이중 규범은 서양 사회에서 수천 년간 지속되어 온 사회·문화적 현상이었다. 영국 속담에 따르면, "유사 이래 젊은 남자의 성적 방종은 타고난 욕망의 씨를 뿌리는 것으로서, 지극히 자연스러운 행위"이다. 반면, 여성이 정조를 지키는 것은 "타락한 인간성을 회복하는 것이며, 문명사회를 찾아가는 밤하늘의 별과 같은 것"이다. 사실 여성의 정조를 강조하는 사회는 가부장적인 사유재산제도가 발달한 사회이며, 훼손된 처녀성은 남성 소유의 재산이 훼손되었음을 의미했다. 빅토리아기 여성들의 결혼 지참금은 결혼 후 남편의 소유 재산이 되었으며, 여성은 어떠한 재산도 소유할 수 있는 법적 권리가 없었다.

퀘이커 여성들은 성병방지법을 둘러싼 논의에서 수백 년 동안 묵인해 왔던 매매춘 문제를 조용히 그리고 조직적으로 공론화했다. 당대에 가장 경건하고 도덕적인 여성 집단으로 알려진 퀘이커 여성들이 가장 부도덕하고 타락한 매춘 여성들의 인권을 요구하고, 매춘 여성의 권리를 위해 성병방지법 폐지를 요구했던 것이다. 영국의 성병방지법은 유럽에서 가장 먼저 폐지되었는데, 이러한 성과는 퀘이커 여성들의 복음주의,

페미니즘 그리고 전국적인 규모의 혈연 및 친분 네트워크 덕분이었다.

성병방지법 폐지운동이 전개되던 1869년과 1886년 사이 영국에서는 다양한 여성운동 즉 기혼 여성의 재산권 보장, 여성 고용 기회 확대, 여성 고등교육 기회 확대, 여성 참정권 확보 등을 목표로 하는 '점잖고 품위 있는 여권운동'이 활발하게 전개되고 있었다. 이에 비해, 매춘 여성 개인의 자유와 인권을 도모했던 성병방지법 폐지운동은 '부끄럽고, 부도덕하며, 가장 인기 없는' '비밀스런 여성운동'이었다. 언론은 폐지운동에 참여한 페미니스트들을 '귀여운 오리들^{Dear Geese}'이라고 불렀는데, '귀여운 오리'라는 호칭은 중세 이래 매매춘업을 관장하던 신부들이 매춘 여성에게 쓰던 애칭이었다. 특히 런던 근교의 써덕^{Southwork}은 매매춘으로 유명한 지역이었는데, 국왕의 특허장을 받아 매매춘업이 관리·운영되었다. 가난한 교구 살림을 꾸려 가야 하는 신부들에게 매춘 여성은 황금알을 낳는 거위로 보였던 것이다. 그러나 매춘 여성의 권익 옹호를 주장했던 퀘이커 여성에 대한 '귀여운 오리' 호칭은 사회적 멸시와 조롱을 의미했다. 퀘이커 여성들이 이러한 사회적 질시와 경멸을 감내할 수 있었던 정신적 원동력은 말보다 '행동과 실천'을 강조했던 복음주의^{Evangelicalism}에 있었다.

복음주의는 18세기 말 영국의 국교 성공회를 중심으로 사회 개혁을 위한 상류층 정신 개혁 운동에서 시작되었다. 교리는 인간은 원죄를 깊이 뉘우치고 영적인 삶을 추구해야 하며, 인간의 구원을 믿는다는 것이었다. 예수를 믿는 공동체에는 노예와 자유인 여성과 남성의 차이와 불평이 존재할 수 없다는 복음주의 정신은 국교도뿐만 아니라 비국교도,

즉 퀘이커교, 감리교, 조합교회^{Congregationalists}, 단일교회^{Unitarians} 여성들을 빅토리아기 여성운동으로 끌어들였다.

이런 의미에서 성병방지법 폐지운동에 참여한 여성들을 가리켜 '종교적 페미니스트'라고 부를 수 있다. 영국에서 페미니즘^{feminism}이라는 말은 1896년 처음 등장했는데, 남성들이 누리고 있는 법적·사회적 권리를 여성들에게도 주어질 것을 요구하는 이념과 운동을 의미했다.

19세기 빅토리아 시대의 페미니즘은 '세속적 페미니즘$^{secular\ feminism}$'과 '종교적 페미니즘$^{religious\ feminism}$'으로 나눌 수 있다. 세속적인 페미니즘은 런던에 기반을 두고 활동한 랭햄 플레이스 서클$^{The\ Langham\ Place\ Circle}$을 중심으로 전개되었다. 이들은 여성의 공공 영역 진출 확대에 주력했다. 즉 여성 고용 확대와 여성 고등교육을 위한 권리, 기혼 여성 재산권 확보, 선거권 획득을 주장했다. 이 서클의 회원들 대부분은 기독교의 기본 교리, 특히 '원죄설과 예수의 죽음이 인간의 죄를 위한 것'이라는 당대의 복음주의 교리를 전면 거부했다. 그들은 예수를 '목수의 아들'이라고 공공연하게 주장했는데, 재미있는 사실은 이 서클의 페미니스트들은 성병방지법 폐지운동에 '공식적인 참여'를 꺼렸다는 것이다. 이에 반해, 성병방지법 폐지운동에 적극적으로 가담했던 많은 여성들은 성병방지법을 '진정한 기독교 정신'에 어긋나는 것으로 규정했고, 남성 중심의 성 도덕 폐지를 요구했다.

퀘이커주의, 페미니즘의 맹아

퀘이커 교회 안에서 여성들의 지위를 구체적으로 강화시켜 준 것은 여성집회Women's Meetings와 '마음의 빛Inner Light' 이었다. 여성집회는 1675년 마가렛 펠(1614~1702)이 창설했다. 마가렛 펠은(남편은 퀘이커교의 창시자 조지 폭스) "신 앞에 남녀는 평등하고 신은 모든 이들에게 속하며 남녀 누구나 교회 안에서 신의 말씀을 설파할 수 있다."고 주장했다. 당시 모든 교회는 여성의 설교와 전도를 금지했으며 여성에게는 오로지 침묵만을 요구했다. 교회 남성 성직자들은 이러한 관행을 사도 바울의 가르침이라고 주장했다. 이에 마가렛 펠은 "바울이 요구한 것은 이교도 여성들의 침묵을 강조한 것이지, 기독교 여성들이 침묵할 것을 강조한 것은 아니다." 라고 설파했다. 이러한 주장과 해석에 따라, 퀘이커 교회는 처음부터 여성에게 설교와 토론의 기회를 제공했다. 그러나 남성들의 암묵적인 적대감, 여성들의 머뭇거림과 지속적인 침묵으로 인해 여성만의 집회를 따로 조직했다. 1675~1680년 여성집회를 조직한 펠은 그 필요성과 구체적인 내용을 담은 편지를 영국 내 모든 퀘이커 교회를 비롯 미국의 퀘이커 교회에까지 보냈다. 펠은 기존의 남성 중심의 교회 행정 체계와 병행해서 여성만의 교회 행정 체계를 구축했다. 교회 안에서의 여성들 간의 토론과 설교, 여성

여성집회를 창설한 마가렛 필과 그의 남편이자 퀘이커 창시자인 조지 폭스.

들만의 행정 체계, 자금 모금을 위한 바자회, 전도사를 위한 리플릿 작성 등을 진행했고, 여성 모임에서만 관리했던 결혼식 준비, 지역사회 봉사(자선) 등을 위한 단체를 설립했다. 여성 전도사와 설교자의 출현은 교회의 가부장제에 대한 하나의 큰 도전이었으며, 여성집회는 여성들의 행정 능력과 관리 능력을 입증하는 기회로 작용했다. 17세기에 시작된 퀘이커 여성의 전도 및 설교는 19세기에 이르러서 복음주의 정신과 함께 더욱 그 빛을 발하게 되었다.

퀘이커 교리에서 여성의 지위를 강화시킨 또 하나의 핵심적인 요소는 바로 모든 인간의 마음에는 예수가 존재한다는 '마음의 빛'이다. 마음의 빛은 성경과 교리에 대한 기존의 해석을 무조건 믿거나 따를 것이 아니라, 각 개인의 실제적인 경험과 인식에 따라 재해석할 것을 요구한 것이다. 퀘이커 교도들에게 진정한 신앙생활은 말로 표현하는 것이 아니라 구체적인 행동으로 실천하는 데 있었다. 즉 어떻게 생각하는가보다 무엇을 어떻게 행했는가에 더 관심을 두었다. 이러한 문제 제기는 퀘이커 여성들에게 주체적이고 적극적인 삶과 페미니즘적인 의식을 고취시켰다.

진정한 퀘이커는 '말씀의 단순한 청취자가 아니라 말씀을 행하는 자'가 되어야 했다. 실천적인 종교 생활은 당대의 중간계급 복음주의 가족 이데올로기의 한 형태이기도 했다. 복음주의 가족 이데올로기에 따르면, 여성은 남성보다 도덕적·윤리적으로 우월하다. 따라서 여성은 가정에서 자녀 교육의 담당자일 뿐만 아니라, 가족 구성원들의 종교적·도덕적인 삶의 길잡이였다.

퀘이커 여성들의 여성집회와 마음의 빛은 빅토리아기 페미니즘 운동에서 그 역량을 발휘했다. 19세기 영국 중간계급 가족 이데올로기는 공사 영역에서 젠더별 구분이 뚜렷했다. 그러나 중간계급 여성들의 자선 활동은 복음주의 사상이 찬양하는 최고의 선으로 받아들여졌고, 이에 따라 자선 활동은 여성들이 공적 영역에 진출할 수 있는 좋은 기회가 되었다. 이들은 지역사회에서 고아원이나 빈민학교를 설립·운영했고, 가난한 가정과 환자를 돌보거나 감옥을 방문하는 등 여러 형태의 자선 활동에 적극적으로 참여했다. 이러한 활동을 통해 퀘이커 여성들은 여성에게 가해진 경제적·사회적 불평등을 인식하기 시작했다. 예를 들어 엘리자베스 프라이(1780~1845)는 뉴게이트 감옥을 방문해 자녀를 동반한 여성 수감자를 돌봐주는 자선 활동에 헌신했는데, 이 과정에서 여성 수감자들의 성적 수치심, 자녀 동반에 따른 헐벗음과 굶주림을 목도하게 되었고, 여성 수감자들의 인권 보호와 감옥 환경 개선을 위해 퀘이커 여성들로 구성된 '여성감옥 개혁협회'를 조직했다. 그리고 여자 감옥의 개선을 위해 여성에 의한 법률 제정이 필요하다고 주장했으며, 나아가 여성들이 도덕적 지도자·안내자로서 가정과 지역사회뿐만 아니라, 국가적 사업에도 개입해야 한다고 역설했다.

19세기 복음주의는 여성에게 가정과 사회에서의 종교적·도덕적 역할 모델을 부과했다. 사실 이러한 도덕적 모델의 부여는 19세기 초 일부 청교도주의자들이 여성을 도덕과 종교적인 규율에 묶어 두고자 했던 데서 비롯된 것이다. 여성에게 부과된 역할 모델은 여성이 도덕적으로나 종교적으로 남성보다 우월함을 뜻하며 특히 여성에게 영적으로 열등한 남성들을 선도해야 할 과제를 부여했음을 뜻한다고 주장했다. 따라서 여성들은 가정에서뿐만 아니라 지역사회, 나아가 국가적인 차원에서 도덕개혁과, 정치·의회 문제 등에 관여하는 것은 당연한 일이었다. 국가가 이중 규범의 성 도덕성을 내포하고 있는 성병방지법을 제정한 것은 퀘이커 여성들에게 있어서 간과할 수 없는 큰 사건이었다. 성병방지법 폐지운동을 통해서 퀘이커 여성들의 여성집회와 마음의 빛은 빅토리아기 종교적 페미니즘으로 발전되었다.

성병방지법 폐지운동

성병방지법은 1864년에 처음으로 도입되었고, 1866년과 1869년에는 적용 지역과 검사 대상이 확대되었다. 그 결과 영국 대부분의 항구도시들과 노동계급의 젊은 여성들은 법 규제의 대상이 되었다. 특히 1869년, 법은 상하 양원에서 구체적인 논의나 공개적인 토론 없이 새벽 1시에 통과되었다. 양원에서는 보건위생법의 확대·강화로 인식했고, 대영제국의 전염병 퇴치는 제국의 위신을 세우는 것으로 인식되었다.

이 법의 목적은 당시 군인들 사이에 만연하고 있던 성병 감염을 예방하는 것이었다. 군인들의 성병 감염 여부 검사는 제국의 군인들 사기를 저하시킨다는 이유로 제외되었고 오로지 매춘 '여성'만이 2주일에 1번씩 성병 감염 여부를 검사받아야 했다. 이 법의 최고 집행기관은 해군본부였으며, 특별 채용된 사복 경찰관들이 18개의 지방 군사도시와

성병 감염 여부 검사를 받고 있는 매춘 여성들.

항구도시에 파견되었다. 사복을 입은 경찰은 거리에서 매춘 여성으로 의심되는 '노동계급 출신의 모든 젊은 여성'에게 성병 검사를 받을 것을 명령할 수 있었다. 성병 검사 소환에 불응하는 여성에게는 체포와 구금이 이루어졌다. 매춘 여성으로 등록된 모든 여성들은 2주마다 자궁 내진을 받아야 했으며, 성병에 감염된 여성은 9개월간 성병 전문 병원 '록 병원Lock Hospital'에 감금된 채 치료를 받아야 했다. 검사를 거부할 경우, 법률위반 혐의로 9개월간 수감되고 중노동형이 부과되었다.

이러한 내용의 성병방지법은 퀘이커 여성들로부터 가장 먼저 도전을 받았다. 1870년 당시 62세의 퀘이커 여성, 엘리자베스 피스 니콜(1807~1894)은 "이 법이 남녀 간의 성적·도덕적 이중 규범을 정당화하는 악법."이라고 공개적으로 비난했다. "이 법(성병방지법)은 오랫동안 여성을 억압해 온 정치·경제·사회·문화적인 남녀 불평등의 부산물이며 여성의 성을 모욕하는 '반여성법Anti-Women Acts'임으로 반드시 폐지되어야 하며, 폐지될 때까지 우리 여성들은 투쟁할 것."이라고 덧붙였다.

퀘이커 여성들은 가장 연장자인 니콜을 중심으로 노예 폐지 운동에 뒤이어 성병방지법 폐지운동을 이끌었다. 퀘이커 여성들은 전국적인 조직망을 동원하여 대대적인 폐지운동을 전개했다. 이들은 성병방지법이 시행되고 있는 항구와 군사 지역으로 내려가 매춘 여성들에게 시민 불복종 운동에 동참할 것으로 촉구했다. 이들은 거리에서 매춘 여성들의 성병 검사 거부의 당위성을 담은 리플릿을 나눠 주었다. 또한 매춘업소를 방문하여 매춘 여성들과의 직접적인 대화를 통해서 집단적인 저항을 이끌어 내기도 했다.

이같이 퀘이커 여성들은 계급, 종교, 정치적 이데올로기의 차이를 넘어 여성들 간의 연대를 이끌어 냈고, 이 과정에서 수천 년간 내려오던 뿌리 깊은 성적·도덕적 '전통'이 남성 위주의 이중 규범이라는 역사적 사실을 드러내고 남녀평등의 성 담론을 공개적으로 개진했다. 퀘이커 여성들의 헌신적이고 지속적인 노력은 1883년 성병방지법 실행 정지를 가져왔고, 무엇보다도 빅토리아기 남성 중심적인 뿌리 깊은 성·도덕 관습에 도전했다.

페미니스트 혈연 네트워크

1869년 10월 남서부 항구도시 브리스톨에서 퀘이커 사회과학회의Social Science Congress가 개최되었다. 이 모임에서 500여 명의 남녀 퀘이커들은 성병방지법을 둘러싼 찬반 공개 토론을 벌였고, 그 결과 이 법을 악법이라고 규정했다. 이 법을 반대하는 대부분의 퀘이커 남성들은 성병방지법을 자유주의 정신에 위배되는 것이며 국가권력의 확대로 보았고, 여성들은 여성의 존엄성을 파괴하는 것으로 보았다.

이 행사에 참여했던 퀘이커 여성들은 같은 해 12월 전국여성연합 Ladies' National Association을 조직했다. 전국여성연합 설립의 목적은 성병방지법을 폐지하는 것이었으며, 이를 위해 8개 조항으로 구성된 〈여성으로부터의 저항〉이라는 성명서를 발표했다. 당시 전국적으로 널리 알려져 있던 251명의 주요 여성운동 지도자들이 이 성명서에 서명을 했다. 전국여성연합 결성과 함께 13명으로 구성된 대표위원회와 전국 주요 대도시 및 지방의 소도시들을 대표하는 34개의 하부 조직이 동시에 구성되었으며, 본부는 브리스톨에 위치했다. 노예 폐지 운동의 메카이기도 했던 브리스톨은 이제 성병방지법 폐지운동의 중심지가 되었다. 브리스톨이 성병방지법 폐지운동의 중심지가 된 것은 당시 저명한 퀘이커 페미니스트들이 살고 있었기 때문이었다. 프리스트먼 가문의 마가렛, 안나 마리아, 메리 자매들과 그들의 친구인, 메리 카펜터(빈민학교 주창자)와 메리 에스트린(즉각적인 폐지주의자)이 브리스틀에 거주하고 있었다.

이들 중 프리스트먼 집안의 마가렛 프리스트먼 태너(전국여성연합 회계 담당), 안나 마리아, 메리 자매들은 전국여성연합을 전국적으로 연결하는 망의 핵심적인 위치에 있었다.

프리스트먼Priestman 집안은 성이 암시하는 바와 같이, 17세기부터 퀘이커 교리의 정통성을 확립시키는 데 기여해 온 집안이며, 또한 산업

성병방지법 폐지 운동에서 중심적인 역할을 했던 안나 마리아 프리스트먼.

화와 더불어 뉴캐슬의 면직물 산업가로 성공한 조나단 프리스트먼 (1786~1863)의 딸들이었다. 어머니 레이첼은 켄달의 아이삭과 윌슨 집안의 손녀였는데, 윌슨 집안은 17세기 초, 종교 탄압 시기 퀘이커 교도들의 십일조 납부 반대운동 과정에서 시민 불복종 운동을 주도한 가문이었다. 레이첼 윌슨 브래그(1791~1849)는 노예 폐지 운동과 사회 개혁 운동의 정신을 딸들에게 물려주었다.

퀘이커 교리와 시민 불복종 운동을 주도했던 집안의 딸들이 노예 폐지 운동을 거쳐 이제는 성병방지법 폐지운동을 주도했다. 퀘이커 교도들은 17세기부터 영국 사회의 소수자 그룹으로서 소외되어 왔고, 그 결과 퀘이커 교도들은 직간접적인 인척 관계로 서로 연결되어 있었다.

프리스트먼 집안의 장녀 엘리자베스는, 맨체스터의 면직물 산업으로 성공한 브라이트 집안의 큰아들이며 19세기 자유당원으로 유명한 존 브라이트와 결혼했다. 1830년대 곡물법 반대와 선거법 개정을 위한 존 브라이트의 거리 유세는 천박한 행동으로 비쳤고, 당시 영국 사회뿐만 아니라, 특히 퀘이커 교도들 사이에서도 웃음거리가 되었다. 그러나 프리스트먼 가문과 결합하면서 존 브라이트는 퀘이커 교도들로부터 신임을 얻게 되었고, 이것을 밑거름으로 의회로 진출해 의회에서 가장 개혁적인 인물이라는 평가를 받았다. 1841년 엘리자베스가 출산 후유증으로 일찍 사망했고, 어린 딸 헬렌은 외가에서 이모들인 메리와 안나 마리아의 보살핌 속에 성장했다. 프리스트먼 집안의 둘째 딸 마가렛은 그녀의 조카 헬렌 브라이트와 신발 산업으로 유명했던 클락스 가문의 장남 스티븐 클락스의 결혼을 주선했다. 오늘날에도 클락스는 영국의 대표적인 신발 브랜드이다. 헬렌은 아버지 존 브라이트의 노골적인 반대에도 불구하고, 남편 스티븐 클락스와 함께 성병방지법 폐지운동과 여성 참정권 운동에 적극적으로 참여했다.

클락스 가문은 노예 폐지 운동을 주도했던 버밍햄 및 다링턴의 스터지 가문과 이미 혈연관계를 맺고 있었다. 따라서 프리스트먼 집안의 자매들은 당시 영국의 주요 산업 및 기업 분야에서 두각을 나타내던 가문들과 영국 전역에 걸쳐 혈연관계를 형성하고 있던 것이다. 이 혈연관계는 폐지운동을 위한 많은 인적·물적 지원을 해주었고 의미 있는 정치적 지지 세력이 되어 주어, 집안에 머물러 있던 여성들이 공공 영역으로의 진출할 수 있도록 도와주는 기반으로 작용했다.

혈연관계는 거국적인 페미니스트 네트워크를 가능케 하는 성과를 거두기도 했다. 프리스트먼 집안의 혈연관계는 아일랜드와 스코틀랜드까지 연결되어 있었다. 성병방지법 폐지운동은 그동안 잉글랜드로부터 소외되어 온 아일랜드와 스코틀랜드의 여성운동계와 접촉하는 계기가 되었고, 전국적인 페미니스트 네트워크를 구축하는 것으로 이어졌다. 아일랜드까지 연결된 퀘이커 친척 네트워크는 잉글랜드 페미니스트들이 아일랜드 자치 문제에 관심을 깆도록 민들었다.

이러한 혈연관계를 통해서 볼 때, 퀘이커 여성들은 가족 내 여성들 즉, 어머니·언니·숙모·이모·시어머니·시누이·사촌 등 가족과 친척들로부터 페미니즘적인 의식과 행동 양식을 전수받았던 것으로 보인다. 수평적 혹은 수직적인 혈연관계 속에서 여러 의견이 제시되고 그 수렴이 원활하게 이루어졌으며, 퀘이커 여성들 간에는 멘토와 멘티 관계가 형성되었다. 이러한 사적인 혈연관계는 자연스럽게 서열관계를 만들었다. 그들 간의 우애와 감정적인 상호 지지는 집안 남성들뿐 아니라 외부의 적대적인 남성들의 비난을 감내할 수 있는 힘으로 작용했다. 반여성 참정권론자로 유명한 존 브라이트는 그의 딸 헬렌과 여동생 프리실라 맥클라렌 그리고 처제 마리아와 안나로부터 늘 비난을 받았고, 집안의 여성들은 존 브라이트가 반여성 정책을 발표할 때 마다, 같은 날 같은 시간 바로 옆 건물을 빌려 친여성 정책을 위한 공청회를 개최하는 것으로 유명했다.

혈연관계를 기반으로 한 퀘이커 여성들의 유대는 전국여성연합을 역동적으로 지원하는 정치적 힘이 되었다. 이는 조세핀 버틀러의 의회 로비와 정치 활동 그리고 전국 순회 활동 당시 지방의 퀘이커 여성들의 지지를 통해 확인할 수 있다. 조세핀 버틀러와 그녀 일행이 지방에서 집회를 할 때면 해당 지역 '마초'들이 밀가루와 계란을 던지는 등 행패를 부리곤 했다. 보복이 두려운 호텔 주인들은 예약을 무시하고 갑자기 숙소 제공을 거부하기도 했다. 이러한 사태가 일어날 때마다 그 지방의 퀘이커 교도들은 남녀를 막론하고 버틀러 일행을 집에서 재우고 경호를 했다. 성병방지법 폐지운동 과정에서 퀘이커 여성들은 단순한 혈연 네트워크를 넘어서, 페미니스트 친분 네트워크를 이용했는데, 이것은 빅토리아 시대 영국 페미니즘 운동의 한 특징이다.

퀘이커 여성들의 혈연관계에 힘입어 짧은 시간 내에 전국여성연합이 조직되었다. 문제는 이 '점잖지 못한 운동'을 이끌어 갈 수 있는 이상적인 지도자가 없다는 것이었다. 당시 전국적으로 널리 알려져 있었던, 플로렌스 나이팅게일과 엘리자베스 울스턴홈은 미혼이었기 때문에 섹슈얼리티와 매매춘에 대해서 논의하기에 부적절한 인물로 여겨졌다. 또한 해리엇 마르티노, 프리실라 브라이트 맥클라렌, 우르술라 멜러 브라이트는 상·하원 의원들이 노골적으로 싫어했다. 이들 여성들은 하원 의원들의 정치 활동을 감시하는 위원회 일을 맡고 있었기 때문에, 의원들은 이들을 만나는 것조차 꺼렸다. 성병방지법을 폐지하기 위한 전국 규모의 운동과 의회 로비 활동을 이끌어 갈 지도자는 여러 요건을 충족하는 여성이어야 했다. 명망 있는 집안의 이상적인 아내이며 어머니여야 했고, 매춘과 성에 대해서 공개적으로 토론할 수 있는 중년의 이론가이자 활동가여야 했다. 여기에 비국교도가 아닌 국교도라면 안성맞춤이었다.

퀘이커 여성들은 이러한 인물을 물색하는 과정에서 페미니스트 친분friendship 네트워크를 동원했다. 프리스트먼 자매의 사돈 우르술라와 그녀의 친구 엘리자베스 울스턴홈은 이상적인 지도자로 조세핀 버틀러를 추천했다. 조세핀 버틀러는 리버풀에서 매춘 여성 관련 자선 활동을 하며 병든 매춘 여성을 위한 쉼터를 운영하고 있었다. 매춘 여성들 사이에서는 '부활한 여자 예수'로 알려져 있었으며, 가정 배경도 흠잡을 데가 없었다. 그녀는 1832년 선거법 개정을 통과시킨 그레이 총리 집안이었

성병방지법 폐지를 위한 전국여성
연합의 첫 지도자 조세핀 버틀러.

고, 리버풀에서는 널리 알려진 자선 활동가였
다. 게다가 영국 국교도 목사의 아내이자 세 아
들의 어머니였고, 지극히 경건하고 실천적인 복
음주의 정신으로 충만한 그리고 우아하면서 단
호한 말씨를 구사하는 42세의 비교적 젊은 여성
이었다.

　　1870년 3월, 조세핀 버틀러는 성병방지법
폐지를 위한 전국여성연합의 공식적인 지도자
가 되었다. 그녀의 주요 활동은 성병방지법 폐
지를 위한 의회 로비 활동이었다. 당시 많은 의
원들은 조용한 조세핀 버틀러 앞에서 의혹과 당황을 감추지 못했다고 한
다. 1874년 총선에서 성병방지법을 도입하는 데 적극적인 자유당 의원
후보들을 대상으로 낙선운동이 전개되었다. 그 결과, 자유당 정부는 퇴
진했고, 낙선한 자유당 의원들과 반여성적인 잡지 《새터데이 리뷰Saturday
Review》는 조세핀 버틀러의 활동을 '이브의 사악한 유혹'이라며 노골적으
로 비난했다. 이브의 유혹으로 영국 사회는 빅토리아 시대 의회의 오만
과 편견, 무지의 상태에서 벗어나 지혜를 깨닫게 되었으며, 조세핀 버틀
러의 모험적이면서도 카리스마적인 지혜는 1884년 되돌아온 자유당 정
부로 하여금 1886년 12월, 대영제국의 웨스트민스터에서 성병방지법 폐
지를 선언하게 만들었다.

움직이는 페미니스트 군단

성병방지법 폐지운동을 성공적으로 이끌어 낸 퀘이커 여성들의 정치조직 전국여성연합은 거미줄처럼 연결된 퀘이커 여성들의 혈연관계와 친분 네트워크에 기반하고 있었다. 성병방지법 폐지운동에 참여했던 퀘이커 여성들은 1810년대와 1820년대에 태어난 2세대가 주류를 이루었다. 이들 2세대 퀘이커 여성들은 어린 시절부터 부모 세대의 노예 폐지 운동과 정치·사회개혁 운동을 직간접으로 경험하면서 정치 전략과 조직력을 체득했다. 또한 이들은 엘리자베스 니콜과 같은 1세대와 소피아 애시워드 같은 3세대들의 지원을 받으며 성병방지법 폐지운동을 전개했다.

영국 여성사에서 성병방지법 폐지운동을 주도했던 여성들의 두드러진 특징은 여러 단체에 동시에 가입해서 여성의 사회적 조건을 개선하기 위한 다양한 활동에 참여했다는 것이다. 여러 여성단체에서 똑같은 이름이 자주 눈에 띄는 것도 바로 이 때문이다. 다양한 여성단체에 가입해서 적극적으로 여성운동을 전개한 것은 퀘이커 페미니스트뿐만 아니라 빅토리아기 페미니스트들의 '라이프 스타일'이었고, 페미니스트 '문회'였다. 흥미로운 사실은 여성 문제에 대한 이들의 익식과 구체적인 인식은 제도적인 근대 교육을 통한 것이 아니라, 친척 구성원들로부터 영향을 받은 것이었다는 점이다. 여성 친지와 가족들로부터 물려받은 페미니즘 의식은 공적인 정치 활동을 전개하는 과정에서 페미니스트들 간의 동류의식으로 발전하기도 했다.

전국적인 혈연과 친분 네트워크 연락망은 신속한 연락과 정보 교환을 가능하게 했으며, 이것은 '움직이는 페미니스트 군단'으로 구현되었다. 이들의 공적인 활동과 거기서 나온 열정은 빅토리아 사회의 이상적인 여성상과 어긋나는 것이며, 특히 매춘 여성들의 인권을 주장하고, 섹슈얼리티에 대한 공개적인 토론을 진행한 것은 대영제국의 체면을 깎는 여성들의 대반란이었다.

남편에 대한 순종을 여성의 미덕으로 여기던 당시 성적·도덕적 이중 규범에 대한 퀘이커 페미니스트들의 도전은 엄청난 반란이었으며, 오늘날에도 그렇지만 빅토리아기에 여성들이 페미니스트 삶을 선택한다는 것 자체가 '위험한 모험'이었다.

Zoom-in

1880년대 영국과 '잭 더 리퍼 살인 사건'

퀘이커 여성들의 매춘 여성들을 위한 인권운동은 1886년 성병방지법이 공식적으로 폐지됨으로써 그 성과를 거두게 되었다. 그러나 1888년 세계 문명의 심장부인 대영제국의 수도 런던에서 매춘 여성에 대한 노골적인 성폭력과 연쇄 살인 사건이 발생했다. 1888년 한 해 동안 8명의 가난한 여성들이 런던의 이스트엔드 화이트채플에서 잔인하게 살해되었다. 최초의 희생자는 스미스 부인으로 알려진 매춘 여성이었으며, 1888년 4월 3일에 살해되었다.

몇 달 후 8월에 생긴 두 번째 희생자는 매춘 여성인 35세의 마르스 터너(혹은 엠마)였다. 8월 31일 금요일, 세 번째 희생자 폴리 니콜스가 변사체로 발견되었다. 9월 8일은 애니 채프먼, 9월 30일은 동시에 두 명의 희생자, 캐서린 에도우즈와 엘리자베스 스트라이드의 시체가 발견되었다. 11월 9일에는 메리 제인 켈리 그리고 12월 말에는 로즈 밀렛의 시체가 각각 발견되었다.

연쇄 살인 사건의 희생자들은 모두 매춘 여성으로 알려졌으며, 이른 새벽 지나가는 행인들에 의해 발견되었다. 살인 사건이 발생한 장소는 화이트채플의 혼잡하고 번화한 거리의 뒷골목이었고 목격자는 없었다. 놀라운 사실은 희생자들의 자궁이 크게 훼손되거나 예리한 칼로 도려져 있었다는 것이다. 범인은 살인의 뚜렷한 동기도 남기지 않은 채 사라졌고, 경찰은 런던 전 지역의 수백 명의 깡패와 건달들을 무작위로 체포, 심문했으나 혐의자를 찾을 수 없었다. 이 사건은 영원히 해결하지 못한 채 미결 사건으로 오늘날까지 남아 있으며, 이 사건을 가리켜 '잭 더 리퍼 살인 사건'이라고 한다. 이 명칭은 여섯 번째 여성이 희생된 후인 1888년 9월 30일, 런던의 주요 일간지 회사들이 받은, 'Jack The Ripper'라고 서명 날인된 편지에서 유래했다. 편지에는 "일련의 살인은 부도덕한 여성들에 대한 처벌이며, 앞으로도 계속 타락하고 더러운 여성들을 처단할 것이다." "사회를 좀먹는 이들에 대한 당국의 규제와 통제(성병방지법)가 사라졌기 때문에 강력한 처벌과 규제가 필요하며 나의 이러한 행동은 경찰도 동의할 것으로 믿는다."라고 적혀 있었다.

경찰은 누가 잭 더 리퍼라고 서명했는지, 어디서 발송했는지, 진짜 범인이 보냈는지에 대한 진위를 가리지 못했고, 신문사들은 앞다퉈 잭 더 리퍼가 보낸 편지를 대서특필했다. 이때부터 화이트채플의 살인 사건을 가리켜 '잭 더 리퍼 사건'이라 부르기 시작했다.

그런데 잭 더 리퍼 사건이 1888년에 일어났다는 건 어떤 의미를 가질까? 사실 영국 여성운동사에서 1880년대는 여러 가지 의미에서 중요한 시기였다고 할 수 있다. 유사 이래 100여 년 동안 싸워 노력해 왔던 여권운동이 하나씩 성공적으로 나아가고 있었기 때문이다. 따라서 공적 영역에서 여성들의 활동과 여권운동은 점차 확대 발전되어 가고 있었다.

이러한 시기에 잭 더 리퍼 살인 사건이 발생한 것이다. 이 사건은 결과적으로 여성들의 활동을 규제하는 데 아주 상징적인 효과를 냈다. 성병방지법 폐지운동의 이끌었던 조세핀 버틀러는 "가난한 매춘 여성들에 대한 잭 더 리퍼의 테러는 모든 여성들의 공적 영역으로 진출을 차단하기 위한 고도의 전략."이라고 비난했다. 사실 근대 도시의 밤거리에서 여성이 느끼는 두려움은 성폭력 혹은 강간에 대한 공포다. 잭 더 리퍼 사건은 밤거리의 공간에서 여성을 몰아내는 데 성공했고, 여성에 대한 강간을 남성의 처벌로 여기는 범죄 영웅을 만들었다.

양계초

중국 근대 격동기 개혁의 길

양계초梁啓超 량치차오(1873 ~ 1929)

양계초의 생애

양계초는 1873년 중국 남부 광동성 신회현에서 태어났다. 그의 가족은 경제적으로 풍족한 편이 아니었지만 할아버지와 아버지 모두 글을 공부한 지식인이었다. 양계초는 어려서부터 신동으로 이름을 날려, 일곱 살에 유교의 주요 경전인 5경을 모두 익혔고, 여덟 살부터는 본격적으로 과거 시험을 준비하기 시작했다. 1884년 불과 열두 살의 나이에 생원生員이 되었고, 열일곱 살 때인 1889년에는 성 단위의 과거 시험인 향시鄕試에 합격하여 거인擧人이 되었다.

아직 성인이 되기도 전에 북경에서 치르는 과거 시험의 마지막 관문만을 남겨 놓게 되었던 셈이니, 만약 여느 신동들처럼 계속해서 과거 시험을 준비했다면, 양계초는 아마 관료로서 입신출세하는 탄탄대로를 걸었을 것이다. 그러나 만약 그렇게 했더라면, 양계초는 지금처럼 역사에 기억되는 인물이 되지 못했을 가능성이 크다. 그가 일생일대의 전환

젊은 시절의 양계초.

을 경험하고, 결과적으로 역사 속에서 기억되는 인물이 된 계기는 열여덟 살 때인 1890년에 찾아왔다.

1890년 봄, 양계초는 북경에서 열린 회시會試에 응시했지만 낙방의 고배를 마시고 말았다. 그는 고향으로 돌아오는 도중 상해에 들렀다가 《영환지략瀛環志略》이라는 책을 얻게 되었다. 이 책을 통해서 양계초는 중국이 세계의 일부에 지나지 않으며 높은 수준의 문명을 자랑하는 서양 여러 나라가 있다는 사실을 깨닫게 되었다. 그리고 1890년 가을, 친구의 소개로 강유위(1858~1927)와 만났고 그의 학설에 감화를 받아 제자가 되었다. 흥미롭게도, 양계초보다 열다섯 살 연상이었던 강유위는 생원에 불과한 인물이었다. 그러나 그는 1888년 황제에게 정치 개혁을 주장하는 상서를 올리고, 북경 정계의 고위 관료들과 친분을 맺고 있던 꽤나 유명한 인물이었다.

강유위의 제자가 된 이후의 양계초의 생애는 다음과 같이 크게 네 개의 시기로 나누어 볼 수 있다.

　　제1기-변법운동 시기: 1890년~1898년. 강유위와 함께 중국 국내에서 개혁운동을 전개한 시기.

　　제2기-입헌운동 시기: 1898년~1912년. 일본으로 망명, 해외에서 주로 언론 활동을 통해 중국의 입헌개혁을 고취한 시기.

제3기-정계활동 시기: 1912년~1920년. 중화민국 성립 후 중국에 돌아와 현실 정치에서 활발한 활동을 벌인 시기.

제4기-문화활동 시기: 1920년~1929년. 정계 은퇴 이후 사망할 때까지 학술연구와 저술, 교육활동에 주력한 시기.

제1기-변법운동 시기

청일전쟁(1894~1895년) 이후, 중국에서는 서양의 정치제도를 도입해야 한다는 개혁론이 정치운동으로 발전했다. 오랑캐의 조그만 섬나라로 얕잡아 보던 일본과의 전쟁에서 참담한 패배를 맛보았을 뿐만 아니라, 전쟁 이후 서양 열강의 경쟁적인 이권 침탈이 이어지자, 중국의 지식인들 사이에는 '망국멸종亡國滅種', 즉 나라가 망하고 중국인이 멸종될지도 모른다는 위기의식이 고조되었다. 양계초의 스승 강유위는 이 시기의 개혁운동을 주도한 인물이었다.

강유위는 1895년 과거 시험을 위해 북경에 모인 거인擧人들을 규합해, 일본과의 굴욕적인 강화에 반대함과 동시에 정치 개혁의 단행을 촉구하는 운동을 전개했다. 양계초 역시 강유위와 함께 언론과 학회 활동을 통해서 개혁 운동에 적극 참여했다. 양계초가 관계한 언론 매체와 학회로는, 북경의 《중외기문中外紀

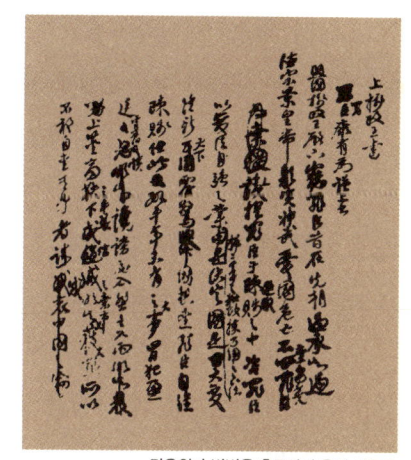

강유위가 변법을 촉구하며 올린 상주문.

양계초의 스승이던 강유위.

聞), 상해의 《시무보時務報》, 마카오의 《광시무보廣時務報》, 북경과 상해의 강학회强學會 등이 있었다. 이 가운데 특히 《시무보》는 구독자가 매우 많아서, 발행 부수가 무려 17,000여 부에 달했다. 1897년 양계초는 호남성 장사의 시무학당時務學堂에 총교습總敎習으로 초빙되었다. 호남성에서 양계초는 남학회南學會라는 학회를 조직하고 《상보湘報》를 발행해 개혁론을 전파했다.

한편, 젊은 황제 광서제에게 직접 접근할 기회를 얻은 강유위는 서구식 의회 제도의 도입을 주장하던 종래의 개혁론을 유보한 채, 황제의 권력에 의지한 위로부터의 개혁을 시도했다. 그 결과, 1898년 6월 11일, 광서제가 제도 개혁의 방침을 천명하면서 '무술변법戊戌變法'이라고 불리는 개혁이 공식적으로 개시되었다. 그러나 강유위가 저술한 《신학위경고新學僞經考》[1]나 《공자개제고孔子改制考》[2]에 담긴 파격적인 주장들이 수구파에게 공격의 빌미를 제공한 가운데, 개혁파가 영국·일본의 힘을 빌려 수구파를 밀어내려는 움직임을 보이자, 9월 21일 서태후가 쿠데타(무술정변戊戌政變)를 일으켜 정권을 장악했다. 이로써 '무술변법'은 불과 100일 만에 종지부를 찍게 되었고 광서제는 유폐되었으며, 강유위를 따르던 개혁파 인사 6명이 붙잡혀 처형되었다. 강유위와 양계초는 간신히 목숨을 건져 일본으로 망명했다.

1
유교의 고문古文 경전을 왕망의 찬탈을 돕기 위해 만들어진 가짜 경전이라고 주장.
2
공자가 옛날 성인의 정치를 조술祖述한 사람이 아닌 개혁 정치가였다고 주장.

제2기-입헌운동 시기

일본에서 망명 생활을 시작한 양계초는 강유위와 함께 보황회保皇會를 결성하고 《청의보淸議報》라는 잡지를 발행하면서, 해외 화교와 유학생들을 상대로 광서제를 보위하여 개혁을 실시해야 한다는 보황운동保皇運動을 전개했다. 1900년, 양계초는 개혁파 인사였던 당재상이 계획하고 있던 무장봉기에 동참하고자 상해로 일시 귀국했으나, 그 이튿날 한구에서 무장봉기가 진압되고 당재상도 체포되었다는 소식을 접하고는 일본으로 돌아갔다.

망명 시기 양계초의 활동은 주로 언론 매체를 통해서 중국의 입헌 개혁을 고취하는 것이었다. 특히 1902년에 창간한 《신민총보新民叢報》는 발행 부수가 한때 14,000여 부에 이르렀고, 중국 안팎의 97개 배포망을 통해 보급되었으며, 중국 내에서 무려 10여 종의 번각본(한 번 새긴 책판을 본보기로 삼아 그 내용을 다시 새긴 책)이 나올 정도로 많은 독자를 확보했다. 상해, 항주, 남경 등지에서는 신식 학당의 학생들이 《신민총보》를 읽지 못하게 하는 학교 당국과 자주 충돌하기도 했다.

양계초는 망명 초기에 잠시 급진적인 혁명론으로 기울기도 했으나, 1903년의 미국 여행에서 미국의 정치 현실에 실망한 뒤에는 혁명론을 철회하고 '개명전제론開明專制論'(입헌군주제)을 주장하기 시작했다. 그리

해외에 망명해 입헌운동을 할 당시의 양계초.

고 만주족의 왕조인 청조淸朝를 쫓아내고 공화국을 건설해야 한다고 주장하는 혁명파가 1905년에 손문을 중심으로 중국혁명동맹회中國革命同盟會를 결성하자, 양계초는 혁명파의 언론 매체인 《민보民報》를 상대로 치열한 논쟁을 벌이면서 혁명반대론을 전개했다. 또한, 1906년 청조가 입헌 개혁을 실시하겠다는 방침을 천명하자, 양계초는 입헌 개혁의 실행을 앞당기기 위한 운동을 주도했다.

제3기-정계 활동 시기

1911년 10월 호북성 무창에서 공화 혁명을 위한 무장봉기(신해혁명)가 발발했고, 그 이듬해에는 마침내 청조가 무너지고 중화민국이 수립되었다. 양계초는 과거 입헌파에 속했던 인사들의 요청을 받고 귀국해, 민주당이라는 정당의 지도자로 추대되었다. 이 시기 양계초는 자신이 무술정변의 원흉으로 꼽았던, 중화민국의 초대 총통 원세개에게 적극 협력했다. 양계초는 강력한 중앙정부의 건설을 최우선의 과제라고 생각했는데, 이것이 중앙집권을 추구하던 원세개의 정치적 지향과 들어맞았기 때문인 것으로 보인다.

　　1913년 초, 과거 혁명파의 맥을 이은 국민당이 선거에서 압승을 거두자 양계초는 공화당을 창당했고, 이어서 민주당과 통일당 등을 통합해 진보당을 결성했다. 또한 과거의 혁명파가 원세개에 대항한 무장봉기(2차 혁명)를 일으키자, 원세개 정권의 편에 서서 국민당을 공격했다. 양계초는 웅희령 내각에서 사법총장(법무장관)을 지냈으며, 1914년에는 화폐 개혁을 주관하던 폐제국(幣制局)의 총재를 맡기도 했다.

그러나 원세개 정권에 대한 양계초의 협력은 오래가지 않았다. 1915년, 원세개가 황제가 되기 위한 운동(제제운동帝制運動)을 전개하자, 양계초는 〈이상하구나, 이른바 국체 문제라 하는 것은!〉(이재소위국체문제자異哉所謂國體問題者)이라는 글을 발표해 원세개의 제제 기도에 반대하는 운동에 불을 지폈다. 이어서 1916년에는 원세개의 제제에 반대하는 무장봉기(호국운동護國運動)를 주도해서, 결국 원세개의 몰락을 이끌어 냈다.

1917년에는 장훈이라는 군벌과 자신의 스승 강유위 등이 청조 황제의 복위를 기도하자, 이에 반대하는 입장을 분명히 밝혔다. 그 후 양계초는 단기서 정권에서 재정총장(재무장관)을 지냈으며, 1918년 말에서 1919년 초에 걸쳐서는 파리강화회의에 중화민국 정부의 고문 자격으로 참석하기도 했다.

제4기－문화 활동 시기

1920년 정계 은퇴를 선언한 양계초는 1929년 사망할 때까지 학술과 문화 활동에 주력했다. 《청대학술개론淸代學術槪論》을 비롯한 양계초의 학술 저작은 대부분 이 시기에 저술되었다. 그는 또한 여러 대학의 교수로 활동했으며, 도서관 설립이나 도서 분류법 확립 등 다양한 문화 활동을 벌였다. 정치 분야에서는 기본적으로 자유주의적인 입장을 견지했고, 1920년대 초에는 고도의 자치를 누리는 여러 성省의 연방제를 추구하는 연성자치론聯省自治論을 지지하기도 했다. 그리고 공산주의나 국민혁명 등의 급진적인 정치 운동에는 줄곧 반대 입장에 섰다.

양계초의 사상: 혁명반대론

양계초는 현실 정치가로서도 커다란 족적을 남겼지만, 역사적으로 보자면 사상가로서의 양계초가 더욱 중요하다고 할 수 있다. 양계초의 사상은 그 폭이 대단히 넓다는 것이 두드러진 특징이다. 단적인 예로, 그가 남긴 저술은 무려 1,400여 만 자에 달하는 것으로 추정된다. 오늘날 중국에서 출판되는 책의 분량으로 환산한다면 무려 2만 쪽에 이른다. 그중 역사적으로 가장 큰 관심 대상이 되었던 것은 입헌운동 시기의 혁명반대론이었다.

중국혁명동맹회의 기관지로서 1905년 11월에 창간된 《민보》는 손문의 삼민주의(민족주의·민권주의·민생주의)를 선전하면서, 만주족 왕조인 청조를 무력으로 전복하고 공화국을 건설하자는 공화혁명론을 주장했다. 이러한 혁명파의 주장에 대해 양계초는 다음과 같은 이유를 내세우며 반대론을 전개했다.

첫째, 혁명 과정에는 엄청난 유혈과 혼란이 따를 것이다. 이 혼란은 필연적으로 열강의 간섭을 부를 것이다. 그렇게 되면 모두가 우려하는 열강의 중국 분할 지배가 실현될 것이다.

둘째, 현재 중국 인민은 교육 수준이 너무 낮기 때문에 공화체제를 수립하고 운영할 수 없다. 이런 상태에서 갑작스럽게 공화체제로 이행한

글을 쓰고 있는 양계초.

다면, 그 과정에서 각지의 할거 국면이 장기화될 수 있고, 엉뚱한 인물이 정권을 장악하여 공화정치가 아닌 전제정치를 다시 실행하게 될 것이다.

셋째, 지금 중국에서 가장 시급한 것은 분배가 아닌 생산이다. 중국의 자본가를 장려하고 보호해서 생산을 발전시켜야만 중국이 외국 자본에 예속되는 것을 막을 수 있다. 외국 자본이 중국 경제를 장악한다면, 손문의 민생주의에서 강조하는 분배 문제는 그 자체가 존재할 수 없게 될 것이다.

이처럼 양계초는 공화혁명에 반대했지만 그의 희망과는 달리 결국 혁명이 발발했다. 하지만 양계초가 우려했던 혁명의 폐단은 실제 혁명 과정에서, 그리고 중화민국 초기 정치 과정에서 거의 대부분 그대로 나타났다. 열강의 간섭, 혁명 세력의 분열, 지방분권을 명분으로 내세운 군벌의 할거, 민권에 바탕을 두어야 할 공화체제가 오히려 전제를 불러들인 것 등이 그것이다. 따라서 혁명파보다는 오히려 양계초의 주장이 현실적이었다고 할 수 있다.

그렇다면, 양계초의 현실적 주장에도 불구하고 혁명이 발발하게 된 까닭은 무엇일까? 그것은 양계초의 혁명반대론이 치명적인 약점을 안고 있었기 때문이다. 양계초의 글을 통해 그 약점이 무엇이었는지 살펴보자.

혁명하고 폭동을 하는 (따위의) 일은 우리가 평소 찬성하지 않는 일이다. 그 까닭은 혁명으로 손상을 입을 나라의 기운이 회복하기 어렵고 밖으로부터 외국의 간섭 위험도 심각하기 때문이다. 그러나 … (현 정부가) 하루라도 더 지탱하고 있으면 나라의 기운이 그만큼 더 시들어져 버리는 것이다. 시들시들하다 죽는 것과 독을 마셔 죽는 것은 죽는다는 점에서 같은 것이니 어느 것이 더 낫다고 할 수 있겠는가. 하물며 독약은 비록 사람을 죽일 수 있기는 하나 경우에 따라 병을 고칠 수도 있는 것이다. (중국에게) 짐짓 독약을 먹이면 만에 하나라도 목숨을 건져 낼 수도 있으니 그저 앉아서 죽을 때만 기다리는 것보다는 낫다. … 차라리 혁명을 저질러 놓고 보면 만에 하나라도 외국의 간섭을 면할 수 있게 되거나, 간섭의 정도를 줄일 수도 있지 않겠는가. 이런 논법으로 혁명반대론자에게 따져 들어도 혁명반대론자는 대꾸할 말이 없다. 요컨대 오늘날 중국에서의 혁명론은 앞뒤가 맞게 완전할 수가 없는 것이 사실이다. (그러나) 오늘날 중국에서 혁명반대론이 앞뒤가 안 맞는 정도는 그보다 훨씬 더한 것이다. 정부가 날마다 하는 일이라고는, 혁명당을 만들고 날마다 혁명당에게 번성해질 수 있는 영양소를 공급해 주는 일 뿐이다.

이 인용문은 양계초가 1911년 5월에 발표한 글의 일부이다. 양계초가 바랐던 것과 달리 1911년 10월 혁명이 발발했던 것은, 혁명 세력이 강하거나 혁명 이론이 정확해서가 아니라, 혁명의 대상이었던, 양계초가 유지하고자 했던 청조 체제가 너무도 엉망이어서 현실을 타파해야 할 필요성이 훨씬 더 강했기 때문이었다고 할 것이다.

1911년 호북성 무창봉기 당시 혁명군.

다른 한편으로, 한 개인의 역사적 역할은 종종 그 개인의 주관적 의도와는 무관할 수도 있다. 양계초 자신은 혁명에 반대했지만, 민권·자유·자치·진보 등의 새로운 가치를 선전한 양계초의 글은 당시 중국의 젊은 지식인들에게 매우 큰 영향을 끼쳤고, 결과적으로 혁명의 분위기를 조성하는 데에도 적잖이 이바지했다. 한 가지 예로, 중국의 청년들은 《신민총보》에 실린 양계초의 평이하고도 감정에 호소하는 문체의 글들을 읽고 흥분과 감동을 느꼈다. 그런 젊은이 중 한 사람이었던 호적은, 1911년 무창에서 일어난 혁명이 아주 빠른 속도로 확산되는 것을 보고는, 그 까닭이 양계초가 뿌린 현실 비판의 씨앗 때문이라고 말했다.

양계초, 보수적으로 보였던 개혁가

전체적으로 볼 때, 변법운동 시기의 양계초는 급진적인 개혁론자로 분류

할 수 있을지 모르지만, 일본으로 망명한 이후의 양계초는 혁명론으로 기울었던 잠깐 동안을 제외한다면, 온건한 개혁론자 또는 보수 사상가였다는 평가를 받고 있다. 청조 말기에는 손문 등의 공화혁명론에 반대했고, 중화민국 초기에는 원세개 정권에 적극 협력하기까지 했다. 또한 1920년 유럽 여행에서 돌아와서는 《구유심영록歐遊心影錄》을 발표, 서양의 근대 문명을 비판하고 중국 전통 사상의 가치를 재평가함으로써 사상적으로도 보수주의로 돌아갔다는 평가를 받기도 했다.

그렇다면 양계초의 이 같은 변화는 어떻게 이해해야 할 것인가? 망국의 위기에서 중국을 구하고자 개혁의 이상을 불태우던 젊은 개혁가가 나이가 들어 감에 따라 시세에 영합하고 오직 일신의 영달만을 추구하는 노회한 정객, 보수 사상가로 '타락'했던 것일까? 만약 앞서 살펴본 양계초의 사상과 행동에서 아무런 일관성도 발견할 수 없다면, 중화민국 초기 그의 정치적 행보는 보수 정객으로 '타락'했다는 비난에서 자유롭기 어려울 것이다. 하지만 이런 시각으로는 양계초가 원세개의 제제 기도를 좌절시키는 데 앞장섰던 이유를 설명하기가 어렵다.

양계초가 보기에, 원세개의 제제 시도는 전제 체제를 낳을 것이었다. 그것은 또한 거대한 파괴와 혼란을 필연적으로 야기할 터였다. 이것은 양계초의 정치 이상에 반하는 것이었다. 양계초가 궁극적으로 지향했던 정치 목표는 중국에 부르주아 민주정치를 실현하는 것이었다. 그런데 양계초는 목표 못지않게 수단과 방법을 중시했다. 그는 당시 중국의 현실에서 실행이 가능할 뿐만 아니라, 파괴와 혼란이 뒤따르지 않는 방법을 추구했다. 한마디로 온건하고 점진적인 개혁을 지향했던 것이다. 당연히 급진적이고 폭력을 수반하는 혁명에는 반대했다.

또한, 양계초의 중국 현실에 대한 냉철한 진단(예컨대 중국 인민의 낮은 교육 수준)은, 그로 하여금 현실의 통치 권력, 즉 무술변법과 입헌운동 시기에는 청조의 황제 권력에서, 중화민국 초기에는 원세개 정권에서 개혁의 추진력을 찾도록 했다. 청조 말기의 현실에서는 평화와 질서를 유지하는 가운데 부르주아 민주정치를 실현하기 위해 공화혁명에 반대하고 개명전제를 주장했다. 중화민국 초기 원세개 정권에 협력했던 것은, 그의 중앙집권적 통치 능력을 빌려 점진적으로 민주정치로 이행하는 것이 가능하다는 희망을 품었기 때문이다. 그러나 청조 말기 권력의 현실, 즉 '개명'을 결여한 '전제'가 그의 개명전제론을 배반했듯이, 원세개의 제제 기도라는 중화민국 초기의 정치 현실 역시 양계초의 희망을 배반했던 것이다. 때문에 양계초는, 노동자의 월급이 고작 10위안 하던 시절에 무려 10만 위안의 거액을 제시하며 〈이상하구나, 이른바 국체 문제라 하는 것은!〉의 발표를 막으려던 원세개의 유혹을 단호하게 물리쳤던 것이다.

이렇게 본다면, 청조 말기에서 중화민국 초기에 양계초가 걸었던 정치 행보에 일관성이 결여되었다고 할 수 없으며, 따라서 그가 스스로의 이상을 저버리고 '타락'의 길로 접어들었다고 말하기도 어렵다. 물론 정치혁명과 사회혁명의 동시 실현을 주장했던 손문의 혁명 이론과 비교한다면, 청조의 전복은 물론이고 사회혁명에도 반대했던 양계초의 사상 자체는 손문과 비교할 때 '보수적'이었다고 말할 수 있다. 하지만 양계초는 일관되게 중국의 개혁을 추구한 사상가이자 행동가로 평가해야 한다. 다만 그의 너무나도 냉정한, 그래서 때로는 비관적이기까지 했던 현실 인식이 그의 개혁론을 언뜻 '보수적'으로 보이도록 만들었을 따름이다.

사실, 공화혁명을 추구하여 양계초의 반대편에 섰던 손문 역시 양계초와 마찬가지로 중국 인민의 낮은 수준을 이유로 내세워 민주정치의 즉각적인 실행에 부정적이었다. 양계초의 개혁론, 손문의 혁명론 모두가 중국을 망국의 위기에서 건지기 위한 처방으로 제시되었던 것이기 때문에 인민의 민권이 아닌, 나라의 국권에 최우선의 가치를 두었고, 그 결과 민주정치의 즉각적인 실행을 유보했다고 할 수 있다. 이러한 사실을 두고 볼 때, 만약 양계초의 정치사상에 '보수'의 딱지를 붙인다면 손문의 그것에도 역시 '보수'의 딱지를 붙여야 하지 않을까?

그리고 사회혁명에 반대하고 사회주의적 분배보다는 자본주의적 생산의 증진을 우선시했던 양계초의 입장도 사상의 실천 가능성을 무엇보다도 중시했기 때문으로 이해할 수 있다. 현실 속에서 그 실현 가능성을 고려하지 않는 사상은 망상에 그치거나 도그마가 될 우려가 있다. 이 문제와 관련해서, 설사 양계초에게 '보수'의 딱지를 계속해서 붙인다고 하더라도, 20세기 중국을 휩쓸었던 여러 '혁명'이 그 '성취'에 못지않은 '희생'을 초래했다는 사실을 놓고 보면, 그가 보여 준 냉정한 현실 인식의 가치를 무시해서는 안 될 것이다. 더욱이 장기적인 관점에서 본다면, 문화혁명의 종결과 등소평의 집권 이후 현재까지 중국을 급변시키고 있는 개혁도 실은 20세기 초 양계초가 제시했던 개혁과 그다지 거리가 멀지 않다고 할 수 있다.

끝으로, 양계초가 애국 계몽 운동 시기 한국의 지식인들에게 거의 절대적이라고 할 정도로 지대한 영향을 끼쳤다는 사실을 덧붙이고 싶다.

어떤 이는 우리나라의 1920년대와 1980년대를 '마르크스의 시대', 1990년대를 '포스트모더니즘의 시대'라고 하면서, 1900년대는 '양계초의 시대'였다고까지 말할 정도이다.

《무술정변기》《월남망국사》《이태리 건국 삼걸전》 등의 단행본도 번역·출간되었지만, 양계초의 여러 글들도 우리나라의 신문이나 잡지 등을 통해서 대거 소개되어 커다란 반향을 일으켰다. 1903년 상해에서 출판된 양계초의 《음빙실문집飮氷室文集》은 곧바로 우리나라에 수입되었으며, 1908년에는 그 일부가 번역되어 《음빙실자유서飮氷室自由書》라는 이름으로 출판되었다. 이처럼 다양한 경로로 우리나라에 소개된 양계초의 사상은, 당시 지식인들의 사회진화론 수용이나 자강사상, 실력양성론, 신민 사상, 민족주의 역사학 등에 매우 큰 영향을 끼쳤다. 한국을 강제로 병합한 이후 일제가 양계초의 저술을 대부분 금서로 지정한 것은 우리나라에 대한 양계초 사상의 영향을 반증한다고 할 것이다.

Zoom-in

양계초의 신민설^{新民說}과 그 영향

1898년 9월에 무술정변이 발발하자 양계초는 간신히 목숨을 건져 일본 군함에 몸을 싣고 일본으로 망명했다. 무술변법의 좌절에 뒤이은 일본 망명은 양계초에게 실로 불행한 일이었다. 그러나 당시 스물여섯 살의 젊은이였던 양계초에게 일본에서의 삶과 경험은 인생에서 또 하나의 중대한 전환점이 되었다. 1902년 12월에 쓴 〈삼십자술^{三十自述}〉에서 스스로 "일본에 와서 사상이 크게 변했다."고 인정했듯이, 일본에서의 망명 생활은 양계초가 서양의 근대 문명과 사상을 대량으로 받아들여 나름의 방식으로 소화하는 데 더할 나위 없이 좋은 조건을 마련해 주었다. 1899년 4월 〈일본문^{日本文}을 배우는 이익을 논한다〉라는 글에서 일본어로 쓴 글을 통해서 서양 문명을 수용하는 일이 오늘날 최대의 급무라고 밝힌 바 있듯이, 한자 문화권에 속하는 일본 서적을 통한 서양 문명과 사상의 학습은 대단히 효율적이었던 것이다.

일본에서 새로운 사상을 접하면서 양계초는 스승인 강유위로부터 사상적인 독립을 성취했으며, 1902년 2월에는 요코하마에서 반월간지 《신민총보^{新民叢報}》를 창간하여 '신민설^{新民說}'을 발표하기 시작했다('신민설'은 《신민총보》 창간호부터 제72호(1906년 3월)까지 전후 26회에 걸쳐 연재되었다). 여기서 '신민^{新民}'이란 〈대학^{大學}〉의 3대 강령(큰 배움의 길은 밝은 덕을 밝히고, 백성을 새롭게 하며, 지극한 선에 머무는 데에 있다.^{大學之道, 在明明德, 在新民, 在止於至善})에서 따온 것이었다. 양계초는 '중국의 신민'이라는 필명을 사용했으며, "신민은 오늘날 중국의 첫째 급무"라고 주장했다. 그는 "열강의 민족 제국주의에 저항하여, 비참한 상황으로부터 민중을 구원하고자 한다면, 우리 쪽에서 우리 쪽의 민족주의를 실행하는 방책밖에 없다. 그리고 중국에서 민족주의를 실행하고자 한다면, 신민 이외에 다른 것은 없다."고 말했다. 양계초는 '중국과 서양의 도덕'과 '정치와 학문의 이론'을 익힌 '신민'을 창출함으로써, 중국을 구미·일본과 같은 근대적 국민국가로 개조하고자 했던 것이다.

사실 양계초의《신민총보》창간은 '신민설'을 발표하기 위한 것이었다는 말이 나올 정도로, '신민설'은 이 시기 양계초의 정치사상에서 핵심적인 위치를 점한다. 뿐만 아니라, 근대 중국의 지성사에서도 그 중요성을 아무리 강조해도 지나치지 않을 정도로 영향력이 컸다. 단적인 예를 들자면, 훗날 중국 혁명의 지도자가 되는 모택동은 젊은 시절 고향인 호남성 장사에서 친구들과 함께 중국의 개조를 위한 조직을 결성하고, 그 조직의 이름을 '신민학회新民學會'라고 했다. 또한 양계초의 신민 사상은 애국 계몽 운동 시기 한국의 지식인들에게도 지대한 영향을 끼쳤다. 예컨대, 1907년 안창호, 신채호, 양기탁 등이 조직한 항일 비밀결사인 '신민회新民會'는 양계초가 제창한 신민 사상의 영향을 크게 받은 단체였다.

전봉준

조선 말, 이루지 못한 농민들의 꿈

전봉준(1855~1895)

전봉준의 뜨거웠던 생애

19세기 후반은 동아시아 3국이 근대로의 이행을 둘러싸고 커다란 소용돌이를 일으킨 시기다. 당시 조선은 자본주의적 경제체제가 싹트고 있었고, 지배층의 부패와 횡포로 인한 민중의 불만이 최고조에 이르렀다. 무엇보다도 외세의 침탈로 인해 나라의 운명이 하루가 다르게 바뀌었다. 이 혼란한 시기를 대변할 수 있는 인물로 전봉준을 꼽을 수 있다. 그는 지배층의 탐학과 외세의 침탈에 맞서 갑오농민전쟁을 이끌었으며, 20세기 이후 식민 지배와 분단, 독재정권으로 이어지는 근현대사에서 끊임없이 전개되었던 민중운동과도 그 맥이 연결되는 중요한 인물이다.

전봉준은 전라도 고창읍 덕정면 당촌에서 전창혁의 아들로 태어났다. 몰락 양반 집안으로 넉넉하지 못했던 그의 집은 전주, 태인 등 여러 곳을 떠돌다가 마지막으로 고부 조소 마을에 정착했다. 그는 이렇게 여러 곳을 떠돌아다니던 시기에 손화중, 김개남, 김덕명, 최경선 등 많은 사람

조선 후기 민중운동의 상징적 인물 전봉준.

들과 만났는데, 대부분 농민전쟁 당시 농민군의 지도적인 역할을 한 인물들이었다. 전봉준 자신도 1890년대 들어 동학에 입도해 고부 접주가 되었다. 1890년대, 동학교도들은 신앙의 자유를 얻기 위해 교조 최제우에 대한 신원운동을 일으켰다. 1892년 공주·삼례역 시위와, 광화문 상소 등을 거쳐 1893년 보은 장내리에서 대규모 시위를 벌였다. 이 무렵 전봉준은 전라도 금구에서 별도의 집회를 열고 서울로 쳐들어갈 계획까지 세웠지만 동학 상층부의 반대로 뜻을 이루지 못하고 계획을 중단했다.

　1892년 고부군수로 부임한 조병갑이 과중한 세금을 징수하고 주민의 재산을 갈취하는 등 횡포를 일삼자, 전봉준은 1894년 1월 농민들을 모아 관아를 공격했다. 이후 조정에서 사건 처리를 위해 안핵사(지방의 민란을 수습하기 위해 파견하던 관리) 이용태를 파견했는데 그는 농민들을 무차별 탄압했다. 이에 전봉준 등 지도부는 무장에서 포고문을 발포하고 제1차 농민전쟁을 이끌었다. 농민군은 감영군(관찰사를 지키던 부대)·정부군을 물리치고 전주성을 점령했으나, 청일 양국이 군대를 파견하자 화약을 맺고 전주성에서 물러났다. 이후 농민군 지도자 김개남, 손화중 등과 함께 전라도 대부분 지역을 장악하고 집강소를 설치했다. 그해 6월 일본군이 경복궁을 침입해 민씨 정권을 무너뜨리고 친일 개화파 정권을 세우자 사태의 추이를 지켜보았다. 결국 9월에 2차 농민전쟁을 벌이고 북상했으나 공주 우금치에서 일본군과 대접전 끝에 패배했다. 후퇴하던 도중 순창에서 부하의 밀고로 체포되어 서울로 압송되었다. 그 뒤 여러 차례 심문을 받은 끝에 사형선고를 받고 1895년 처형당했다.

시대가 낳은 세상

삼정(전정, 군정, 환곡)의 문란과 농민에 대한 봉건 수탈 문제가 지속되는 상황에서 조선은 일제에 의해 강제 개항되며 세계 자본주의 체제 속에 편입되었다. 아무런 준비 없이 개항을 하게 된 뒤 사회 불평등 구조는 더욱 커져 갔다. 쌀값이 크게 뛰고 지주들의 토지 확보가 늘어나면서 일반 농민들의 삶은 더욱 어려워졌다. 이 때문에 개항 뒤에도 계속된 농민들의 항쟁은 1890년대에 들면서 더욱 자주 일어났다.

고종이 즉위하면서 대원군이 권력을 잡았지만, 집권 10년 만에 실각을 하고는 고종과 민씨 일족이 권력을 장악했다. 권력에 대한 탐학은 조선 후기 이래 자본주의의 풍요한 물질을 맛보면서 더욱 커졌고, 급기야 민씨 일파는 벼슬을 팔아 뇌물을 챙기고 갖가지 이권을 이용해 돈과 재물을 모아 나갔다. 이처럼 민씨 일파가 권력을 장악해 나갔기 때문에 '삼정승은 시위^{尸位}, 6판서는 소찬^{素饌}, 곧 허수아비이거나 국가의 녹만 축낸다는 비아냥이 터져 나올 정도였다.

한편 19세기에 들어서 서구 열강의 침략이 계속되는 가운데, 1875년 운요호 사건을 일으킨 뒤 개항을 강요하고, 조계지를 통해 자주 침탈해 오는 일본에 대한 반감이 가장 커졌다. 청과 일본 두 나라는 한반도를 둘러싸고 침략 경쟁을 벌였다. 청의 내정간섭은 조선을 실질적으로 속국화하는 단계에까지 이르렀으며 일본은 조선을 독차지하기 위해 조선에서 청을 몰아내려 하고 있었다.

1860년 만들어진 동학이 빠른 속도로 퍼져 나가자 조선 조정은 동

조선 후기 권력의 중심에 있었던 민영익(왼쪽)과 민영환.

학을 '불온한 사상 집단'으로 단정하고 교조 최제우를 처형했다. 그러나 동학은 더욱 널리 퍼져 나가 강원도, 경상도를 시작으로 점차 충청도, 전라도까지 확산되었다. 동학교도의 대부분을 차지했던 농민들은 그들이 지니고 있던 봉건사회에 대한 개혁의 바람을 동학과 연결시켰고 동학 조직을 바탕으로 묶일 수 있었다. 그렇게 동학은 조선 민중의 의식을 높이는 데 한몫을 했다.

전봉준의 중요 활동과 평가

조선의 민중운동을 대규모적으로 대창작적으로 한 자가 아닌가?

컴컴한 시대에 민중의 선구자가 되어 온 세상을 진동시킨 자가 아닌가?

그는 약자의 동무가 되어 강적에 대항한 자가 아닌가?

그는 불평등 부자유의 세상을 고쳐 대평등 대자유의 세상을 만들고자

한 자가 아닌가?

– 《동학사》(전봉준과 함께 활동한 오지영이 일제강점기에 쓴 책) 중에서

민중적 지식인의 계승

조선 후기에는 민중적 지식인으로서 사회의 폐단을 지적하고 적극적으로 저항에 참여한 인물들이 나타났는데, 전봉준 이전에도 활발하게 활동한 인물들이 여럿 있다.

먼저 19세기 초 정약용의 글에 나타나는 황해도 곡산의 농민 이계심을 들 수 있다. 곡산에서 군포에 대한 문제가 일어나자 그는 농민 1천여 명을 거느리고 관가에 가서 항의를 했다. 부사가 그를 잡으려 하자 농민들이 보호를 했고 그 사이에 도망쳤다. 그러다가 다산이 부임하려고 곡산 땅에 이르자, 이계심은 백성들이 제일 괴로워하는 폐단 10여 조목을 기록해 그에게 바치고는 길가에 엎드려 자수했다. 물론 백성들을 위해 희생할 수 있다는 마음도 있었지만 한편으로는 정약용이라는 인물에 대한 기대감 때문으로 볼 수도 있다.

그 뒤 1862년 농민항쟁이 일어나면서 항쟁에 앞장선 여러 인물들이 나타난다. 이 가운데서도 진주의 유계춘, 선산의 전범조, 함평의 정한순 등의 활동이 두드러졌다. 유계춘은 농민들로 하여금 고을의 폐단을 문제 삼아 집회를 열도록 하고, 또 그 집회의 분위기를 고조시켜 나갔다. 선산의 전범조는 뛰어난 지도력으로 농민 조직을 굳게 이끌어 나간 인물이었다. 중앙에서 파견한 관리에 맞서 당당하게 농민들의 주장을 관철시켰으며 고을을 일시 장악할 정도였다. 정한순은 농민들을 이끌고 읍을 장악했으며 안핵사가 내려오자 처형당할 것을 각오하고 그의 앞에 나아가 농민들의 요구 조건을 내세웠다.

전봉준은 이런 민중적 지식인의 계보를 이어받았다. 아버지 전창혁도 장두로 나섰다가 곤장을 맞아 죽음에 이르렀고 전봉준도 1894년 고부농민항쟁을 이끌었다. 그의 시야는 한 고을에 머물지 않았다는 점에서 이전 사람들보다 한 걸음 더 나아간 셈이다. 전봉준은 나중에 재판을 받는 과정에서 '백성을 위해 해를 제거하려고 하는' 마음으로 항쟁을 주도했다고 말했다.

반봉건·반외세의 혁명을 꿈꾸다

전봉준이 보다 넓은 시야를 가진 것은 개항 이후 사회변동과도 관련이 있을 것이다. 전봉준은 스스로 혁명을 도모했다고 말했다. 이렇게 인식이 넓혀진 이면에는 1870년대 이필제의 난도 관련이 있다. 동학교도이기도 했던 이필제는 진천, 진주, 영해, 문경 등지에서 난을 일으켰다. 그 경험이 전봉준에게도 전해졌을 것이다. 실제로 그는 혁명을 일으킬 수 있는 사람들과 많은 교류를 가졌다. 오지영은 《동학사》에서 "선생(전봉준)은 항상 불평한 마음이 많아서 사람을 사귀어도 신사상을 가지고 개혁심이 있는 자를 따랐다. 호남으로는 손화중, 김덕명, 최경선, 김개남 등과 상종이 많았고, 호서로는 서장옥, 황하일 등과 교분이 두터웠다."고 했다.

이를 기반으로 해서 당시 정권을 무너뜨리려는 생각까지 갖게 되었고 1892년 금구 집회를 열었을 때는 서울로 쳐들어갈 것을 계획하기도 했다. 1893년 그의 이름이 들어 있는 사발통문에서도 "났네 났어, 난리가 났어." "에이 참 잘되었지, 그냥 이대로 지내서야 백성이 한 사람 남아 있겠나." 하는 농민들의 바람이 나타나 있다. 이에 따라 결의한 내용은 고부성을 격파하고 군수 조병갑을 효수할 일, 군기창과 화약고를 점령할 일, 군수에게 아부하여 인민을 갈취한 탐리를 쳐 징계할 일, 전주영을 함락하고 서울로 곧바로 올라갈 일 등을 결의했다. 왕이 파견한 지방관을 처형하는 일부터 무기를 갖추고 서울을 공격하겠다는 내용까지 들어 있어서 그야말로 변란에 해당되는 행위였다.

뛰어난 지도력

1893년 전봉준은 금구·원평 집회를 주도했는데 이때부터 그의 이름이 널리 알려졌다. 그해 만들어진 사발통문을 보면 '군략에 능하고 여러 가지 일에 민활한 영도자가 될 장재將材의 첫 번째 인물'로서 전봉준을 올렸다. 지도력을 공인받은 셈이었다. 1894년 고부농민항쟁을 주도했을 때는 관아를 공격한 뒤 고부 일대를 장악하고는 농민들을 계속 모이게 하면서 감영군에 맞섰다.

그 뒤 내부적인 갈등으로 해산했지만 전봉준은 다시 이웃 고을 무장으로 가서 농민군을 모았는데 이때 전봉준은 농민군 지도자들 가운데 나이나 경력에서 뒤졌지만 지도력을 인정받아 총대장이 되었다.

농민군은 자신들의 목표를 "백성들을 도탄에서 건지고 국가를 반석위에다 두고자 한다"고 하여 의병의 성격을 드러냈다. 그래서 포고문과 격문이라는 문서를 내었고 조직의 이름을 '의를 들어 일어났다'는 뜻으로 '창의소倡義所'라고 했다.

농민군은 황토현에서 감영병을 격파했듯 명실상부한 전투부대였다. 양호 초토사 홍계훈이 왕명을 받고 경군인 장위병영 800여 명을 이끌고 내려왔는데 농민군은 장성에서 조선의 최고 정예 부대를 물리치고 많은 무기를 빼앗았다. 농민군이 정부군을 격파한 것은 왕조가 생긴 이래 처음이었다. 여세를 몰아 전라 감영이 있는 전주성을 장악했다. 그러나 일본군과 청군이 상륙하여 충돌이 우려되는 가운데 5월 7일 정부군과 화약을 맺고 전봉준은 폐정 개혁안을 요구하면서 전주성을 물러났다.

사회 개혁을 과감히 이끌다 – 집강소 통치

농민들은 전주성에서 물러났지만 해산한 것은 아니었다. 전라도 일대와 경상도, 충청도 일부 지역을 장악하고 있었다. 전봉준은 전주 일대를, 손화중은 광주 장성으로 내려가 전라 우도를, 김개남은 남원으로 들어가 전라 좌도를 장악했다. 그 뒤 6월 21일, 일본군이 경복궁을 점령하고 이어 23일 아산해전을 시작으로 청일전쟁이 터졌다. 정세가 크게 바뀌자 민족 위기를 타개할 목적으로 전라 감사 김학진과 전주에서 회담을 갖고 '관과 민이 서로 화합한다'(관민상화官民相和)는 원칙에 따라 서로 협력해서 치안 질서를 바로잡고, 각 고을에 집강소를 설치해 농민군 주도의 폐정 개혁을 실시하기로 합의했다.

농민군이 설치한 집강소는 지역 실정에 따라 민정기관, 자치기관 또는 치안기구 역할을 하면서 폐정을 개혁했다. 전봉준은 김학진으로부터 전라도의 행정권을 이양받아 관찰사의 집무실인 선화당에 앉아 한 도를 책임졌다. 농민항쟁 당시 몇몇 고을에서 농민들이 며칠간 고을을 장악한 적이 있었으나 이렇게 넓은 지역을 또 상당 기간 장악한 것은 처음이었다.

본래 집강은 수령을 보조하는 역할을 했는데 농민군의 집강소는

전봉준이 이끌던 동학농민군 본부에서 사용한 인장.

수령권을 대행하는 실제 권력이었다. 집강소의 지도부와 접주들은 농촌 지식인으로서 대부분 중농들이었으며 나머지는 거의 하층민이었다. 이들이 내세운 폐정 개혁안에는 탐학한 관리나 양반에 대한 응징, 신분제도 폐지에 대한 내용이 들어 있다. 나아가 외세에 대해 저항적인 내용, 농민들이 가장 바라는 토지 문제에 대해서도 언급하고 있다. 실제로 이들은 노비 문서, 토지 문서를 불태우고, 고리대를 탕감하고, 양반들의 재산을 빼앗아서 나누어 주기도 했다. 집강소는 호남을 중심으로 다른 지역까지도 확산되어 나갔다. 이는 조선조가 생긴 이래로 가장 넓고 긴 시간에 이루어진 민간 조직의 통치 활동이었다.

외세의 침탈에 다시 떨쳐 일어서다

외세에 대한 농민의 반발은 매우 컸다. 농민전쟁이 일어나기 전인 1892~3년 무렵에도 서울에서는 서양과 일본에 대한 배척운동이 일어났는데, 그 주체는 전봉준과 같은 무리였으리라고 추측된다. 그리고 실제 동학 집회에서 모인 농민들은 탐관오리만이 아니라 외세에 대한 저항감도 매우 높았다. 가령 보은 장내리의 집회에서도 참여자들은 '탐관오리가 횡행하는 것을 분히 여겨 들어온 자'와 더불어 '외국 오랑캐가 우리 이권을 빼앗는 것을 통분히 여겨 들어온 자' 들도 있었다. 제1차 농민전쟁 당시 격문에는 "안으로는 탐학한 관리의 머리를 베고 밖으로는 횡포한 강적의 무리를 구축하고자 함이다."라고 하여 외세에 대한 저항 의식이 드러나 있다.

더구나 집강소 통치를 펼치는 상황에서도 청일전쟁이 일으킨 일본은 군사력을 앞세워 드러내 놓고 내정을 간섭한 데다가 농민군이 기대를 걸었던 갑오개혁도 후퇴를 했던 것이다. 8월 17일 평양 전투에서 청을 물리친 일본은 내정간섭을 더욱 강화했다. 더구나 일본군의 보호를 받아 들어선 갑오 정권은 농민군에 대한 회유 정책을 바꾸어 9월 16일, 일본군에게 농민군을 토벌해 달라고 요청했다. 따라서 농민군이 정부와 맺은 화약은 더 이상 의미가 없었다.

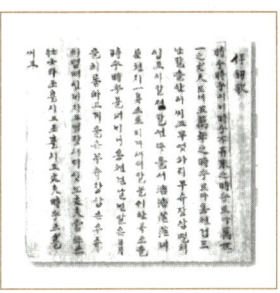

당시 농민군들이 불렀다는 〈칼 노래〉가 적혀 있는 문서.

전봉준은 재봉기를 결심하고 통문을 돌렸다. 전봉준은 그동안 남접의 항쟁에 반대했던 동학의 2대 교주 최시형을 설득해 남북접의 연합 부대를 형성했다. 농민군은, 고도로 훈련되고 근대 무기로 무장한 일본군, 농민군 진압을 위해 재편된 정부군, 봉건 유생층이 결성한 민보군의 연합 세력에 맞서야 하는 매우 불리한 상황이었다.

그렇지만 일본의 야심을 알아챈 전봉준을 비롯한 지도부는 봉기를 결심할 수밖에 없었다. 농민군의 북상에 대비해 일본군과 정부군은 공주에 포진했고 여기서 계속된 전투에서 농민군은 크게 패배하고 말았다. 전봉준은 후퇴하는 과정에서도 끊임없이 싸웠으나 결국 체포되고 말았다. 그 뒤 서울로 호송되어 법무아문에서 받은 여러 차례 신문을 통해 자신의 활동을 담담하게 진술한 뒤 최후 순간까지 굳센 기개를 잃지 않고 사라졌다.

노력은 헛된 꿈이었나 – 정치적 감각

전봉준은 여러 지역을 다니면서 농촌 현실에 대한 감각을 익히면서 많은 사람들을 만나고 사귀었다. 이것이 그가 농민군을 이끄는 데 큰 자산이 되었다.

1893년 고부 지역에서 봉기를 위해 만들어진 사발통문을 보면 전봉준의 이름이 나타난다. 지도부를 보호하기 위해 원형의 주위에 서명하는 방식을 사용하고 있지만 이미 이때부터 그는 최고의 지도자로 꼽히고 있었다.

전봉준은 농민전쟁 이전에 서울에 올라가서 정세를 정탐했다. 이는 그가 사전에 농민전쟁을 계획하고 있었다는 것을 보여 준다. 전봉준은 대원군과 관계를 가지려 하기도 했다. 전봉준을 만난 대원군은 봉기해서 한강까지만 오면 호응해 주겠다고 했다 한다. 이 이야기는 근거가 없는 것이지만 전봉준이 여러 세력을 끌어들이기 위해 고민하는 모습과 두 사람이 힘을 합쳤으면 하는 민중들의 바람을 담고 있다고 볼 수 있다.

제2차 농민전쟁이 일어나기 직전에도 대원군은 전봉준에게 군사를 해산하지 말고 협력해서 왜를 토벌하자고 전했다고 한다. 전봉준의 공초(범죄 사실을 진술하는 일) 때 개화파 정권과 일본 측은 대원군과의 관계에 대해 집중 추궁했다. 대원군은 1894년 7월 말, 농민군에게 효유문(백성들에게 보내던 글)을 보내는 한편, 9월에는 전봉준에게 직접 사람을 보내 농민군이 북상하면 내응할 것이라는 편지를 전달하게 했다. 당시 대원군도 대중적인 인기가 상당히 높았다. 이는 그가 권력을 잡았을 당시 내정 개혁을 꾀했고, 상대적으로 그를 쫓아내고 권력을 잡은 민씨 정권이 부패한 모습을 보였기 때문이었다.

전봉준은 일본군의 경복궁 점령과 청일전쟁 승리, 그리고 이에 따른 개화파의 친일 예속화라는 국면을 이용해 농민군 이외의 다른 세력과도 연대하려고 했다. 이런 점에서 전봉준은 정치적인 감각을 지니고 있었다고 볼 수 있다.

전봉준은 민중적 지식인의 계보를 이어받았을 뿐 아니라 정의감을 지니고 있었으며, 시대의 흐름을 읽을 줄 아는 인물이었다. 또한 새로운 세상에 대한 전망을 갖고 있었다는 점에서 그전의 민중운동 지도자들보다 한 걸음 더 나아간 인물이었다고 할 수 있다. 이것은 한편으로는 개항과 이세이 침탈이라는 시대적 상황에 따른 요구이기도 했다.

전봉준, 김개남, 손화중은 농민전쟁의 3대 지도자라고 일컬어진다. 전주 역사박물관에는 이들 세 명의 동상이 나란히 서 있다. 그 가운데서도 전봉준과 김개남은 농민전쟁의 최고 지도자인 동시에 라이벌로서 농민군을 전체적으로 조직하고 농민전쟁의 진행 방향을 결정하는 데 핵심을 이룬 인물이었다.

김개남은 본명이 김기범으로 1853년 정읍 산외면 동곡리 지금실에서 태어났다. 개남은 남조선을 열어젖힌다는 뜻이다. 소설가 박경리가 '세계적인 혁명가'라고 높이 평가한 인물로서 소설 《토지》에 김개주로 나온다. 전봉준과 김개남을 비교해 보자.

첫째, 전봉준은 빈농 출신인 반면 김개남은 부호이자 태인 일대의 토호 집안이었다.

둘째, 전봉준은 여러 지역을 다니면서 농촌 현실을 피부로 느끼고 많은 사람들을 사귀었다. 김개남도 비슷했지만 전봉준이 좀 더 폭이 넓었던 것으로 보인다.

셋째, 동학 조직에 들어간 것은 김개남이 조금 빨랐다. 그러나 백산에서 봉기를 할 때 전봉준은 총대장이 되었고, 김개남은 손화중과 함께 총관령이 되었다.

넷째, 전봉준에 비해 김개남은 훨씬 과격했다. 김개남은 장터와 상점을 약탈했고 남원부사를 죽였다. 양반에 대한 공격도 더 과격했다.

다섯째, 두 사람은 함께 또는 따로 활동을 했다. 가령 1차 농민전쟁 때는 함께 행동했으나 전주성을 물러난 뒤 김개남은 남원을 거점으로 하는 전라좌도를 장악하며 별도로 활동했다. 2차 농민전쟁 때도 전봉준의 협력 요청을 외면하고 자신의 부대를 이끌고 별도로 싸웠다. 전봉준은 삼례에서 공주로 나아가서 싸웠고, 김개남은 전주에서 청주성으로 나아갔지만 모두 패배했다. 역량의 분산되었기 때문이다.

여섯째, 재봉기는 함께 시도한 것으로 보이는데 김개남은 12월 1일 태인 삼례면 종송리에서, 전봉준은 2일 순창 피로리에서 체포되었다. 모두 아는 사람의 고발 때문이었다.

전봉준, 손화중과 함께 '동학농민전쟁 3대 지도자'로 꼽히는 김개남.

일곱째, 김개남은 체포된 뒤 곧바로 전주 감영에서 효수당했는데 과격하기 때문으로 보인다. 반면 전봉준은 서울로 끌려가서 여러 차례 심문을 당한 뒤 이듬해 처형당했다.

여덟째, 민중의 염원과 안타까움을 받은 점은 같다. 전봉준을 그린 〈파랑새〉에서 잘 드러난다. 김개남을 담은 민요도 있다. "개남아 개남아 김개남아, 그 많은 군사 어디 두고 짚둥리가 웬 말인가."가 그것인데, 그가 잡혀가는 것이 억울하다는 마음을 담고 있다.

전봉준처럼 우리 역사와 문화 속에서 오랫동안 전래되어 온 인물도 드물 것이다. 전봉준이 부상을 입고 가마를 타고 압송되어 가는 사진은 비록 끌려가고 있지만 그만의 당당한 모습과 날카로운 눈매가 잘 드러난다. 아마도 그는 사진으로 얼굴을 남긴 최초의 농민군 지도자일 것이다. 이 사진은 우리나라 저항 문화의 상징이 되었다. 죽음을 앞두고 남긴 유언시도 그를 더욱 부각시켰다.

> 때를 만나서는 천하도 내 뜻과 같더니
> 운다 하니 영웅도 스스로 어쩔 수 없구나
> 백성을 사랑하고 정의를 위한 길이 무슨 허물이냐
> 나라 위한 일편단심 그 누가 알랴

압송되어 가는 전봉준. 당당한 모습과 날카로운 눈매가 인상적이다.

당시 농민들은 오랜 수탈을 뚫고 저항해 나갔다. 와언, 등장, 횃불 시위 등으로 이어지는 소극적 저항에서 나아가 봉기까지 이어졌다. 더구나 개항에 이어 1890년대에 들어서 분위기가 더욱 고조되었다. 이런 분위기가 농민전쟁에 투영되었기 때문에 당시 농민들 사이에 "갑오세 가보세 을미적 을미적 병신 되면 못 가리." 하는 노래가 유행가처럼 불렸다. 갑오년에 크게 떨쳐 일어나 새로운 세상을 만들지 않고, 을미년까지 을미적 을미적 끌다가는 병신년에는 병신 되어 아무 일도 못하게 된다는 뜻이었다. 그래서 이들은 손에 죽창을 들고 집결했던 것이다. 이렇게 봉기한 농민군을 가장 앞장서서 이끌었기 때문에 전봉준은 당시 저항의 상징이 되었다.

전봉준이 죽은 후 그에 대한 사람들의 마음은 민요 〈파랑새〉에도 잘 드러난다.

아랫녘 새야 웃녘 새야 전주 고부 녹두새야
청포 밭에 앉지 마라 녹두 덩굴 다 썩는다
새야 새야 파랑새야 녹두밭에 앉지 말라
녹두꽃이 떨어지면 청포 장수 울고 간다

내용을 알 듯 모를 듯한 이 노래는 당시에만 불린 것이 아니라, 그 뒤로도 계속 전승되었다. 1960년대 군사정권하에서 신동엽은 서사시 〈금강〉(1967)을 썼다. 4·19 당시 남한 사회의 대미 종속성, 반식민지적 상황에 대한 투쟁과 농민전쟁의 반제 투쟁의 성격을 교차시키면서 서술하고 있다.

　우리들은 하늘을 봤다.

　1960년 4월,

　역사를 짓눌던, 검은 구름장을 찢고

　영원의 얼굴을 보았다.

　……

　1894년쯤엔,

　돌에도 나무등걸에도

　당신의 얼굴은 전체가 하늘이었다.

　……

　두레꾼이여,

　조국이여,

　너를 부른다, 두레꾼이여.

　녹두알이여, 너를 부른다.

　여기에는 가상 인물인 하늬가 등장하지만 바로 전봉준을 중심으로 하는 활동을 그리고 있다. 사실 내용은 객관적인 사실로 보기 어렵다. 당시 농민전쟁에 대한 인식 수준이 열악했기 때문일 것이다. 그러나 우리 역사의 주체로서 농민군을 설정하고 있어서 당시로서는 충격적이었다고 할 수 있다.

　1980년대 계속된 군사정권하에서 그를 기리는 소설들이 나왔다. 송

기숙의 대하소설 《녹두장군》(1989)이 나왔고, 북한에서는 이미 오래전에 박태원의 《갑오농민전쟁》(1963~1986)이 쓰였다. 여기에는 특히 1862년 농민항쟁과의 연계성이 잘 그려져 있다.

1970~80년대 암울한 상황 속에서 농민운동을 이끌기 위해 농민전쟁과 전봉준을 소재로 하는 시와 이를 바탕으로 하는 노래가 만들어지기도 했다. 김지하의 〈녹두꽃〉, 김남주의 〈황토현에 부치는 노래〉 등이 그것이다.

전봉준을 대상으로 하는 기념물도 많다. 전봉준의 고택이 성역화되고 여기저기 기념비와 동상(황토현 기념관의 동상, 전주 덕진공원의 동상)이 세워졌다. 여기에는 정치적 목적 때문에 이루어진 점도 있다. 역대 군사정권이 누차 그를 이용하고자 했기 때문이다. 1960년대에 세워진 황토현 기념비의 한 구절을 읽어 보자.

소설가 박태원과
그가 쓴 《갑오농민전쟁》.

제폭구민 보국안민과 척왜를 기치로 동학교문의 대혁명가 전봉준 선생의 영도 아래에서 일어난 갑오동학혁명은 우리 민족의 진로에 커다란 광명을 비추어 주었다. 전봉준 선생은 동학의 조직망을 통하여 농민 대중을 안아 들여 우리 역사상에 처음 보는 대규모의 민중 전선을 이룩하고 위국위민의 뚜렷한 지도 이념 밑에서 줄기차게 싸웠던 것이니 그의 의의와 영향은 진실로 지대한 바가 있다. 이 혁명은 우리 농민 대중에게 정치적 의식을 깨우쳐 주었으며 고루하던 불합리한 봉건체제의 낡은 권위를 뒤흔들어 국민 생활의 근대화를 촉진시켰으며……. (1963. 10. 3)

당시 역사적 평가를 뛰어넘을 정도로 전봉준을 지나치게 영웅적으로 그리고 있다. 사건의 의미나 동학의 역할에 대해서도 그런 점을 찾을 수 있다.

공주 우금치에 있는 동학혁명군 위령탑.

이처럼 전봉준은 농민전쟁 시기만이 아니라 오늘에 이르기까지 우리 역사를 이해하는 데 있어서 귀중한 인물이다. 많은 영웅들이 정치적 목적에 의해 만들어지지만, 전봉준처럼 있는 그대로를 밝혀내는 것만으로도 역사적으로 중요한 평가를 받을 수 있는 인물도 있다. 그것은 당시 농민의 염원과 추동력이 있었기에 가능한 것이다. 그가 어떻게 농민들을 대표하고자 노

력했는가를 밝히고 역사 속에 제대로 자리매김하게 하는 것은 당시의 역
사를 이해하고 오늘을 살아가는 데, 크게 도움이 될 것이다.

Zoom-in

집강소의 활동

1차농민전쟁과 전주화약 이후 집강소라는 기구가 나타난다. 국사 교과서에서는 농민군의 자치 기구로서 53개 고을에 설치했으며, 이를 통해 그동안 잘못된 정치로 발생한 문제들을 바로잡으려 했다고 설명하고 있다.

집강소는 정부 측과 농민군 측의 타협 과정에서 설치된 것이다. 사실 '집강'이라는 이름은 널리 쓰였다. 예전부터 향촌에서는 면리의 직임으로서 집강을 둔 곳이 있었다. 요즘 면장처럼 흔한 용어라고 생각하면 된다. 또한 동학교단에서 6임제를 만들었는데, 이 가운데에도 집강이라는 직임이 있었다. 전라 감사 김학진은 집강을 통해서 사태를 수습하도록 했는데 이전과는 달리 치안을 담당할 집강을 농민군 측에서 뽑도록 했다. 이서들이나 면임들을 농민들의 의사에 따라 뽑는 경우는 1862년 농민항쟁 과정에서도 종종 보인다.

그런데 집강소를 너무 중심에 두고 볼 필요는 없다. 지금까지 집강소를 높이 평가하는 바람에 전주화약 이후부터 9월 재봉기까지 농민군 조직과 활동을 집강소만을 통해서 보려고 했다. 이 때문에 농민군의 다른 조직을 집강소로 확대해석하거나 이 시기 모든 농민군의 활동을 집강소 활동으로 규정하는 잘못을 범하고 있다. 이 시기 농민군의 조직에는 포, 접, 접소, 도소, 도회소, 의소 등 여러 가지 용어가 보인다. 이 가운데 가장 대표적인 기구가 도소인데 이는 농민군의 투쟁본부에 해당한다. 다만 도소가 여러 지역에 설치되었지만 하나의 통일적인 체제로서 성립되어 있던 것은 아니었다.

그리고 이런 조직은 집강소가 설치되더라도 여전히 존재했다. 오히려 집강소가 농민군 투쟁본부인 도소 안에 존재하는 경우가 많았다. 때로는 도소를 집강소라는 이름으로 고쳐 부르기도 했다.

이런 점에서 이 시기를 '집강소 체제'라고 부르는 것은 실제 농민군의 활동을 포괄하는 용어가 되기 어렵다. 그렇다고 해서 농민들의 조직인 도소를 중심으로 '도소 체제'라고 부르는 것은, 도소가 농민전쟁 전 시기에 해당하기 때문에 이 시기만을 특징짓는 용어가 될 수 없다. 그런 점에서 집강소와 도소는 별개로 높이 평가되어야 한다.

집강소는 정부 측과 타협의 산물이었고 치안기구라는 점을 강조할 필요가 있다. 다만 그것이 농민군 투쟁본부인 도소 안에 있었기 때문에 농민군의 합법적 활동 공간을 확대했다. 따라서 우리나라 역사상 농민들이 투쟁을 통해 얻은 도 단위의 최초의 정치적 성과물이라는 점에서 의미가 크다. 또 한편 민중 주체의 치안 권력기구라는 점도 중요하다.

집강소와 관련해서 또 하나 주의해야 할 점은 '집강'이라는 표현이 보편적이었기 때문에 보수 세력들이 농민군에 대항해 힘을 결집시키면서 만든 조직에도 집강소가 있었다는 점이다. 주로 경북 북부 지역인 예천, 상주, 김천, 성주 등지에서 나타난다. 학계에서는 이들을 '보수 집강소'라는 이름을 붙여서 구분하고 있다.

체 게바라

쿠바혁명, 라틴 아메리카 무장투쟁의 본보기

에르네스토 게바라 데 라 세르냐Ernesto Guevara de la Serna(1928 ~ 1967)

보헤미안 청년에서 게릴라 전사로

에르네스토 게바라 데 라 세르나. 강렬한 눈빛과 열정을 지닌 혁명가 체 게바라의 본명이다. '체^{che}'는 에스파냐어로 '친구' '벗' 을 뜻하며 호격^{呼格}으로도 쓰인다. 체 게바라는 아르헨티나에서 태어나 과테말라에서 혁명가가 되었고, 무장투쟁 끝에 쿠바혁명을 승리로 이끌었으며, 1967년 10월 볼리비아의 산악에서 체포된 뒤 사살당한 천생 게릴라 전사였다. 프랑스의 저명한 철학자 장 폴 사르트르는 체 게바라의 이론과 실천의 일치, 이타적인 자기희생과 대중에 대한 헌신을 높이 평가해 그를 '우리 시대 가장 완벽한 인간'이라고 극찬했다. 살해된 뒤 체 게바라는 보수적인 기존 질서에 정면으로 도전한 서구 청년들의 항거, 즉 오랫동안 잠잠하던 서구의 급진적 저항 의식

오랫동안 저항의 상징이 되어 온 체 게바라.

1960년 프랑스의 철학자 사르트르와 그의 아내이자 작가인 시몬 느 드 보부아르와 만났을 때.

을 다시 일깨운 전범으로 환생했다. 1968년 서구 청년들의 흠모를 한껏 받은 제3세계 지도자들 가운데 체 게바라는 단연 돋보이는 존재였다.

모터사이클 여행

체 게바라는 1928년 6월, 아르헨티나의 로사리오에서 태어났다. 두 살 때부터 심한 기관지성 천식을 앓았던 체 게바라는 1948년 부에노스아이레스 의과대학에 입학해 의사로서의 인생을 준비했다. 그러던 중 스물세 살 되던 해 모터사이클 여행(1951년 12월~1952년 9월)을 떠나게 되는데, 이 여행은 그가 안락한 미래를 버리고 게릴라의 역정을 선택하는 데 결정적인 전기가

모터사이클 여행을 떠나기 1년 전인 스물두 살 때 모습.

되었다. 특히 페루의 광산지대에서 목격한 강제 노동의 현실과 2주일 동안의 나환자촌 진료 활동은 아르헨티나 중산층 청년이었던 그에게 빈곤과 사회적 불평등의 문제에 대해 진지하게 고민하도록 만들었다. 훗날 쿠바 중앙은행 총재가 되었을 때, 체 게바라는 이 여행이 자기 삶에 끼친 영향을 이렇게 설명했다.

"나도 다른 사람들처럼 성공하고 싶었다. 하지만 그것은 개인적인 승리일 뿐이다. 나는 라틴아메리카 곳곳을 돌아보면서 빈

곤, 기아, 질병을 목격했다. 이를 통해 유명한 학자가 되거나 의학 분야에서 기여하는 것보다 더 중요한 무엇인가가 있으며, 그것이야말로 진정으로 인민을 돕는 길이라고 어렴풋이 깨달았다.”

혁명가의 탄생

1953년 7월, 두 번째 라틴아메리카 여행을 떠난 체 게바라는 1953년 12월 과테말라에서 민주청년동맹에 가담하게 되었다. 그곳에서 그는 첫 번째 부인이 될 페루 출신의 활동가 일다 가데아를 만나 마르크스와 레닌의 저작을 깊이 탐독했다. 1954년 6월 미국의 개입으로 과테말라의 중도 좌파 정부가 무너지는 것을 목격하면서 체 게바라는 급진적인 혁명가의 길을 걷기로 결심했다. 그는 '양키 제국주의'를 비난하면서 미국뿐만 아니라 라틴아메리카의 과두 지배 세력에 대항하는 무장투쟁의 필요성을 역설했다.

가데아와 함께 멕시코로 거처를 옮긴 체 게바라는 1955년 7월에 쿠바의 풀헨시오 바티스타 독재정권[1]에 맞서 혁명 투쟁을 전개하던 피델 카스트로와 그의 동료들을 만났다. 카스트로는 쿠바 동남부의 몬카다 병영을 습격한 '1953년 7월 26일 운동'의 지도자로서 당국에 체포된 뒤 "역사는 내게 무죄를 선고할 것La historia me absolverá."이라는 유명한 최후진술을 남긴 바 있었다. 운명적인 만남을 통해 동지가 된 체 게바라와 카스트

1
1898년 미국과 에스파냐의 전쟁이 미국의 승리로 끝난 뒤 독립을 이룬 쿠바는 곧이어 사실상의 미국 보호령이 되었다. 미국은 1899년부터 1902년까지 쿠바에서 군정을 실시하고 관타나모 만에 해군 기지를 설치했다. 또 쿠바 헌법에 대한 플랫 수정안Platt Amendment을 통해 언제든지 쿠바의 내정에 개입할 수 있는 법적 근거까지 마련했다. 플랫 수정안은 쿠바의 주권을 크게 침해했고, 1934년 이 수정안이 폐기된 뒤에도 바티스타의 독재체제에 대한 미국의 지원과 영향력은 지속되었다.

로는 80여 명의 게릴라 전사들과 함께 1956년 11월 24일, 그란마²라는 요트를 타고 혁명의 거보를 내딛었다.

체 게바라의 쿠바 혁명

검은 베레모를 쓴 게릴라: '쿠바혁명의 두뇌'

호기 있게 출발한 혁명의 길은 멀고도 험했다. 어렵사리 쿠바에 상륙한 체 게바라와 카스트로는 동부 마에스트라 산악지대에 무장투쟁의 거점을 마련하고 유격 전술을 펼치는 동시에 의료와 교육 활동을 통해 서서히 농민층과 중간계급을 규합하고자 했다. 1957년 2월 《뉴욕타임즈》의 기자 허버트 매튜스와 나눈 산중 인터뷰를 통해 혁명 세력은 국제적인 주목을 끌게 되었다. 체 게바라는 피델 카스트로의 동생 라울 카스트로와 함께 중부 산악지대에서 탁월한 전과를 올렸고, 1958년 12월 산타클라라 전투에서는 결정적인 승리를 거두었다. 바티스타 독재정권에 맞선 험난한 게릴라 투쟁은 1959년 1월 혁명 세력의 아바나 진입으로 끝을 맺었다.

　　체 게바라는 기념비적인 저작 《게릴라 전쟁》(1960)을 통해 당시 라틴 아메리카 여러 나라의 독재정권과 '양키 제국주의'에 대한 투쟁을 선언했다. 이 교범에는 게릴라 전쟁의 본질과 기본 전략, 상황에 따른 전술 변화, 사회 개혁가와 전사로서 게릴라 대원이 지녀야 할 태도, 게릴라 조직의 구성 등 다양한 내용이 망라되어 있다. 체 게바라에 따르면 쿠바혁명은 아메

2
'할머니'를 뜻하는 '그란마 Granma'는 쿠바혁명의 모태인 셈이었다. 나중에는 쿠바 공산당 중앙위원회가 발행하는 공식 기관지의 이름이 되었다.

리카 혁명의 진전에 세 가지 중요한 교훈을 제시했다. 그것은 대중 세력이 정규군과의 전쟁에서 승리할 수 있다는 것, 혁명에 적합한 조건이 무르익을 때까지 기다릴 필요 없이 봉기를 통해 혁명의 조건을 만들어 낼 수 있다는 것, 자본주의적 발전의 낮은 단계에 있는 라틴아메리카에선 농촌이 무장투쟁의 중요한 기반이 될 수 있다는 것 등이다.

산타클라라 전투 당시 체 게바라.

청년 게릴라 전사들[3]이 이끈 쿠바혁명은 라틴아메리카 저항운동에 큰 영감을 불러일으킨, 무장투쟁의 본보기였다. 미국이 라틴아메리카 군사독재정권에 대한 지원본부 역할을 맡았듯이 쿠바는 '반제국주의 혁명' 수출의 본거지가 되었다. 쿠바혁명은 1960년, 일부 과테말라군 장교들이 친미 군사독재정권에 맞서 36년간 내전을 펼치게 되는 도화선을 제공했고, 니카라과의 산디니스타 민족해방전선(1961)과 엘살바도르의 파라분도 마르티 민족해방전선(1979)의 결성에도 결정적 자양분을 공급했다.

새로운 쿠바의 건설

부패한 친미 독재자 바티스타를 축출한 뒤 혁명 세력은 훨씬 더 어려운 과제에 봉착했다. 그것은 새로운 쿠바를 어떻게 건설할 것인가, 미국과의 관계를 어떻게 설

3
1958년 당시 카스트로 형제와 체 게바라를 비롯한 쿠바 게릴라 지도자 일곱 명의 평균 연령은 스물여덟 살에 불과했다. 이는 다른 라틴아메리카 지역(특히 체 게바라가 최후를 맞게 되는 1967년 볼리비아의 경우에는 서른네 살)과 견주어도 특기할 만하다.

정할 것인가 하는 과제였다. 처음 6개월 동안 혁명 정부는 약 550명의 '반혁명 분자'를 처단하고, 토지개혁을 통해 외국인의 토지 소유를 금지하는 등 민족주의적 혁명의 면모를 과시했지만, 처음부터 '미국 반대'의 깃발을 높이 치켜들지는 않았다.

1959년 4월, '최고 지도자' 피델 카스트로는 미국을 방문해 닉슨 부통령을 비롯한 고위급 인사들을 만났고 하버드 대학교에서 학생들의 열광적인 환영을 받기도 했다. 그러나 냉전 대립 속에서 쿠바의 민주주의와 민족 주권을 강화하려는 혁명정부의 구상은 점차 미국의 이해관계와 충돌하게 되었다. 혁명정부는 소련과 협정을 통해 1960년 '중앙계획기구ᴶᵁᶜᴱᴾᴸᴬᴺ'를 창설하고 미국인 소유의 전기·전화 회사를 포함해 여러 기업의 국유화를 단행함으로써, 결국 사회주의 체제 건설로 방향을 틀게 되었다. 이에 대한 보복 조치로 1960년 10월 미국의 아이젠하워 정부가 결정한 통상 금지령은 혁명정부에게 엄청난 시련을 가져다주었고, 1961년 1월 퇴임을 앞둔 아이젠하워는 쿠바와 외교 관계를 단절하기에 이르렀다.[4] 곧이어 1961년 4월 미국 중앙정보국ᶜᴵᴬ의 지원을 받은 반카스트로 세력의 히론 해안[5] 침공과 자칫 '제3차 세계대전'으로 비화될 뻔한 1962년 10월 미사일 위기 등 일련의 사건들이 숨 가쁘게 전개되면서 쿠바는 냉전 대립의 최전방이 되었다. '쿠바 미사일 위기'는 쿠바를 볼모로 미국과 소련이 벌인 힘겨루기로서 끝내 미국은 쿠바 개입을 중단하고 터키에 배치한 미사일을 철수하며 소련은 쿠바에 설치한 중거리 미사일을 철수시킨다는 조건으로 어렵게 타협하면서 마무리되었다. 이 사건은 두 강대국이 주도하는 냉전 대립 속에서 쿠바가 선택할 수 있는 길이 얼마나 제한되어 있었는지를 뚜렷이 보여 주었다. 미사일 위기 뒤에도 지속된 미국의 강경한 대응은 쿠바의 혁명정부에게 큰 위협이었다.

체 게바라는 혁명정부가 채 자리를 잡지 못한 시점에 전국농업개혁 위원장(1959년 10월)과 중앙은행 총재(1959년 11월)라는 중책을 맡아 토지 개혁과 농업 자원 관리, 외환 보유고 통제, 은행과 기업의 국유화 등 중요 정책을 추진하면서 신속한 사회주의 체제 건설에 매진했다. 또한 1960년 10월 말부터 연말까지 에스파냐, 소련, 동유럽, 중국, 북한을 방문해 미국의 무역 봉쇄 속에서 쿠바인들이 겪게 될 경제적 곤경에 대해 설명한 뒤, 쿠바의 생존에 필요한 신용의 제공을 요청하고 설탕 수출의 활로를 모색하기 위해 안간힘을 썼다. 미국과 단교한 뒤 1961년 2월, 말 혁명정부가 산업부를 창설했을 때 체 게바라는 그 책임자로서 여러 국영기업을 관리하고, 산업화 4개년 계획을 지휘했다. 그는 무엇보다 '설탕의 섬' 쿠바의 농업 생산을 다변화하고 경공업을 육성하고자 했지만 미국의 봉쇄와 소련의 미흡한 지원으로 별다른 성과를 거두지 못했다.

새로운 사회주의적 인간

체 게바라는 소련의 성공적인 산업화 전략이 '제2의 미국 사회' 건설과 크게 다르지 않으며, 사회 전체를 위해

4
뒤이어 거의 모든 라틴아메리카 국가들이 쿠바와 단교했다. 1962년 2월 4일 우루과이의 푼타 델 에스테에서 열린 미주 기구 OAS Organization of American States 회의에서는 쿠바만 홀로 반대하는 가운데 쿠바에 대한 통상 금지령이 통과되었고 더 나아가 "아메리카 대륙의 어떤 나라가 마르크스-레닌주의를 고수하는 것은 미주 기구의 설립 취지에 맞지 않으며 공산권과의 제휴는 아메리카의 단합을 깨뜨린다."는 이유로 쿠바의 회원 자격을 박탈했다.

5
이를 흔히 영어식 표기에 따라 '피그스 만Bay of Pigs'이라고 옮기는 것은 잘못이다. 쿠바의 서남부에 위치한 이 지역을 에스파냐 어로는 Bahía de cochinos라고 불렀는데, 여기서 '코치노cochino'는 돼지가 아니라 '쥐지 무리'로 해석해야 하며 따라서 이곳은 '피그스 만'이 아니라 '코치노스 만'으로 표기해야 한다. 반카스트로 세력이 상륙하려던 지점은 엄밀히 말하면 코치노스 만의 히론 해안 Playa Girón이다. 그렇기 때문에 쿠바에서는 이 사건을 '히론 해안 침공'이라고 부른다. 이 해안의 명칭은 17세기 초 악명을 떨친 프랑스 출신 해적의 이름에서 비롯되었다.

1960년, 소련 · 중국을 방문한 체 게바라.

공헌하기보다는 이윤에 민감한 소련인들도 '양키'와 다를 바 없다고 신랄하게 비판했다. 그에 따르면 사회주의 체제는 새로운 인간을 창출해야 한다. 1965년 그는 '쿠바의 사회주의와 인간'이라는 연설을 통해 다음과 같이 주장했다.

"자본주의 사회에선 경제적 강제와 물질적 동기 부여를 주요 수단으로 활용한다. 하지만 새로운 사회의 인간은 경제적 강제에 매이지 않을 것이고 대신 노동을 사회적 의무로 받아들일 것이다. 새로운 인간의 형성을 위해 필요한 요소들은 공산주의적 교육, 자발적 노동, 사회적 의무로서의 직업 교육, 당의 모범 같은 것이다. 우리는 하나의 현실로서 물질적 동기 부여를 완전히 반대하거나 부인할 수 없다. 하지만 사회주의 건설 과정에서 그 역할은 부차적이고 점차 미미해질 것이다."

임금 인상, 학교와 노동조합의 동원 체제 정비, 의료 혜택 확대, 문맹 퇴치 등 혁명 정책의 성과를 바탕으로 혁명정부가 추진한 도덕적 장려 운동(1965)과 '새로운 사회주의적 인간' 캠페인(1966)은 사실상 체 게바라의 '전매특허'였다. 이는 혁명 투쟁에 참여했던 게릴라 전사들 사이에서 이미 자리 잡은 자기희생의 가치와 그것에 대한 도덕적 칭송을 새로운 사회의 일상 활동에 적용하려는 것이었다. 체 게바라는 개인의 의식 속에 남아 있는 자본주의적 심성을 어떻게 변화시키느냐가 새로운 사회체제와 인간을 창출하는 데 중요한 관건이 될 것이라고 보았다. 그리하여 그는 일상적 욕망이나 물질적 가치에서 벗어나 평등주의적 가치관과 상호 존중을 바탕으로 책임감을 고취시키는 데 역점을 두었다.

체 게바라는 노력 봉사에 자발적으로 참여함으로써 새로운 인간의 구현에 앞장서고자 했다. 일요일에는 학교나 주택을 건설하는 일에 동참했고 서열을 철폐하고자 노력했다. 지도자의 특권을 배격하고 관료주의를 극복하길 원했으며 정당한 목표를 달성하려면 윤리적인 방법과 수단에 근거해야 한다는 신념을 실천했다. 스스로에게 엄격한 윤리적 규율과 기준을 부과한 체 게바라는 게릴라 투쟁 중에 만난 두 번째 부인 알레이다 토레스에게도 "관용 승용차를 이용해선 안 된다, 버스를 타라."면서 쿠바의 보통 주부처럼 내핍 생활에 적응하도록 권고했다.

1961년 2월 말부터 산업부장관으로 활동한 체 게바라의 자발적 노력 봉사 모습.

그러나 내핍 생활과 동원 체제에 부담을 느낀 여러 사람들은 쿠바로부터 탈출하기 시작했다. 1959년 바티스타 정부 관계자 약 1만 명이 탈출한 것을 시작으로 1960~1962년에는 약 25만 명의 중상류층이 미국으로 망명했고 1965~1979년에는 무려 50만 명에 달하는 혁명 반대 세력과 가난에 지친 이들이 탈출 대열에 가세했다.

다시 게릴라 전사로

아프리카의 꿈

체 게바라의 생애 가운데 가장 이해하기 힘든 대목은 안정적인 지위와 국제적인 명성을 뒤로한 채 또다시 게릴라 전사의 길을 선택한 순간일 것이다. 성공한 혁명가 체 게바라는 왜 또다시 제3세계 투쟁의 현장, 콩고(민주공화국)와 볼리비아의 게릴라 전쟁에 뛰어들었을까? 그의 말을 빌리자면 제국주의적 침탈에 저항하는 '제2, 제3, 아니 수많은 베트남'을 원했기 때문이다. 그는 자본주의의 팽창을 경제적 운동이라기보다는 정치·군사·사회적 현상으로 인식하고, 제국주의에 대항하는 다양한 지역 단위의 투쟁을 라틴아메리카뿐만 아니라 제3세계 여러 곳에서 조직하고자 했다.

1964년 여름, 고故 파트리스 루뭄바(콩고의 전 총리)의 지지자들이 콩고 중서부 지방에서 봉기했을 때, 체 게바라는 이를 반제국주의 투쟁으로 파악했다. 그가 보기에 루뭄바의 피살과 모부투 장군의 등장은 미국과 옛 식민 통치 세력의 개입이 빚어낸 비극이었다. 1964년 12월 뉴욕에서 열린 제19차 국제연합^{UN} 총회에 쿠바 대표로 참석한 체 게바라는 특유의 짙은 올리브색 군복을 입고 연단에 올라 미국과 라틴아메리카의 꼭두각시 정권을 강력히 비난하고 콩고 사태의 본질에 대해 설명했다.

하지만 체 게바라가 아프리카로 향한 더욱 직접적인 동기는 소련과의 정책적 갈등 또는 카스트로와의 미묘한 관계에서 찾아야 할 것이다. 앞서 지적한 대로 체 게바라는 물질적 보상에 바탕을 둔 소련의 경제 개혁뿐 아니라 소련의 외교 정책, 특히 미국과의 평화 공존 전략과 라틴아메리카 게릴라 운동에 대한 소극적인 지원을 가져왔다고 공개적으로 비판했다. 그는 소련과 다른 지역의 혁명 세력 사이에는 자본주의 국가 사이의 관계와 유사한 형태가 아니라 완전히 새로운 관계가 구축되어야 한다고 역설했다.

1965년 2월 알제리에서 체 게바라가 "소련은 서구 제국주의 세력과 암묵적으로 협력하면서 제3세계를 착취하고 있다."고 신랄하게 비난했을 때, 소련이 그의 발언에 대해 공식적으로 항의함으로써 큰 파문이 일었다. 이 사건은 체 게바라와 카스트로 사이에도 심각한 긴장을 야기한 듯하다. 쿠바 공산당의 지도자 블라스 로카는 체 게바라를 '불화의 씨앗'이라고⁷⁷까지 말했다. 체 게바라는 알제리 발언 직후 장시간에 걸쳐 카스트로와 만나 심각한 대화를 나누었다. 대화의 구체적인 내용은 전혀 알려지지 않았으나 나중에 카스트로가 암시한 바에 따르면 체 게바라는 혁명투쟁에 참여하길 바란 듯하다. 유추하건대 카스트로는 라틴아메리카 여러 지역의 혁명 활동을 지원해야 한다는 데 동의했을 것이다. 다만 소련과 대립하는 모습을 드러내고 싶지 않았을 것이다.

체 게바라로선 카스트로의 불분명한 태도와 정치적 줄타기에 불만을 품었을 수도 있다. 최고 지도자 카스트로는 쿠바 어디에서나 두드러진 존재였지만, 체 게바라는 현실적으로 자신이 혼자라는 것을 감지하게 되었는지도 모른다. 또 혁명 동지 카스트로와는 결국 '혼인도, 이혼도 아닌' 애매한 사이가 되어 버렸음을 실감했고 또다시 떠날 채비를 하게 되었을 것이다. 어쨌든 마라톤 회합 끝에 산업부 장관직에서 물러난 체 게바라는 그 뒤 대중의 시야에서 완전히 자취를 감췄다.

방랑의 혁명가 체 게바라는 쿠바인들에게 감사와 애정이 담긴 마지막 편지를 남긴 채 콩고로 향했다. 떠나기 전 체 게바라는 쿠바 시민권을 반납하면서 쿠바와의 모든 법적 관계를 끊고자 했다. 이는 자신의 혁명 활동이 혹시 쿠바에 해를 끼치지 않을까 하는 염려 때문이었다. 체 게바라는 빈곤과 압제의 땅 아프리카에 대해 큰 기대를 갖고 있었으나 곧 종족 간 분열과 갈등이 대단히 심각해 통일된 투쟁 대오를 갖추기 힘들다는 사실을 깨달았다. 1965년 4월부터 약 7개월 동안 체 게바라가 콩고에서 전개한 투쟁은 혼란스런 상황과 잘못된 작전, 로랑 카빌라가 이끄는 반란 세력 내의 권력 다툼, 말라리아와 각종 풍토병, 쿠바 게릴라 대원들의 향수병 탓에 실패로 끝나고 말았다.

'영원한 혁명가' 의 《볼리비아 일기》

콩고에서 돌아온 체 게바라는 혁명 투쟁의 근거지를 남아메리카의 볼리비아로 옮겼다. 무엇보다 볼리비아의 산악지대는 게릴라전에 알맞은 지형이었다. 그리고 인접국에 미치는 파급 효과를 고려할 때 내륙 국가라는 점 역시 중요한 변수였다. 볼리비아는 라틴아메리카 혁명을 위한 전진기지로 손색이 없었다. 체 게바라는 평소 "내 조국은 아메리카이다 나는 쿠바 국민인 동시에 아르헨티나인이며 누구보다 라틴아메리카를 사랑한다."라고 말하곤 했다. 당시 볼리비아에서는 1964년부터 레네 바리엔토스가 이끄는 군부 정권이 득세했고 이에 맞서 토착 저항 세력이 미약하게 게릴라전을 펼치고 있었다.

우루과이인 · 페루인 · 볼리비아인으로 위장한 체 게바라와 약 스무 명의 수행원들은 1966년 11월 초 볼리비아의 수도 라파스에 잠입하는 데 성공했다. 체 게바라는 볼리비아에 게릴라 훈련 시설을 세운 뒤 장기적인 투쟁을 이끌어 라틴아메리카 혁명의 본거지로 키우고자 했다. 하지만 볼리비아 공산당은 소련에 대한 비판을 서슴지 않는 체 게바라의 활동을 크게 반기지 않았다. 공산당 총서기 마리오 몽헤는 체 게바라에게 볼리비아를 게릴라 투쟁의 중심지로 삼지 말라고 당부하기도 했다.

체 게바라는 다시 한 번 혁명을 꿈꾸는 게릴라 전사로 헌신하면서 11개월 동안 자신의 경험을 소상히 기록했다. 1966년 11월 7일부터 살해되기 이틀 전인 1967년 10월 7일까지 기록한 《볼리비아 일기》는 볼리비아군과의 전투나 심리전뿐만 아니라 산악지대 농민들의 지지를 확보하려는 노력, 비밀 아지트 건설, 게릴라 대원들 사이의 갈등도 담고 있다. 일기 속에서 체 게바라는 혁명에 무관심한 대중에게 그 필요성을 강조하고 가엾은 볼리비아의 일개 병사를 쏘아야 한다는 인간적 고뇌를 조용히 내뱉기도 했다. 혁명의 대지 위에서 만난 삶에 찌든 농민들의 표정

볼리비아에서 게릴라전을 벌일 당시의 체 게바라.

과 공허한 눈빛, 그리고 돈 몇 푼 때문에 게릴라 대원을 밀고하는 농민들의 모습도 담아냈다.

1967년 5월부터 볼리비아 정부의 공세는 거세졌다. 계엄령을 실시하고 게릴라 소탕 작전을 강력하게 펼쳤던 것이다. 또한 쿠바의 선례와는 달리 산악지대의 원주민 농민들을 규합하는 데 큰 어려움을 겪으면서 체 게바라의 투쟁 전선에는 다시금 실패의 그림자가 드리워졌다.

체 게바라는 힘겨운 교전 끝에 미국 중앙정보국CIA의 지원을 받은 볼리비아군에게 체포된 뒤 곧 처형당했다. 1967년 10월 9일 바예그란데 (라파스에서 동남쪽으로 765km 지점) 군 기지 부근 벽촌에서 진이 빠진 채 누워 있던 이 혁명가는 총탄 세례를 받았다. 그러나 볼리비아 정부는 체 게바라가 게릴라 부대와 볼리비아 군이 벌인 치열한 교전 중에 사망했다고 발표했다. 그의 죽음이 반향을 불러일으키지 않을까 염려한 볼리비아 군은 그의 시신을 감추기에 급급했다.

'우리 시대 가장 완벽한 인간'은 이렇듯 쓸쓸하게 사라졌다. 하지만 약 열흘 뒤 5만 5천 명에 달하는 미국의 젊은이들은 워싱턴DC의 링컨기념관 앞에 모여 미국 정부의 대외 정책에 항의하고 체 게바라의 죽음을 애도하면서 그를 혁명의 순교자로 만들었다. 공식 추모 행사가 없었던 모스크바에서 열린 유일한 추도 집회는 미국대사관 앞 파트리스 루뭄바 대학교에서 라틴아메리카 출신 학생들이 주도한 것이었다.

불굴의 혁명가에서 모든 저항운동의 기수로

생전에 이미 세계적인 이목을 끈 '살아 있는 전설' '부패하지 않는 불굴의 혁명 투사' 체 게바라는 살해된 뒤 반제국주의 투쟁의 '정신적 지도자'가 되었다. 나아가 이데올로기의 차이를 넘어 억압당하는 자들과 저항 세력에게 희망과 신념의 상징이 되었다. 기존 질서에 대한 청년층의 저항이 전 세계에 걸쳐 맹위를 떨치던 1968년뿐만 아니라 그의 유해가 발견된 1997년에도 체 게바라는 투쟁의 현장 어느 곳에서나 가장 추앙받는 인물이었다. 저항 세대는 체 게바라에 열광하면서 기존 질서의 제도화·규격화에 대해 염증과 불만을 폭발시켰다. 결코 가볍지 않은 질병을 앓고 있었지만 영광스런 지위를 마다하고 낮은 곳에서 이상의 실현을 위해 끊임없이 헌신한 체 게바라의 면모는 많은 이들의 기억 속에 성자와 같은 이미지를 각인시켰다.

'영웅적인 게릴라 전사'의 피살은 순교자의 탄생으로 이어졌다. 특히 살해당한 지 30년 만인 1997년 6월 말 바예그란데에서 발견된 유해가 '혁명의 조국' 쿠바로 송환되었을 때, 체 게바라는 다시 한 번 환생했다. 그의 환생은 현실 사회주의 체제의 붕괴 이후 원기를 회복한 반공주의와 각종 신자유주의 축하연에 맞서는 강력한 저항의 원천을 제공했다. 카스트로는 회고록에서 체 게바라를 실패자로 보는 논리를 공박했다.

체는 스스로 이 혁명에 참여한 병사라고 생각했다. 생존 여부는 거의 고려하지 않았다. 볼리비아 투쟁의 비극적 결과 때문에 체의 사상이 실패했다고 생각하는 이들은 마르크스주의의 창시자를 비롯해 수많은 위대한 혁명의 선구자 역시 필생 과업이 절정에 이르는 순간을 목격하지 못한 채 죽었다는 이유만으로 단순히 실패자라고 말할 것이다.

'저항과 자유의 상징' 체 게바라는 문화적 아이콘으로서도 세계인에게 다양한 영감을 선사하고 있다. 별 계급장이 달린 검은 베레모를 쓴 체 게바라는 수염을 덥수룩하게 기른 멋진 '1960년대의 반항적 혁명아'로서 심지어 제임스 딘을 연상시키는 대중스타나 패션모델로 부각되기도 했다. 1990년대 명성을 떨친 미국의 록 그룹 레이지 어게인스트 더 머신Rage Against The Machine의 리더 잭 데 라 로차는 체 게바라를 그룹의 대표 문양으로 차용한 바 있다. 특히 1997년 사망 30주년을 정점으로 먼 나라까지 확산된 '체 게바라 붐'은 머그컵, 시계, 티셔츠, 문신 가릴 것 없이 각종 체 게바라 상품을 등장시켰고 잘생긴 외모뿐만 아니라 '영원한 승리의 그 날까지Hasta la victoria para siempre!'라는 그의 표어마저 상품화의 대상으로 삼았다.

체 게바라의 유산과 인기의 비결

방랑자, 외교관, 게릴라 전사로서 세계 곳곳을 누빈 체 게바라의 짧은 인생 역정은 마치 한 편의 서사시를 보는 듯하다. 1960년대 전 세계의 청년들은 제국주의 세력에 맞서 싸운 체 게바라를 결코 잊을 수 없다고 외쳤다. 하지만 오랜 세월이 흐른 뒤 체 게바라의 모습은 1960년대 청년들

체 게바라 이미지를 이용해서 만든 깃발과 티셔츠.

이 바라보던 방식으로만 집단 기억 속에 남아 있는 것은 아니다. 실체적 다양성의 상실과 단순한 이미지로의 환원은 실은 어떤 종류의 우상이나 상징이라도 감당할 수밖에 없는 운명이지만, 체 게바라의 경우에는 그 정도가 매우 심각하다. 그를 둘러싼 몇 가지 신화는 인간 체 게바라를 삼켜 버릴 정도이다. 신화에서 역사의 영역으로 체 게바라의 존재를 옮기려면 새로운 자료의 발굴과 더불어 실체적 다양성에 대한 새로운 접근과 해석이 필요할 것이다.

체 게바라는 자유와 저항의 사도, 번뜩이는 지성을 갖춘 게릴라 철학자, 풍치를 향해 창을 겨누는 시인 전사, 폭력을 일삼는 보복의 천사, 잘못된 길로 빠져든 반란자, 광적인 테러리스트라는 한마디로 뭉뚱그릴 수 없을 정도로 복잡하고도 상반된 평가를 받아 왔다. 어떤 이에게 체 게바라는 완벽한 게릴라 전사이자 만능의 성자였던 반면, 다른 한편에선 모든 죄악과 분노의 화신이다. 일방적인 정치적 해석은 물론이거니와 게릴라 전사의 이미지를 통해서만 체 게바라를 바라보는 것은 그의 인생이 드러내는 전면적 성격을 적절하게 이해하지 못하고 그 중요성을 축소시키는 결과를 낳게 된다. 그러므로 무엇보다 체 게바라는 게릴라 전술을 넘어 다양한 사회적 환경에 적용될 수 있는 정치·사상적 유산을 남겼다는 점을 간과해선 안 될 것이다.

체 게바라 붐이나 신드롬은 그를 혁명 투쟁의 표상에서 저항문화의 초상으로 코드를 변경시키려는 시도로 파악할 수 있다. 이는 과연 이미지의 확대인가, 축소인가? 또는 '두 번 죽이기'인가? 체 게바라의 상품화는 미국과 라틴아메리카 사이의 역학 관계나 지배와 종속으로 점철된 역사적 맥락을 도외시한 채 무늬만 채택하는 정신을 상실한 모방, '운동 없는 유행'의 양상을 띠고 있다. 그의 이론과 실천의 양태가 더 이상 실효성을 거두기 힘든 상황이 전개되고 있지만, 그와는 별개로 체 게바라 개인에 대한 대중적 관심은 더욱 높아지고 있다.

어떤 이미지로든 죽은 체 게바라가 끊임없이 주목받는 현상을 어떻게 이해해야 할까? 국경을 넘나들면서 여러 사람들의 삶에 변화를 촉구하고 결코 신의를 저버리지 않으며 인간의 한계에 도전한 모험가에 대한 동경일까? 자기희생과 대중에 대한 끝없는 헌신, 부패할 수 없는 윤리적 인간의 표본, 철저한 공직자의 모범인 체 게바라. 요즘 현실 어느 구석에서도 그의 모습을 발견하기란 정말 '불가능한 꿈'일지 모른다. 주위를 보면 대부분 이기적 생존 전략, 현실론, 불가피론이 가득할 뿐이어서 그 가능성은 더욱 멀게 느껴진다. 이런 시대에 체 게바라라는 이상주의의 화신에 주목하는 것은 거듭 원칙을 위반하고 진정성과 순수함을 비웃으며 부끄러움을 감춰온 모든 현실론자들의 역사에 대한 부채 의식의 발로가 아닐까?

Zoom-in

체 게바라에게
열광한
1960년대

제2차 세계대전이 끝난 뒤 서양 여러 나라에서는 경제적 번영에 힘입어 고등교육의 기회가 크게 확대되었지만, 대학의 교육 시설과 교과 과정, 운영 체계와 규범은 폭발적으로 늘어난 학생들의 요구 사항을 제대로 반영하지 못하고 있었다. 1960년대 '풍요 속의 빈곤'을 겪게 된 학생들은 동질적인 또래 집단의 힘을 과시하면서 교육 현장의 문제를 개선하는 데 머물지 않고, 권위적이고 틀에 박힌 규율과 전통적인 사회문화적 가치관을 강요하던 기성세대에게 공개적으로 도전장을 던졌다. 바로 그 순간 "우리 모두 리얼리스트가 되자. 그러나 가슴 속에는 불가능한 꿈을 품자."라는 체 게바라의 외침은 미국과 서유럽의 젊은이들에게 변화를 갈망하는 영감을 선사했다.

특히 1968년 3월 말 파리 근교 낭테르 대학 교정에서 시작된 프랑스 대학생들의 시위와 동맹 휴업은 5월 초까지 이어지면서 거대한 저항의 대명사가 되었다. 프랑스 전역으로 확산된 저항의 물결은 1968년 5월 말, 거의 1천만 명에 육박하는 노동자들의 대파업과 공장 점거를 통해 최고조에 이르렀다. 이 기간 동안 야심 찬 글귀의 포스터가 여기저기 나붙었다.

> 학생들은 지배자들이 갖고 있던 대학을 장악했다. 노동자들은 지배자들이 갖고 있던 공장을 장악했다. 이제 학생과 노동자들은 지배자들이 갖고 있는 권력마저도 장악할 것이다.

새로운 이상과 다른 세계를 꿈꾼 프랑스 젊은이들의 '68운동'을 흔히 '5월혁명'이라고 부른다.

선진 자본주의 사회, 동유럽의 공산권, 제3세계 등 지역을 가리지 않고 거의 동시에 발생한 '68운동'은 더 높은 수준의 민주주의, 인종차별과 베트남 전쟁에 대한 반대, 제3세계 민중과의 연대를 지향했다. 당시 프랑스의 일간지 《르몽드》의 집계에 따르면 1968년 4월 초부터 석 달 동안 세계 65개국에서 발생한 학생들의 시위는 모두 1,681건이었다. 세계 각지의 68운동이 프랑스의 5월혁명에 견줄 만한 정치적 영향력을 낳지는 않았지만 68운동을 수놓은 여러 사건들은 강력해 보이던 기존 질서를 뒤흔들었다.

"30대 이상은 아무도 믿지 말라."라고 외쳤던 미국과 서유럽의 젊은이들은 대신 중국 공산당 지도자 마오쩌둥, 쿠바혁명의 영웅 체 게바라와 피델 카스트로, 베트남 민족해방운동의 상징 호치민 등 제3세계의 혁명가들에게 흠뻑 빠져들었다. 68운동의 이념적 기반을 제공한 서양의 '신좌파New Left' 지식인들도 제3세계의 혁명운동으로부터 저항의 에너지를 구하는 한편, 정치와 사회경제적 구조의 변혁을 넘어 청년, 여성, 소수인종과 같은 새로운 세력을 중심으로 일상생활과 문화를 바꾸는 장기적 투쟁이 중요하다고 역설했다.

프랑스의 드골 대통령을 비롯한 보수파의 반격으로 젊은이들이 펼친 시위의 물결이 점차 약해지면서 68운동의 열기는 수그러들었다. 섬광처럼 밝게 빛난 새로운 이상과 다른 세계에 대한 전망은 단시일 내에 추진력을 잃었다. 일본의 적군파를 비롯해 일부 과격한 단체들이 1970년대까지 그 명맥을 유지하려고 했지만 대중운동의 싹은 사라지고 말았다.

68운동 세력은 정치권력을 장악하는 데 성공을 거두지 못했지만 단지 이상주의자들의 소동으로 깎아내릴 수 없는 지속적인 영향력을 발휘했다. 정치적 행동의 동시성은 곧이어 꿈틀거리게 될 문화적 차원의 혁명에 비한다면 빙산의 일각일 뿐이었다. 숨 가쁜 정치적 시위, 파업 등과 더불어 나타난 록음악, 여성해방운동, 히피 문화 등은 문화적 충격과 일상생활의 혁명을 예고했다.

이처럼 68운동의 참된 의의는 1968년 세계 각지에서 직접 행동이 동시에 전개되었으며 저항의 물결이 직접적 성과를 낳았다는 데 있는 것이 아니라, 뒤이어 그것이 서서히 영향력을 드러내면서 점진적 변화를 이끌어냈다는 데에 있다. 또한 체 게바라에게 열광하던 수많은 젊은이들의 68운동은 특정 정당이나 사회조직을 통하지 않고, 일상생활과 문화의 영역에 더욱 자유로운 정신과 기운을 스며들게 함으로써 옛 관행의 영향력을 줄였고 비판적 자기 성찰과 민주적 문화의 확산에 크게 기여했다.

호치민

제국과 맞서 싸운 베트남 인민의 힘

호치민Ho Chi Minh(1890 ~ 1969)

변하는 것과 변하지 않는 것-베트남의 오늘과 호치민

오늘도 바딘광장에 있는 호치민의 영묘 앞에는 끝을 찾을 수 없는 긴 줄이 늘어서 있을 것이다. 베트남에서 모든 것이 변해도 조금도 변하지 않는 풍경이다. 시장경제 제도의 도입을 근간으로 하는 개혁 정책이 본격화 된 이후 베트남의 모습은 엄청나게 변화했다. 자전거가 물결을 이루고 있던 하노이의 거리는 이제 오토바이의 차지가 되었고, 사이공의 거리는 이미 오토바이를 밀어내며 자동차가 점령하기 시작했다. 시속 20km도 낼 수 없었던 하노이와 사이공을 잇는 1번 국도 위로는 트럭과 버스들이 맹렬하게 질주하고 있다. 시속 80km를 넘나들며 아찔아찔한 추월을 감행하는 차량들도 곳곳에서 만날 수 있다. 차량의 속도만 변할 리 없다. 베트남 사회 또한 급변했다. 베트남인들의 삶과 생각도 마찬가지다. 시장경제는 이제 돌이키기 어려운 속도로 베트남의 일상 구석구석까지 스며들었다.

베트남을 상대로 20여 년간 피비린내 나는 전쟁을 벌이고, 그 후로 20년 넘게 경제봉쇄를 감행했던 미국의 대사관이 하노이에 복귀했다. 미국의 동맹국으로 베트남에 총을 겨누었던 나라들은 미국보다 더 빨리 베트남과 외교 관계를 회복했다. 미국의 제1동맹국으로 32만 명의 병력을 베트남에 보냈던 한국은 베트남의 주요 교역국이 되었다. 베트남에 대한 투자 규모에서도 한국은 최상위를 다투고 있다. 한국의 TV드라마는 베트남의 안방을 장악하고 한국 연예인들의 동향은 베트남 잡지에서 빠지지 않는 고정 꼭지가 되어 있다. 베트남 작가들은 한국 문학의 가까운 친구가 되었다. '보트피플'로 떠났던 미국의 협력자들도 베트남으로 돌아오고 있다.

그러는 사이 베트남의 사회주의적 정책들은 대폭 후퇴했다. 무상으로 제공되던 교육과 의료 서비스 비용의 대부분을 개인이 부담해야 한다. 항미전쟁 기간 동안 베트남을 가장 적극적으로 지원했던 북한과의 관계는 점점 멀어지고 있다. 몇 년 전 400명이 넘는 탈북자들이 베트남을 경유해서 한국으로 '기획 입국' 하면서 북한은 이례적으로 베트남을 비난하는 성명을 발표했다. 외교 무대에서 드문 일이었다. 북한은 이 성명에서 '초보적인 의리도 모르는 행위'라며 베트남을 원색적으로 비난했다.

북한은 전후의 어려운 사정 속에서도 중국에 이어 두 번째로 많은 전쟁 물자를 지원했고, 조종사와 군사고문단을 파견했으며, 베트남 유학생을 받아들여 무상으로 교육시켰다. 1·21사건으로 불리는 무장 부대 남파가 미군과 한국군을 묶어 두기 위한, 베트남 측면 지원의 성격을 띠고 있었다는 것도 국제사회에서는 널리 알려진 일이다. 베트남전쟁 당시 북한의 역할을 환기한다면, '탈북자'들을 한국으로 '기획 입국' 시키는 배후에 미국이 있다고 믿는 북한이 베트남에 대해 느꼈을 배신감과 섭섭함의 성질이 어떤 종류의 것인지 충분히 이해가 가능하다.

베트남 인민들의 호치민에 대한 흠모와 존경은 변할 줄을 모른다.

베트남은 대대적인 항미전쟁에서 승리하고 통일을 이룩한 지난날의 영광을 경제 발전의 원동력으로 바꾸어 나가겠다는 의도를 분명히 하고 있다. 경제 발전이라는 오늘의 과제를 해결하기 위해 필요하다면 지난날의 관계와 기억도 당분간 묻어 두기를 망설이지 않는다.

'과거를 딛고 미래로 가자'고 당과 정부는 한목소리로 외치고 있다. 여전히 사회주의를 국가 성격으로 하고 공산당에 의한 일당 지배가 이루어지고 있지만 베트남의 모든 것은 달라졌다. 달라지지 않는 단 하나 확실한 것은 호치민에 대한 베트남 인민들의 흠모와 존경이다.

식민지 청년의 수모, 그리고 결심

호치민이 역사의 무대에 처음으로 모습을 드러낸 것은 1919년 1월, 베르사유였다. 호치민은 베르사유 강화회의 사무국에 '베트남 청원서'를 제출했다. 이 청원서는 ①구속된 베트남 정치범들에 대한 석방과 사면 ②베트남인과 프랑스인의 동등한 법률적 대우 ③언론의 자유 보장 ④집

회 · 결사의 자유 보장 ⑤주거 이전과 해외여행의 자유 보장 ⑥교육과
직업훈련을 받을 권리의 부여 ⑦낡은 법률에 근거한 정치체제의 변경 ⑧
프랑스 의회에 식민지 인민의 선출된 대표가 참석할 수 있는 권리 보장
등 8개항으로 이루어진 것이었다.

월슨이 천명한 '민족자결주의'에 고무되어 이 요청서를 작성할 때
까지만 해도 호치민은 정의감이 강한 총명한 청년이었을 뿐이었다. 그
스스로 사용한 이름 우옌아이꾸옥元愛國이 뜻하는 것처럼 '애국자 우옌'이
었을 뿐이다. 그러나 베르사유 회의는 온건하기 그지없는 호치민의 요청
서를 매정하게 외면했다. 이때 호치민은 사태의 본질을 명확하게 인식했
다. 제국주의자들이 말하는 자유와 민주주의, 민족자결권은 식민지 국가
인민들에게 자신들의 본질을 감추기 위한 기만적인 언술일 뿐이었다. 그
들에게 기대서 식민지의 다른 굴레를 얻을 수는 있을지 모르지만 식민지
로부터 벗어나는 일은 영원히 불가능하다는 명백한 사실 앞에서 호치민
은 다른 방법을 찾아야 했다.

호치민이 선택한 건 혁명이었다. 1917년 말, 런던에서 파리로 거처
를 옮기면서부터 이미 프랑스의 혁명가들과 접촉하고 있던 호치민이었
지만, 베르사유를 경험하기 전까지 그는 아직 혁명가가 아니었다. 이제
다른 선택의 여지는 없었다. 호치민은 프랑스 공산당 기관지 《뤼마니떼》
에 칼럼을 기고하고 사회당의 기관지 《르 뽀레르》에도 글을 썼다. 프랑
스 좌파 지도자들과 교류하면서 호치민은 단순한 애국적 청년에서 혁명
가의 자질을 갖추어 갔다. 진보적 잡지들에 기고한 그의 글들은 프랑스
의 좌파들을 주목시켰고, 필명 '우옌아이꾸옥'은 널리 알려졌다. 그리고

프랑스에 살고 있는 베트남 사람들에게는 더욱 유명한 이름이 되었다. 장 롱게를 비롯한 프랑스의 거물급 좌파 지도자들이 인정하는 베트남 출신의 청년 지도자가 있다는 사실은 식민지 이주민들에게 소중한 자부심이 되었다. 베트남인들에게 우옌아이꾸옥이 영향력을 획득한 데는 베르사유에 제출한 그의 청원서가 결정적인 작용을 했다. 비록 차갑게 외면당했지만 우옌아이꾸옥의 이름으로 제출된 '베트남 청원서'는 베트남인들 누구의 가슴에나 담겨 있는 절실한 요구였다. 그가 청원서를 제출한 사실이 알려지고, 전단으로 인쇄된 청원서가 유포되면서 베트남인들은 가슴은 요동쳤다.

> 베르사유 회의에서 제국주의자들이 식민지라는 전리품을 서로 나누고 있을 때, 우옌아이꾸옥은 위험을 무릅쓰고 베트남의 민족자결을 주장하고 있었다. 그것은 우리에게는 번개나 춘뢰가 습격하여 오는 것처럼 생각되었다. 한 사람의 베트남인이 조국과 민족의 권리를 주장했던 것이다. 마땅히 모자를 벗어야 할 일이었다. 그 당시 프랑스에서는 베트남 사람이 두 사람 이상 모이면 반드시 우옌아이꾸옥의 일을 화제로 삼았다.
>
> – 부이람, 《호치민의 추억》 중, 《베트남의 별》에서 재인용

베르사유 회의에 이어 호치민으로 하여금 혁명의 길을 선택하게 한 또 하나의 사건은 판쭈찐에 대한 프랑스 당국의 사형 언도였다. 호치민의 선배이자 협력자였던 독립운동가 판쭈찐은 민족주의 성향의 애국자

였다. 1920년 판쭈찐은 하노이에서 발행하고 있던 잡지 《안남인의 조국》
에 베트남의 독립을 요구하는 논문을 쓴 혐의로 사형을 언도받았다. 판
쭈찐을 지지하던 프랑스의 사회주의자 바뷔를 만난 호치민은 그의 팔에
기대며 울었을 만큼 깊은 슬픔에 빠져들었다.

민족해방 혁명가로서의 출발

베르사유의 좌절과 민족주의자 판쭈찐의 선례를 딛고 호치민이 발걸음
을 옮긴 쪽은 볼셰비키였다. 호치민의 선택은 민족 문제에 대한 결별이
아니라 그 연장선상의 것이었다. 투루에서 열린 프랑스 사회당 대회에
참석한 그는 계급 문제에만 주목하고 식민지 민족 문제를 외면하고 있던
당시 좌파들의 일반적인 태도에 대해 맹렬하게 비판했다.

> 동지 여러분, 나는 여러분과 세계혁명을 달성하기 위해 온 힘을 다하겠
> 습니다. 그렇지만 그전에 나는 나의 조국 동포에게 가해지고 있는 증오
> 해야 할 범죄에 항의하지 않으면 안 됩니다. (박수) 여러분도 알고 있듯
> 이 프랑스 자본주의는 반세기 전부터 인도차이나로 와서 총칼을 겨누
> 고 우리를 정복했습니다.
>
> 　그 이후 우리는 억울하게도 계속 학대받으며, 착취와 괴로움을 당
> 했습니다. 게다가 우리를 해치고 말았습니다. 알콜과 때로는 아편을 사
> 용하도록 강요함으로써 우리를 해쳤다는 사실을 강조하지 않을 수 없

습니다. 그곳에서는 학교보다 감옥 수가 많은데 그것도 이미 죄수로 가득 차게 되었습니다. 사회주의 사상을 가지고 있다고 평가되는 것만으로 감옥에 들어가는가 하면 어떤 때에는 사형을 당하기조차 합니다. 인도차이나식 재판이라는 것이 있는데, 여기에는 두 가지 규율과 두 가지 기준이 있어 베트남 사람은 유럽 사람과 유럽화한 사람들이 받고 있는 것과 똑같은, 법의 보호를 받을 수 없습니다.

우리에게는 신문 발행의 자유도 언론의 자유도 없습니다. 물론 집회·결사의 자유도 없습니다 … 이에 비해 그들은 무엇이든 할 수 있습니다. 우리를 아편에 중독되게 한다든지, 알콜로 이성을 잃게 한다든지 하는 일도 가능합니다. 자신들의 이익을 지키기 위해 수천 명의 베트남 사람들을 죽음으로 내모는 일도 가능하고, 다른 수천 명을 한꺼번에 학살할 수도 있습니다.

동지 여러분, 나는 프랑스의 반 이상의 인구를 가진 베트남 사람이 어떻게 취급되고 있는가를 말하고 있는 것입니다. 그런데도 베트남 사람이 프랑스의 보호하에 있는 것으로 되어 있습니다.

– 《뤼마니떼》 중, 《베트남의 별》에서 재인용

헌옷집에서 빌린 양복을 입고 있었지만 세계혁명을 말하면서도 정작 베트남에 대한 프랑스 식민 지배에 침묵하고 있는 프랑스 좌파들을 향한 호치민의 발언은 준엄하고 통렬했다. 당시 국제 사회주의 운동의 구심체는 제2인터내셔널과 제3인터내셔널로 분화되고 있었다. 프랑스 사회주의자들도 어느 쪽으로 갈 것인가를 두고 격렬한 토론을 벌이는 중이었다. 호치민은 레닌이 주도하는 제3인터내셔널을 선택했다. 선택 기준은 '어느 쪽이 억압받고 있는 사람들의 투쟁을 투철하게 옹호하는가.' 그것뿐이었다. 호치민이 애당초 사회당원이 된 것도 사회주의나 공산주의라는 이념에 매혹되어서가 아니었다. 사회당원들이 압박받고 있는 사람들에게 가장 동정적이었기 때문이었다. 레닌의 식민지 해방의 중요성을 언급한 문건 〈민족 문제에 대하여〉는 호치민을 매혹시켰다. 그 문건의 논지는 호치민의 생각과 완벽하게 일치했던 것이다.

호치민이 진정한 의미에서 혁명가가 된 것은 바로 이 순간부터였다. 그는 레닌과 레닌이 지도하는 제3인터내셔널을 전폭적으로 신뢰하고 옹호했다. 제3인터내셔널을 위해 어디에서도 논쟁을 마다하지 않았던 그는 확신에 차서 주장하곤 했다.

"만약 식민주의를 비난하지 않고 압박받고 있는 사람들을 옹호하지 않는다고 한다면 당신네들이 행하려고 하는 혁명이란 도대체 무엇인가?"

레닌의 문건은 호치민이 그때까지 대수롭지 않게 여기던 맑스-레닌주의에 대한 이론적인 탐구의 출발점이 되어 주었다. 그는 베트남 인민에게 최후의 승리를 안겨 줄 수 있는 유일한 방법으로 맑스-레닌주의를 선택했다.

호치민은 식민주의의 죄악을 규탄하는 《프랑스 식민주의의 심판》을 써서 프랑스어, 중국어, 아랍어 표제를 붙여 출판했다. 그의 필명 우옌아이꾸옥은 이제 민족해방의 문제를 고민하는 식민지 혁명가들의 상징이 되었다. 그는 식민 지배에 대항하기 위한 국제적인 연대 조직 '국제식민지연합'을 만들고, 기관지 《르 빠리아》를 발간했다. 1922년 4월에서

1923년 연말, 모스크바에 갈 때까지 호치민은 2년 가까이 이 잡지를 만드는 데 전념했다. 그가 직접 칼럼을 쓰고 삽화를 그리기도 했던 이 시기에 호치민은 국제 혁명가로서 면모를 갖추었다. 그는 '국제식민지연합'의 조직가였고 《르 빠리아》의 이론가였다.

조국으로 돌아가다

프랑스와 소련, 중국을 넘나들며 국제적인 혁명가로 단련된 호치민이 베트남으로 복귀한 것은 1941년 2월 8일이었다. 1911년 남부 사이공에서 상선 라 뚜쉐 트레비유호를 타고 스물한 살의 나이로 베트남을 떠났던 그가 북부 산악지대를 넘어 조국으로 돌아왔을 때는 이미 나이 쉰한 살이었다. 그 31년 동안 호치민은 수없는 시련과 죽음의 고비를 넘어야 했다. 더는 미룰 수 없는 베트남의 독립과 해방을 위해 베트남으로 돌아오는 그의 곁에는 5명의 동지와 수동식 타자기가 든 가방 하나가 전부였다. 까오방의 팍보 계곡에 근거지를 마련한 이들이 4년 뒤 하노이를 접수하고 베트남의 독립을 쟁취하리라고는 아무도 생각하지 못했다.

호치민은 그해 5월 팍보에서 열린 인도차이나 공산당 중앙위원회에서 베트민(베트남 독립동맹)의 창건을 선언하고 전 인민적 봉기를 준비하자는 호소문을 발표했다.

베트남은 조국을 구하고 인민을 해방시키기 위해 재산과 연령, 성별,

정치적 견해의 차이를 초월해 모든 애국자를 결집하며, 일본 파시스트와 프랑스 제국주의를 전복하고 베트남 민주공화국 혁명정부의 수립을 당면 목표로 한다. 공화국의 기는 붉은 바탕에 황색 별(금성홍기)을 붙인다.

— 〈베트남 노동자 계급당의 위대한 나날〉 중에서, 《하노이에 별이 뜨다》에서 재인용

베트남 노동자계급당의 위대한 나날들과 함께 지나간 호치민의 79년 생애 중에서도 팍보에 들어와서 하노이에 입성하기까지의 5년은, 그에게는 가장 고통스러운 시간이었으나 베트남의 역사에서는 가장 영광스러운 순간들이었다.

1941년 5월 10일, 인도차이나 공산당 8차 확대중앙위원회를 열고 베트민 창건 결의.

1941년 11월, 12명의 대원으로 유격대 창설.

1942년 3월, 랑선 유격 지구로 진출.

1942년 7월, 팍보로 돌아온 다음 국제적 협력을 확보하기 위해 중국행.

1943년, 장제스 군대에 체포되어 30여개 감옥을 전전하며 죽음을 넘나듦.

1944년 12월 22일, 서른네 명의 대원으로 베트남 해방무장선전대 창설.

1941년에서 1944년까지 4년간의 호치민 연보는 그 자체가 베트남

현대사의 요약본이다. 그는 아무도 꿈꾸지 않았던 것을 꿈꾸었고, 아무도 가지 않은 길을 넘어, 모두가 불가능하다고 믿었던 일을 해냈다.

서른네 명의 대원으로 출발했던 베트남 해방무장선전대는 1945년 6월, 5천 정의 무기를 보유한 인민해방군으로 탈바꿈해 있었다. 100만 명이 거주하는 베트남 북부 6개 지역을 접수한 인민해방군이 하노이에서 80㎞ 떨어진 떤짜오까지 진출한 것도 6월이었다. 호치민의 오른팔 보구엔지압 장군이 이끄는 인민해방군은 1946년 8월 16일 군중들의 열렬한 환영을 받으며 하노이에 입성했다.

1945년 9월 2일, 바딘광장에 인산인해를 이루며 모여든 군중 앞에서 호치민이 소개되었다. 사람들은 그가 당시에 사용하고 있던 호치민이라는 이름을 알지 못했다. 그러나 왜소한 체구에 수염을 기른 그가 바로 신화적 인물 우옌아이꾸옥이라는 사실을 알고는 광장이 떠나갈 듯한 환호를 보냈다. 그가 베트남민주공화국의 독립선언서를 읽어 나가는 동안 광장은 박수와 환호의 도가니가 되었다.

메뚜기, 코끼리를 넘어뜨리다

호치민은 독자적으로 베트남의 독립을 얻는 데 성공했다. 그러나 그것으로 베트남과 호치민의 시련은 끝나지 않았다. 프랑스는 또다시 군대를 이끌고 돌아왔다. 호치민의 베트남 민주공화국은 나라의 기틀을 잡기도 전에 프랑스와 전쟁을 치러야 했다.

호치민은 전쟁을 피하기 위해 수모를 감수하며 양보와 타협을 시도했지만 요지부동의 프랑스군은 하노이를 침공했다. 1946년 12월 20일, 호치민은 베트남 민주공화국 주석의 이름으로 전면적인 항전을 선언하며 다음과 같이 국민들에게 호소했다.

　　전국의 동포 여러분.
　　우리는 평화를 원하고 있었기 때문에 이제까지 양보를 되풀이해 왔습니다. 그러나 우리가 양보하면 하는 만큼 프랑스 식민주의자들은 이를 이용해 우리의 권리를 침해해 왔습니다. 우리는 조국을 잃고, 다시 노예의 지위에 만족하기보다는 모두를 희생시키는 쪽을 선택합니다. 동포 여러분, 일어납시다. 총이 있는 사람은 총을, 칼이 있는 사람은 칼을, 칼이 없는 사람은 곡괭이나 막대기라도 좋습니다. 일어납시다.

　　아무도 이 전쟁에서 베트남이 이길 것이라고 예상하지 않았다. 세계를 경악시킨 디엔비엔푸 전투에서 베트남이 승리를 거둘 때까지 압도적인 무장력을 지닌 프랑스는 베트남 북부를 파괴와 살육의 땅으로 만들었다. 1954년 5월 7일, 3개월에 걸친 격렬한 공방 끝에 프랑스군이 철의 요새라고 자랑하던 디엔비엔푸가 베트남 군대에게 함락되었다. 프랑스군의 궤멸과 항복. 베트남의 승리였다. 포병 3개 대대, 공병 1개 대대와 기갑중대. 200대의 트럭을 보유한 수송부대. 그리고 70대의 항공기를 보유한 상설 비행중대를 포함한 16,200명의 병력으로 3개 기지 47개 방어 거점과 지하 참호로 이중 삼중의 방어망을 갖춘 '난공불락'의 요새가 항공기 한 대 없는 베트남군에게 궤멸당한 것이다. 식민지 군대가 제국주의 본국과 싸워 이긴 최초의 전면적인 승리였다.

호치민은 일찍이 1951년에 이렇게 예언한 바 있었다.

"오늘, 코끼리와 힘겨루기를 하고 있는 것은 메뚜기에 지나지 않는다. 그러나 내일, 코끼리는 내장이 빠져 버리고 말 것이다."

베트남 인민들을 제외하고 누구도 귀 기울이지 않았던 그의 예언은 3년 만에 현실이 되었다. 구경하는 사람들에게 그것은 신화이고 기적이었지만, 신화처럼 싸우고 기적처럼 승리한 호치민과 베트남 사람들에게 그것은 결코 우연이 아니었다.

디엔비엔푸에서 항복한 프랑스가 물러갔다. 이른바 1차 인도차이나전쟁이 끝났다. 그러나 베트남과 호치민이 견뎌야 할 시련은 여기에서도 멈추지 않았다. 더 무서운 상대가 프랑스와 자리를 바꾸었다. 미국이 왔다.

1954년 디엔비엔푸 전투에서 베트남이 승리한 이후, 베트남 문제의 완전 해결을 위한 제네바 국제회의가 열렸다. 이 회의에서는 호치민의 베트남 독립동맹군 측과 프랑스의 무력 충돌을 막기 위해 베트남을 남북으로 나눈 뒤 1956년 양측을 모두 아우르는 총선거를 치르기로 결정했다. 그러나 미국의 지원을 받는 남부의 응오딘디엠은 합의된 남북 총선거를 거부했고, 북베트남에 의해 남베트남마저 공산화될 것을 염려한 미국은 남베트남을 적극 지원했다. 1964년 8월 2일 통킹만 사건[1]을 빌미로 미국은 직접 베트남을 침공했다.

미군은 54만 명의 군대를 주둔시키고, 1,200대의

1
베트남 북부 통킹만에서 베트남의 경비정이 미국의 구축함에게 어뢰정을 쏜 사건. 이후 미국의 자작극임이 밝혀졌다.

1954년 베트남 문제 해결을 위해 열린 제네바 회의

전투기를 동시에 투입했으며, 1500만 톤의 폭탄을 베트남의 산하에 퍼부었다. 미군이 사용한 폭탄의 양은 제2차 세계대전 당시 전 세계에 투하되었던 양의 2.5배에 해당하는 것이었다. 그러나 결과는 프랑스가 걸어간 길과 다르지 않았다. 1972년 미국은 수렁처럼 빠져들기만 할 뿐 끝이 보이지 않는 베트남으로부터 발을 빼기 시작했고, 호치민의 군대는 1975년 4월 30일 남쪽 수도 사이공의 대통령궁을 접수하고 통일을 이룩했다.

지도자, 그 이상의 존재

미국과 비교조차 할 수 없는 무력을 지닌 베트남이 전쟁에서 승리할 수

미국 측의 날조로 한때 베트남 경비정의 공격을 받은 것으로 알려졌던 미국의 구축함 매덕스호.

있었던 비밀은 어디에 있었을까. 여러 가지가 있겠지만 호치민의 존재를 빼놓고 그 이유를 설명하는 일은 불가능하다. 호치민은 그림자처럼 함께 움직였던 비서 부키와 경호원을 비롯한 9명의 측근에게 애칭을 하나씩 붙여 주었다. '장, 기, 항, 전, 완, 전, 한, 승, 리' 그 이름을 합하면 호치민의 전쟁에 대한 구상과 전략이 명확하게 드러난다. 혁명과 전쟁을 승리로 이끌 수 있었던 호치민의 빼어난 자질은 인내심과 결정적 순간을 포착하는 능력에 있었다. 장기항전, 호치민은 승리를 보장할 수 있는 준비가 갖추어질 때까지는 결코 행동에 옮기지 않았다.

　　이길 수 없을 때 같이 살면서 이길 수 있는 상황이 도래할 때까지 버티는 것, 이런 사람보다 무서운 상대는 없다. 베트남 사람들이 지닌 이 무서운 전통을 호치민은 장기항전 전술로 수용했다. 완전한 승리, 그러나 일단 결정적 순간을 포착해서 공세에 돌입하면 결코 물러서지 않았다. 프랑스와 미국은 베트남의 '장기 항전 완전한 승리' 전술을 이겨 낼수 있는 묘안을 찾을 길이 없었다.

호치민은 이 전쟁이 절정에 달했던 1969년 9월 3일, 79년의 생애를 마감했다. 항미전쟁은 호치민이 죽은 다음에 끝났지만 이 전쟁을 이끈 정신적 지주는 박호(큰 아버지), 호 아저씨, 호치민이었다. 호치민은 지치지 않는 베트남의 자부심이고 투명한 영혼이다. 1975년의 사이공 함락 작전의 이름은 '호치민 운동'이었다. 사이공을 함락시킨 다음 군인들을 상대로 승리의 순간 무엇이 가장 먼저 떠올랐는가를 조사했을 때 압도적 다수가 '호치민'이라고 답했다. 승전 직후 한 시인이 작사한 노래를 부르며 베트남 사람들의 누구나 눈물을 멈추지 않았다.

> 승리의 이 기쁜 날 호 아저씨 함께 있는 것 같네
>
> 호 아저씨 말한 것처럼 휘황한 승리 거두었네
>
> 산천을 되찾기 위한 우리의 30년 투쟁
>
> 민주 공화국의 30년 항쟁 기어이 성공했네
>
> 베트남 호치민, 베트남 호치민
>
> 베트남 호치민, 베트남 호치민
>
>   - 〈박호가 있는 것처럼Nho co Bac Ho〉 가사 전문

독립과 통일을 이룬 베트남은 '호치민 운동'으로 접수한 도시 사이공의 이름을 탄포 호치민(호치민 시)으로 바꾸었다. 오늘도 호치민의 영묘 앞에는 이런 구호가 내걸려 있다.

호 아저씨는 우리의 사업 속에 영원히 살아 있다.

호치민의 지도 노선과 베트남의 정서적 전통

민중의 행복과 개혁·개방 정책

세계는 하루가 다르게 변하고 있다. 베트남의 모든 것도 변하고 있다. 시장경제체제로 급속하게 전환하고 있는 베트남의 일상에서 지난날의 사회주의 경제체제는 이제 희미한 흔적으로 존재할 뿐이다. 베트남의 지난 역사를 기억하는 사람들이 사이공을 방문한다면 당혹스럽게 묻지 않을 수 없을 것이다. 이들은 도대체 무엇 때문에 싸운 것인가?

그런데 이상하게도 베트남은 아무란 혼란 없이 새로운 질서를 정착시켜 나가고 있다. 오히려 더 높은 활력과 자신감을 과시하고 있기까지 하다. 러시아에서도 무사하지 못한 레닌의 동상이 하노이에서는 건재하다. 호치민의 영묘 앞에 늘어선 줄의 길이는 조금도 줄어들지 않았다.

베트남의 사회주의 혁명을 이끌었던 호치민의 지도 노선이 지금은 베트남의 시장경제체제로의 전환을 뒷받침하는 지도 노선이 되고 있다. 언뜻 이해하기 힘들지만 분명한 사실이다. 베트남의 개방·개혁 정책이 관철될 수 있었던 것은 이 노선이 호치민의 지도 노선과 일치했기 때문이다. 도대체 반대되는 두 개의 체제 구축에 모두 적용되는 호치민의 노선이란 무엇일까? 이 물음에 대한 대답 속에 호치민이란 인물의 탁월함과 매력이 있다.

호치민 노선의 핵심은 목표를 이루기 위해 언제나 가능한 노력과 수단을 모두 동원하는 것이다. 여기에서 가장 중요한 것은 '목표'다. 호치민의 목표가 공산주의 또는 사회주의였다면 이 체제의 붕괴와 함께 그의 위대함도 수명을 다했을 것이다. 그러나 그 어떤 '주의'도 그의 목표가 아니었다. 호치민이 늘 관심을 가진 것은 '민중의 행복'이었다. 그가 선택하고 개척했던 모든 이념과 노선은 다만 민중의 행복을 달성하기 위해서 필요한 가장 효과적인 방법론일 뿐이었다.

민중의 행복을 지키기 위해서는 민중의 행복을 유린하는 것과 싸워야 했다. 호치민은 베트남 민중의 행복을 유린하고 있는 제국주의의 식민 지배에 맞서 싸워야 했다. 그가 사회주의 혁명 노선을 선택한 것은 억압과 착취, 차별에 대항하기 위한 가장 효과적인 방법론이 그것이었기 때문이다. 그랬기에 호치민은 아시아적 현실과 일치하지 않는 마르크스 – 레닌주의를 비판적으로 해석하고 창조적인 방법론을 개척했다. 그러면서도 그는 자신의 창조적인 방법론을 완전한 형태의 체계적 이론으로 정립하는 것에 대해 철저하게 무관심했다. 20세기 역사에서 뚜렷한 발자취를 남긴 인물 중에서 그처럼 거창한 이론이나 저술을 남기지 않은 인물도 드물 것이다.

호치민은 이렇게 말했다.

"인민이 이해할 수 없는 이론은 혁명 이론이 아니다."

그가 이론의 완전성에 이끌려서 현실을 도구화하는 함정에 빠져들지 않았던 것은 목표와 수단에 대한 분별력을 잠시도 잃지 않았기 때문이다. 그리고 다음과 같은 말도 했다.

"혁명을 하고서도 인민이 여전히 가난하다고 불행하다면 그것은 혁명이 아니다."

제국주의와 싸워서 자유와 독립을 쟁취한 것만을 내세우며 민중의 가난과 불행을 외면하고 있다면 그것은 호치민의 노선으로 볼 때 혁명이 아닌 것이 된다. 개방·개혁 정책이 호치민 노선의 적자가 될 수 있었던 이유가 바로 여기에 있다.

실사구시와 민주적 의사 결정 구조

호치민 노선의 특징을 이루고 있는 또 다른 중요한 것들이 실사구시의 방법론과 민주적인 의사 결정 구조의 확립이다. 대의에 대한 확고한 신념이 없는 지도자는 명분에 집착하고 민중에 대한 사랑보다 자신의 출세에 관심이 더 큰 지도자는 당장 눈앞의 성공에 매달린다. 호치민은 명분을 내세워 민중의 이익을 희생시키는 행세주의자들을 철저하게 배척했다. 독립 직후, 프랑스와 전쟁이냐 평화냐를 놓고 대치하고 있을 무렵이었다. 대중들 앞에서 전의를 자극하는 격렬한 연설을 하고 들어온 측근에게 "넌 무엇을 하는 사람이냐?"며 호되게 나무란 일이 있었다.

낯선 용어와 이론 대신 누구나 알 수 있는 말을 권장했고, 그 스스로 모범을 보였다. 1945년 9월 2일, 바딘광장에서 발표된 베트남 독립선언서는 미국 독립선언서의 핵심 구절을 그대로 차용했다. 프랑스와의 협상 과정에서 호치민이 주요하게 인용한 문장은 모두 프랑스혁명이 창조한 것들이었다. 그는 봉건시대 인물인 공자의 어록을 인용하는 것도 주저하지 않았다.

호치민은 적들로부터도 배웠다. 그는 프랑스로부터 교양과 품격을 배웠으며 일본으로부터 규율과 질서를 배웠고 미국으로부터 효율과 실용주의를 배웠다. 그리고 그들 모두를 물리쳤다. 필요한 것이라면 그것이 누구든 상관하지 않고 배웠다. 실사구시는 그의 방법론이자 삶의 태도였다.

더불어 중요한 것이 민주적 의사 결정 구조의 확립이다. 어쩌면 정치 지도자로서 호치민의 자질을 가장 높이 드러내 주는 것이 이 부분일지 모른다. 그토록 긴 기간 동안 그토록 어려운 전쟁을 치르면서도 베트남이 완벽한 지도력을 유지할 수 있었던 것은 정치국을 통한 민주적인 의사 결정 구조가 있었기 때문이다. 10여 명의 정치국원은 한결같이 일생을 조국에 바친 인물들이었고, 정치국은 순결성을 검증하고 단련하는 곳이었다. 국민들에 대해 공동으로 책임지는 이 민주적 집단지도체제는 호치민이 2선으로 물러선 뒤에도 베트남의 지도 구심이었고, 그의 사후에도 베트남을 추악한 권력의 암투로부터 자유로울 수 있게 해주었다.

민중의 교사 호치민

호치민의 면모를 이야기하면서 빼놓을 수 없는 것이 하나 있다. 민중의 교사로서의 호치민이다. 그는 민중의 지도자가 되려는 사람은 민중의 모범이 되어야 한다고 믿었다. 그가 동굴 속에서 혁명을 준비했던 카오방을 국가 주석이 되어 다시 방문했을 때였다. 당시는 국민들이 기아에 시달리고 있던 시절이었는데도 그 성의 당 서기장은 성대한 음식을 준비했다. 호치민은 크게 화를 냈고 음식에 손도 대지 않았다. 카오방 사람들은 호치민의 그 노여움을 지금도 기억하고 있다. 그 뒤로 호치민은 지방 시찰을 갈 때면 반드시 도시락을 들고 갔다.

호치민은 자신의 가족 그 누구도 권력 가까이에 두지 않았다. 반불 활동으로 투옥되었던 그의 형과 누나는 신문을 보고 나서야 자신의 동생이 대통령이 된 것을 알았다. 호치민의 누나는 대통령이 된 동생을 만나러 가면서 오리 두 마리를 들고 갔다. 준비해 간 음식을 동생과 함께 먹고 며칠을 지낸 뒤 다시 자신의 마을로 돌아갔다. 그리고 그곳에서 생을 마감했다.

호치민이 일흔일곱 살로 운명했을 때 베트남에는 사흘 밤낮으로 비가 내렸다. 베트남 전역에서 울음소리와 눈물이 그치지 않았다. 남쪽 정권의 수도 사이공의 상가는 모두 철시를 했다. 그의 장례 기간 동안 베트남 전역에서는 단 한 건의 절도 사건도 발생하지 않았다. 미국의 지원을 등에 업고 남베트남 정권의 대통령이 되어 호치민에 대항했던 구엔반티우조차 정중한 조의를 표했다. 그토록 호치민을 헐뜯었던 미국의 언론도 애도를 표했다. 《뉴욕타임즈》는 장문의 조사를 통해 호치민의 정치적 반대자까지 그에 대한 존경과 흠모의 정을 느낀다고 썼다. 호치민을 표지인물로 실은 《타임》은 생존해 있는 민족주의자 가운데 그만큼 불굴의 정신으로 오랫동안 적의 총구 앞에 버티고 서 있었던 사람은 없다고 썼다.

스스로의 말과 행동을 일치시켰던 호치민은 민중의 교사로서의 삶을 살았다. 그는 권위가 아닌 소박함으로 민중의 신뢰를 얻었다. 지금도 베트남 사람들은 호치민을 '박호' '호 아저씨'라고 부른다. 이렇게 부르는 순간 그들의 눈가에는 자부심이 스쳐 지나간다.

베트남의 자부심

호치민이 죽으며 남긴 것은 10평 남짓한 목조 주택 한 채와 책 몇 권이 전부였다. 그는 아무것도 소유하지 않고 살다가 아무것도 남기지 않고 떠났다. 그러나 그보다 더 큰 것을 소유하고 더 큰 많은 것을 남긴 지도자는 없었다. 베트남이 혁명에 성공할 수 있었던 것은 이론의 함정에 빠지거나 명분의 노예가 되지 않았기 때문이었다. 좌우익의 기회주의에 휘둘리지 않고 장기적인 이익을 위해서 교섭과 양보도 망설이지 않는 철저한 실사구시의 노선이 베트남의 전통으로 자리를 잡을 수 있었던 것도 호치민에 대한 국민들의 확고한 신뢰가 있었기에 가능한 일이었다.

호치민은 전쟁을 피하기 위해 프랑스와 협상을 진행하면서 베트남 사람들이 쉽게 납득할 수 없었을 만큼의 양보도 마다하지 않았다. 이 틈을 타서 일부 기회주의자들이 호치민 노선을 공격했지만, 민중의 반응은 냉담했다.

"호 아저씨가 우리에게 나쁜 일을 했을 리가 없다."

이 말에 고개를 끄덕이지 않은 베트남 사람들은 거의 없었다. 베트남에서 호치민의 노선이 관철될 수 있었던 것은 그의 삶이 무한보증수표로 지불되었기 때문이다. 호치민이 일생을 통해 지불한 보증수표는 가짜가 아니었다. 살아 있을 때보다 죽은 다음에 더 큰 사랑과 존경을 받았던 지도자는 아마도 거의 없을 것이다.

어린아이를 안고 있는 호치민 동상. 호치민은 베트남인들의 자부심이고 자랑이다.

베트남이라는 나라는 한마디로 이렇게 정리할 수 있다. '아직 부자는 아니지만 자부심이 충만한 나라'. 그 자부심의 밑바닥에는 호치민이라는 아주 특별히 평범한 한 인간이 자리 잡고 있다. 그러나 아무도 장담할 수는 없다. 호치민이 생애를 바쳐 지불하고 얻어 낸 아름다운 가치를 언제까지 존중할 수 있을지 누가 알겠는가.

Zoom-in

호치민의 유언장

당나라의 위대한 시인 두보는 '인생칠십고래희^{人生七十古來稀}' 라 했다. 올해 나는 일흔아홉 살이다. 나는 그 얼마 되지 않는 '자고로 드문' 사람에 속한다. 마음은 아직도 거뜬하지만 내 육체는 갈수록 쇠약해지고 있다. 그야말로 자연의 섭리다. 그러니 그 누가 혁명을 위해 더 오래 살라고 내게 말할 수 있겠는가. 그렇기에 나는, 내가 마르크스와 레닌, 그리고 먼저 간 우리 동지들과 한자리에 있기를 바라면서 여기에 몇 줄 적어 본다. 이것을 보고 당이나 나의 친구들이 놀라지 않기를 바란다.

먼저 당에 대해 말하겠다. 강한 단결력과 노동계급에게 보여 준 헌신에 대해 감사한다. 우리 당은 창건 때부터 단합하여 우리 국민들이 혁명에서 승리할 수 있도록 이끌었다. 단결은 베트남 국민들의 귀중한 재산이다. 모든 동지들이여, 당의 중앙위원회에서 작은 조직까지 한마음이 되어 단결하라. 당 내부에서는 스스로 비판해 가며 자신에 대한 채찍질을 잊지 마라. 당원 한 사람 한 사람이 도덕성을 지키고 근면·검소·정직을 보이고 공공의 이익을 위해 이기심을 버리고 민중에게 헌신하라. 우리의 당은 민중의 충성스런 하인으로서, 또 지도자로서 역할을 지켜 나가야 한다.

노동청년단원과 우리 젊은이들에 대해 말하겠다. 이들은 봉건제도와 식민지의 착취와 억압을 견뎌야 했을 뿐만 아니라 오랜 전쟁을 감당해야 했다. 그러나 이들은 놀라운 열정과 용기, 투쟁, 근면성을 보여 주었다. 그들은 당이 창립된 이래로 당을 믿고 함께 해왔다. 그러므로 당은 민중의 삶을 향상시키기 위해 효과적으로 경제와 문화를 발전시켜 나가야 한다. 미국과의 전쟁은 더 오래 걸릴 수도 있다. 우리들은 더 많은 희생을 해야 할지도 모른다. 그러나 어떠한 희생을 치르더라도 완전한 승리를 거둘 때까지 미국과 싸우려는 결의를 우리는 지켜야 한다.

우리의 산과 우리의 강과 우리의 사람들은 영원할 것이다. 미국은 반드시 패배할 것이다. 우리는 우리나라를 열 배는 더 아름답게 재건할 것이다. 어떤 어려움과 고난이 있다 하더라도 우리의 승리를 확신할 수 있다. 우리의 조국은 반드시 통일될 것이다. 우리의 남과 북의 동포들은 반드시 한 지붕 아래 모여 살 것이다. 우리는 비록 작은 나라지만, 두 번의 영웅적인 항전(프랑스와 미국의 제국주의자에 대항한)을 통해 세계 민족 해방 운동에 위대한 기여를 할 것이다.

세계 공산주의 운동에 관해 말하겠다. 한평생을 혁명에 헌신한 사람으로서 국제 공산주의와 노동자 운동이 성장해 가는 것에 커다란 자부심을 느낀다. 우리 당이 마르크스–레닌의 이론을 바탕으로 세계의 공산당과 우호적인 관계를 가질 것을 확신한다. 나는 형제 당과 나라가 다시 단결하게 될 것을 확신한다.

내 개인적인 문제에 관해 말하겠다. 평생 내 모든 힘과 마음을 다해 조국에 복무해 왔다. 이 세상과 이별한다 해도 더 많이 헌신하지 못했다는 것만 제외하면 더 이상 후회할 것이 없다. 내가 죽은 다음 웅장한 장례식으로 인민의 돈과 시간을 낭비하지 말라.

끝으로 우리 모두 인민에게, 우리 당과 군대에게, 나의 조카들과 청년들에게, 어린이들에게 나의 끝없는 사랑을 남기고 가겠다.

나의 마지막 소원은 우리의 당과 인민들이 서로 힘을 합쳐 평화로운 베트남, 통일 독립된 민주 베트남, 번영하는 베트남을 만들어 세계혁명에 크게 공헌하는 것이다.

— 호치민, 1969년 5월 19일 하노이에서

제 2 부

시대를
고민하던
지식인

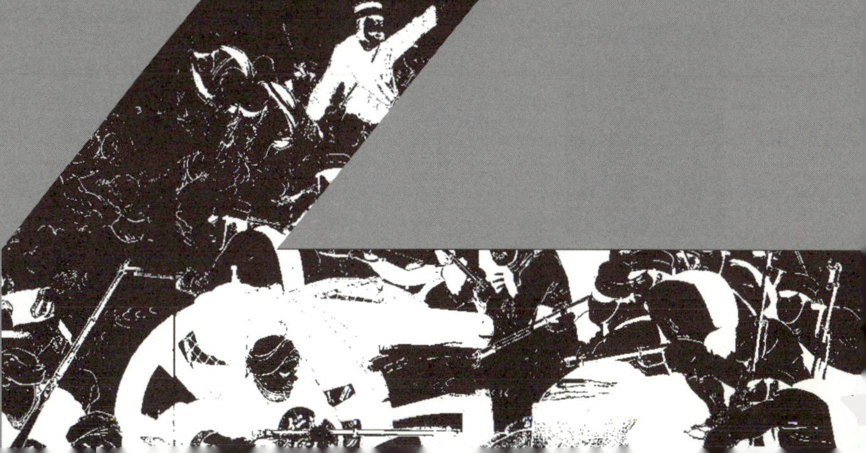

트라시마코스

BC 5세기, 고대 그리스의 절정과 몰락

트라시마코스^{Thrasymachos}(BC 459 ~ 400)

트라시마코스의 생애

트라시마코스는 플라톤의 대화편 《국가》 1권에서 "정의는 강자의 이익이다."라는 주장을 편 인물로 우리에게 잘 알려져 있다. 그러나 그의 생애와 관련해서는 그가 비튀니아 지방 칼케돈 출신의 연설가이자 수사학 교사로서, 여행을 두루 다녔고 기원전 427년경 아테네에서 활동했다는 것 이외에는 알려진 것이 거의 없다. 그럼에도 불구하고 우리가 트라시마코스라는 인물을 통해 그의 생각은 물론 그 시대의 역사와 문화를 살펴봐야 하는 이유는 그가 당대의 대표적 지식인인 소피스트로서 아테네 사회의 지적 풍토를 특징적으로 잘 보여 주고 있기 때문이다. '정의는 강자의 이익'이라는 그의 주장 역시 혼돈기 아테네의 가치관을 대변하는

그리스의 철학자 플라톤. 그가 쓴 《국가》 1권에 트라시마코스의 이야기가 담겨 있다.

것이다. 특히 《국가》 1권에서 생생하게 묘사되고 있는 트라시마코스의
모습은 격변기를 살아가는 굴절된 한 지식인의 사고방식과 태도를 적나
라하게 보여 준다는 점에서 현대를 살아가는 우리의 많은 흥미를 끈다.

그리스 정신이 무너진 시대

전통적으로 그리스인들에게 '정의'는 공동체 삶 속에서 타인과의 관계
뿐만 아니라 개인의 영혼의 상태까지도 포함한 덕들의 총체를 뜻했고,
공동체와 개인의 정의는 영원한 질서와 조화의 원형으로서 우주적 원리
와 하나로 이어져 있다고 여겨졌다. 즉 그리스 도시국가에서 개인의 삶
은 이미 도시국가라는 공동체적 삶과 결코 분리해서 생각할 수 없는 조
화로운 자연적 질서와 결합되어 있는 것이었다. 모름지기 그리스인들에
게 최상의 개인은 최상의 시민을 뜻했고 국가의 이상과 개인의 이상은
결코 서로 모순되지도 않고 구분조차도 될 수 없는 것이었다. 다시 말해
국가는 개인의 이상을 성취하는 수단으로서 공동생활에 필연적이고 자
연스러운 기능을 했고 그 기능은 개인의 자유를 제한하는 것이 아니라
오히려 시민이 가져야 할 가장 고귀한 본질의 표현, 즉 본성이 자신에게
명령하는 행위의 규범으로 여겨졌던 것이다.

　　그러나 이와 같은 그리스인의 전통적인 생각은 페르시아 전쟁 이후
아테네가 그리스 도시국가들의 맹주로 부상하는 세계사적 전기를 맞이
하면서 서서히 변화의 조짐을 보이기 시작했다. 발칸반도의 계곡과 협곡

그리고 지중해에 펼쳐진 수많은 섬들을 경계로 제각각 다양한 정치체제를 유지하며 공존을 도모하던 도시국가들이 아테네를 중심으로 한 제국주의로 재편되었고, 아테네는 한동안 국제적인 경제·문화 교류의 중심지가 되면서 기원전 5세기경 '그리스의 영화'로 일컬어지는 번영을 누리게 되었다.

그러나 이러한 국제적 번영은 문화적으로 그리스 사회를 붕괴로 이끄는 탈그리스적 변화의 씨를 잉태하는 것이었고, 급기야 아테네는 외적으로는 전통적인 맹주를 자처해 온 스파르타와 오랜 기간 펠로폰네소스 전쟁을 치르고, 내적으로는 잦은 정변을 겪으면서 서서히 그리스 세계 전체의 몰락을 가속화하게 된다. 특히 전쟁의 와중에서 귀족들과 그 자제들은 정권욕에 눈이 멀어 출세를 위한 정치적 선동을 일삼기 일쑤였고, 그에 따라 합리적인 토론을 통한 보편적 진리의 추구보다는 효율적인 정치적 선동과 입신양명을 위한 현란한 수사술과 임기응변의 변론술

아테네의 중심지에 서 있었던 아고라 광장.

이 요구되었으며, 점차 그러한 교육적 수요에 일단의 지식인 계층이 적극적으로 부응하면서 이른바 소피스트라는 직업적 지식인군이 등장하기에 이르렀다. 플라톤이 태어나고 자라던 시기도 이 즈음이었고 불안정한 정변이 반복되면서 아테네의 스승이자 등에를 자처한 소크라테스가 그 희생물이 된 것도 이 시기였다. 그야말로 플라톤은 도시국가들 간의 유대의 끈이 되었던 전통적인 그리스적 세계관이 서서히 무너지고 소피스트들의 영향력이 증대되면서 급격하게 황폐해져 가던 그리스 말기 아테네 사회 한가운데 서 있었던 것이다.

플라톤의 《국가》는 바로 이러한 상황에서 전통적인 그리스 정신을 복원하고자 하는 시도에서 저술된 것이었고 거기에 등장하는 소피스트 트라시마코스의 주장은 플라톤 스스로가 지향하는 정의로운 진정한 사회 공동체의 수립을 위해 반드시 넘어서지 않으면 안 될 안티테제로 제시된 것이라 할 수 있다.

트라시마코스의 주장과 소크라테스의 비판

트라시마코스의 주장이 실려 있는 《국가》 1권은 소크라테스의 논변들이 보통 그러하듯 자신의 주장을 배면에 두고 기존 통념의 문제점부터 논파해 가는 형식을 취하고 있다. 우선 트라시마코스가 개입하기 전 케팔로스와 폴레마르코스는 '정의'란 '말과 행동에 있어 정직'이라는 주장을 폈는데, 이 견해는 당시 노년층은 물론 청년층에게까지 두루 펴져 있었던 통속적인 삶의 태도를 대변해 준다. 이어서 제기된 트라시마코스의 주장은 당시의 피폐한 시대적 사조를 긍정적으로 수용하면서 전통적 가치관에 대립하는 새로운 정의관을 대변했다.

우선 《국가》편에 나타난 트라시마코스의 기본 주장과 그에 대한 소크라테스의 비판을 기술 순서에 따라 분석·정리하면 다음과 같다.

트라시마코스와 소크라테스의 대화는 케팔로스 및 폴레마르코스가 제시한 정의관이 소크라테스에 의해 논파되자 그들의 대화를 못마땅하게 지켜보고 있던 트라시마코스가 참다못해 끼어들면서 시작된다. 무엇보다도 트라시마코스는 소크라테스에게 정의가 무엇인지를 진실로 알기를 원한다면 질문만 하는 입장을 그만두고 자신의 주장을 내보여야 한다고 시비를 건다. 이러한 시비와 빈정거림 뒤 트라시마코스는 이내 '정의는 강자의 이익 이외의 그 어느 것도 아님'을 주장하게 된다. 즉 지배자들은 그들의 지배를 받는 사람들보다 강하며, 정의는 어떤 행위, 어떤 상대이건 간에 이들 강자들이 자신들의 이익이 되는 것에다 법의 이름을 씌운 것에 불과하다는 것이었다. 즉, 강자의 법은 그들의 사적이고 특권적인 이익을 위해 만들어졌으며 지배자는 힘으로 자기의 권리를 만들어내고 그것을 곧 법이자 정의라고 부른다는 것이다.

소크라테스는 이러한 트라시마코스의 주장에 대해 그 주장의 애매함을 꼬투리 잡아 반론을 전개하기 시작한다. 소크라테스는 지배자가 자신의 이익을 도모한다고 하더라도 그들 또한 때로 실수를 저질러 그들 자신에게 불이익이 되게 법을 정할 수도 있다고 말한다. 그리하여 피지배자들이 지배자에게 복종하는 것이 정의라면 그때의 정의는 강자의 이익이

트라시마코스의 논리를 반박해 그의 분노를
샀던 소크라테스.

아닐 수도 있음을 지적한다. 이러한 소크라테스의 지적을 폴레마르코스도 지지한다. 그러나 클레이토폰이 끼어들어 트라시마코스가 말한 강자의 이익이 뜻하는 바는 판단의 실수 여부와 상관없이 일단 강자에 의해 자기들의 이익이라고 '생각된 것'을 의미하는 것이라고 말한다. 그러나 트라시마코스는 지배자는 엄밀히[akribes] 실수를 할 수 없는 한에서 지배자라고 말한다. 소크라테스가 엄밀론[akribologia]으로 공박하자 자기 또한 엄밀론으로써 대응 못 할 것이 없다는 심사였을 것이다. 결과적으로 트라시마코스의 정의는 엄밀한 의미의 지배자가 실수를 하지 않는다는 전제하에 성립되는 강자의 이익이라는 뜻으로 보다 구체화된다.

그러나 이러한 엄밀론은 아이러니하게도 이미 트라시마코스 스스로 자신의 주장을 흔들어 놓는 결과를 자초하고 있을 뿐 아니라 소크라테스적 논변으로 이끌려 가는 단초를 마련하게 된다. 즉 트라시마코스에게 있어 강자란 처음에 단지 힘으로 지배하는 자들을 의미했었다. 그러나 지금 새롭게 제기된 트라시마코스의 강자에겐 힘뿐 아니라 실수 없이 지배하는 데 필요한 지식[sophia]과 기술[techne]이 더해지고 있다. 소크라테스는 트라시마코스가 엄밀론을 취하면서 드러낸 그 점을 놓치지 않는다. 우선 소크라테스는 여타 기술들의 일반적인 경우를 예로 들어 완벽한 지배자는 자기의 이익을 취하는 것이 아니라 자기가 지배하는 대상들의 이익을 도모하는 것이라고 주장한다. 즉 일반적인 모든 기술은 그 기술의 고유한 대상을 이롭게 하는 것을 목적으로 하지 그 기술 자신의 이익을 목적으로 하지 않는다는 것이다. 구두를 잘 만드는 기술은 말 그대로 구두를 좋게 하고, 옷을 잘 짓는 기술은 그야말로 옷을 좋게 하기 때문이다. 그 기술 자체가 결함이 없는 완벽한 의미의 기술인 한 더욱 그러할 것이다. 따라서 실수 없는 완벽한 의미의 지배자라면 그 지배의 기술이 가져다주는 이익은 그 기술의 대상, 즉 피지배자들에게 이익이 되게 되어 있음이 분명하다는 것이다.

기세등등하던 트라시마코스는 이러한 비판에 당황해한다. 왜냐하면 소크라테스의 그러한 비판이 그 자신의 엄밀한 입장을 그대로 받아들인 상태에서 되받은 것이기 때문이다. 이에 트라시마코스는 태도를 바꾸어 엄밀론을 버리고 일상적인 경험적 사실을 끌어들여 주변에 흔히 볼 수 있는 양치기의 경우를 예로 든다. 통상 양치기는 양떼들을 살찌게 하고 돌보지만 그것은 양들을 위해서가 아니라 실제로는 자기 자신과 주인의 이익을 위한 것이다. 마찬가지로 지배자들도 지배자라는 이름으로 불리면서 나라와 시민을 위해 일한다고 말하지만 실제 도모하는 것은 그들 자신의 이익이라는 것이다. 즉 지배자의 생각은 양치기가 양에 대해 갖는 태도와 마찬가지로 결국은 자기 이익에만 관심을 갖고 있다는 것이다. 결국 트라시마코스는 앞서 스스로 제시한 기술로서의 지배의 개념을 파기하고 그저 힘으로 자기 이익을 관철하는 강자의 지배 개념으로 되돌아가 버린다. 요컨대 강자란 '남보다 더 이득을 취할 수 있는 능력이 있는 자' 이다. 자기의 이익이 우선이고 법은 부차적인 것이며 그 이익을 관철시킬 수 있는 힘이 클수록 그 사람은 큰 이익을 얻어 행복한 것이다.

그리하여 강자들은 자신에게 이익이 되는 법도 만들고 또 이익이 되는 것이라면 제정된 법을 마음대로 어기기도 한다. 반면에 남을 이길 힘이 없는 약자들은 강자들에게 해를 당하는 것이 두려워, 남을 해치는 것이 불의이고 '남에게 좋은 것'을 가져다주는 것이 법과 정의라고 주장하면서 그 법을 따라야 한다고 말한다. 그러나 약자들이 법과 정의를 따른 결과는 말 그대로 '남에게 좋은 것', 다시 말해 강자에게 좋은 것이다. 요컨대 정의는 '남을 이롭게 하는 것'이지만 강자가 지배하는 현실에서 그 정의는 약자에게만 적용되기 마련이므로 결과적으로 정의는 남의 이익, 즉 '강자의 이익'일 뿐이다. 그러므로 법과 정의를 지키는 것은 강자를 행복하게 만들 뿐 결코 자신들을 행복하게 만들지는 못한다는 것이다. 더구나 이와 같은 강자의 이익은 그 힘의 크기에 비례해서 더욱 확고하게 관철된다. 그 점을 단적으로 보여 주는 사례가 곧 참주와 같은 절대 권력자의 경우다.

현실에서 보면 사실 소소한 불의밖에 저지를 수 없는 약자들의 경우 잘못하면 발각되어 처벌받고 비난받지만 그런 처벌과 비난까지도 제압할 수 있는 힘을 가진 절대 권력자는 오히려 철저히 자기의 이익을 관철함으로써 사람들로부터 행복한 자로 추앙받는다. 이 경우 약자들이 불의를 비난하지 않는 것은 불의 자체가 부당하지 않아서가 아니라 비난했을 경우 강자의 완력으로 인해 입을 피해를 두려워하기 때문이다. 그러므로 강자로서 불의를 철저하게 추구하는 것이 약자로서 정의를 추구하는 것보다 비교도 되지 않을 정도로 훨씬 큰 행복에 이르는 길이다. 결국 트라시마코스는 이와 같이 일상적인 의미에서의 부정의가 철두철미

함을 더하면 더할수록 항상 정의보다 강하고 유익한 것이라고 말함으로써 일상적인 의미의 정·부정의 개념을 완전히 전도시켜 버린다.

소크라테스는 트라시마코스가 마치 목욕물을 끼얹듯 단숨에 내뱉듯 쏟아 낸 주장에 조금도 동요하지 않고 여전히 정의가 부정의보다 강하다고 주장한다. 그러면서 엄밀한 의미에서의 기술과 그 대상의 이익을 관련시켜 트라시마코스의 비일관성부터 비판하기 시작한다. 우선 소크라테스는 트라시마코스가 양치기를 논하면서 엄밀한 의미에서의 양치기를 논하지 않고 돈벌이꾼으로 바꿔 버렸음을 지적한다. 소크라테스의 이러한 지적은 이제 기술 자체가 목표로 하는 이익과 기술을 갖고 있는 사람이 사적으로 추구하는 이익을 구분하는 새로운 엄밀론을 주장한 것이다. 엄밀히 말하면 지배자는 지배의 기술과 보수 획득 기술이 결합된 자이며 의사는 의술과 보수 획득의 기술이 결합된 자이다. 각각의 기술은 앞부분에서 언급했듯이 그것이 결함이 없는 한, 기술 자체의 이익을 도모하는 것이 아니라 일관성 있게 그 기술의 대상의 이익을 위해 도모하는 것이다. 통상 지배자가 보수를 요구하는 것을 보더라도 지배 기술 자체가 지배 기술의 대상의 이익에만 상관하지, 지배 기술을 가진 스스로의 이익과는 무관하다는 것을 말해 주는 것이다. 즉 지배의 기술은 어디까지나 지배의 대상의 이익에 관계되는 것이며 지배하는 당사자의 이익은 보수 획득 기술의 대상이 자기인 한 지배 기술이 아닌 그 보수 획득 기술에 의해 주어지는 것이다.

따라서 지배의 기술을 갖고 그 본연의 기능만을 수행하는 것이 엄밀한 의미에서 지배자라면, 그리고 보수 획득 기술이 지배의 기술과 분리되는 별개의 것이라면, 지배자는 자기의 지배 기술 자체에 결핍이 없는 한, 기술 자체의 이익은 도모할 필요 없이 그 기술의 대상에게만 이익을 돌리게 된다. 그리하여 엄밀한 의미에서 지배자는 자신의 이익을 도모하는 자일 수가 없고 지배의 대상으로서 피지배자의 이익을 도모하는 자임이 논증된다. 결국 지배자는 그 지배의 기술이 철저하면 철저할수록 자신의 이익과는 더욱 무관하게 되므로 만약 어떤 나라가 뛰어난 사람들로만 구성될 경우, 그 사람들은 어떻게 해서든지 지배자의 자리에서 해방되려고 서로 경쟁하게 될 것이라고 소크라테스는 말한다.

소크라테스는 지배자에게 보수가 따라가는 것은 불가피한 것이라고 말하면서 그 보수 중에는 돈과 명예뿐만 아니라 벌도 있을 수 있다고 말한다. 왜냐하면 지배자가 자기 이익이 아닌 타인의 이익을 철저히 도모해야 하는 힘겨운 일을 떠맡지 않으려고 돈과 명예라는 보수 자체도 거절할 경우 벌로 강요하여 그 역할을 하도록 할 수밖에 없기 때문이다.

결국 트라시마코스의 '정의는 강자의 이익일 뿐'이라는 주장은 소크라테스의 엄밀론에 입각한 집요하고도 일관성 있는 논변을 통해 추론상 애매한 논변임이 밝혀진다.

트라시마코스의 실제 입장

지금까지는 플라톤의 《국가》에 나와 있는, 트라시마코스의 주장과 소크라테스의 비판을 살펴보았다. 이 책에서 트라시마코스는 날카로운 소크라테스의 비판에 자기모순을 드러내면서 급기야 논쟁을 포기하고 스스로 혼잣말로 자기주장만 내뱉는 것으로 그려져 있다. 그야말로 소크라테스의 완승으로 대화가 끝난 것이다. 그러나 어찌된 영문인지 1권 후미에 이르러 소크라테스는 트라시마코스의 주장에 대한 자신의 비판에 대해 불만을 토로하고 새롭게 그 주장을 다시 극복하려는 계획을 내비친다. 트라시마코스의 입장을 문답법에 의해 논파했지만, 정작 트라시마코스 자신은 기존의 생각과 태도를 전혀 바꾸지 않았기 때문이다. 그렇다면 왜 트라시마코스는 자기의 주장이 논파되었음에도 처음의 생각을 굽히지 않았던 것일까?

우선 앞에서 살펴보았듯이 정의에 관한 트라시마코스의 최초의 주장은 '정의는 강자의 이익'이라는 것이었고 이 주장은 오늘날까지도 정의의 본질에 관한 트라시마코스의 정의定義로 받아들여지고 있다. 그러나 이러한 트라시마코스의 정의에 대한 주장은 정의를 정의한 것이 아니다. 사실 트라시마코스의 그 말은 정의란 무엇이냐를 소크라테스식으로 엄밀하게 논리적으로 정의하기 위해 나온 것이 아니라, 소크라테스의 논법에 불만을 품고 대화에 불쑥 끼어들어 자신이 현실적으로 느낀 그대로를 내뱉듯 말하는 과정에서 제시된 것이다. 그는 근본적으로 소크라테스처럼 정의를 논리적으로 정의 내리는 데는 관심이 없었으며 오직 현실의 욕망이 가져다주는 결과적 사실만을 중시했을 뿐이다. 굳이 그의 말을 정의의 규정과 관련해 말한다면 트라시마코스의 입장 역시 일반인들의 정의관과 마찬가지로 여전히 '정의는 타자를 이롭게 하는 것'이다. 다만 실제 드러나는 결과를 보면 정의로운 행위를 한 당사자들은 손해를 보기 일쑤이고 오히려 부정의하고 힘센 강자들만 이롭게 하는 것이 다반사이므로 결국은 현실적으로 볼 때 '정의는 자기에게는 손해가 되고, 힘세고 부정의한 타자만 이롭게 하는 것, 즉 강자의 이익'이라는 것이다. 요컨대 트라시마코스의 관심은 근본적으로 정의의 규정이 아니라, 공적이건 사적이건 간에 어떠한 상태에서도 실질적인 이익을 획득하는 '힘'에 있으며 그 힘을 소유한 강자가 되는 길만이 행복에 이르는 길이라는 것이다.

이와 달리 정의가 올바른 것인 한, 엄정한 기준하에 정의^{定義} 내려져야 한다고 생각하고 있었던 소크라테스는 그의 말을 정의에 대한 정의로서 간주해 문답법적 대화를 통해 그 모순점을 낱낱이 들추어냈던 것이다. 트라시마코스는 엉겁결에 그러한 문답법적 대화에 끼어들게 되고 끝내 소크라테스의 공박에 말문이 막히게 된다. 뒤늦게 자신이 소크라테스에게 말려들어 간 것을 깨닫고 문답법적 방법이 아닌 자기식의 논의 방식을 택하게 되는데, 그것이 곧 반소크라테스적 논의 방식으로서 소피스트들이 공유하고 있었던 장광설^{makrologia}이다. 혼자서 자기가 하고 싶은 말만 교묘한 수사에 실어 내뱉는 장광설적 논변은 지적으로 완벽한 동의를 요구하는 것이 아니고 다만 주장하는 바를 선동적인 방식으로 전달하는 것을 목표로 한다. 그리하여 트라시마코스는 자신의 방식인 장광설적 논변을 통해 자신의 입장이 공적이건 사적이건 간에 어떠한 상태에서도 실질적인 이익을 획득하는 강자에게 있음을 재차 분명히 한다. 그러자 소크라테스도 그 자신의 문답법적 비판에 한계가 있음을 느낀다. 즉 트라시마코스의 입장은 소크라테스로 하여금 새로운 계획과 새로운 전략으로 혼신을 다해 새로운 대안을 제시하지 않으면 안 될 정도로 매우 일관성 있고도 완고한 것임이 확인된 것이다.

소크라테스는 《국가》 1권에서의 자신의 논변에 불만족스러움을 표명하고 그 나름의 정의에 관한 적극적인 논변으로 새롭게 논의 방식을 취한다. 트라시마코스 같은 사람이 제기하는 현실적 욕망 논리에만 기초한 주장들은 적극적인 대안이 없는 단순한 부정적인 논파만으로는 결코 뿌리 뽑히지 않는 것이다.

트라시마코스와 소크라테스의 대립점

《국가》에서 발견되는 소크라테스와 트라시마코스 간의 대립점은 한마디로 정의로운 삶과 부정의한 삶 중 어느 것이 더 행복한가에 대한 문제이다. 즉 어떤 생활 방식을 통해 행복을 얻을 수 있는가 하는 것이다. 플라톤이 1권에서 드러내고자 한 것은 트라시마코스가 정의에 관해 어떠한 정의定義를 내리는 것 즉 '정의가 무엇인가' 라는 문제에 대해서는 전혀 관심이 없으며 오로지 행복은 무제한적인 자기 이익의 추구에서 주어진다는 확신만을 갖고 있는 사람이라는 점, 그리고 그와 같은 트라시마코스의 마구잡이식 주장은 결코 문답에 의해 논파될 수 없다는 것이다.

물론 소크라테스에게 있어 이 문제는 정의의 정의, 즉 정의 규정과 분리되는 것이 아니어서, 자연스럽게 정의 규정을 주제로 하는 토의에 이 문제를 포함시켜 논의를 진행시키고 있다. 그러나 트라시마코스에게 이미 정의 규정의 문제는 관심의 대상이 아니어서 곧바로 정의의 대가代價

에 대한 논의에 뛰어든다. 따라서 《국가》 1권에서 소크라테스가 어떻게 정의를 규정하고 있는가는 주제적으로 중요한 물음이 될 수 있을지 모르나 트라시마코스가 정의를 어떻게 정의하고 있는가는 사실 주제적으로 큰 의미를 갖는 것이 아니며 또 트라시마코스는 사실상 정의를 정의하지도 않았다. 소크라테스와 트라시마코스가 1권에서 공유하고 있는 주제는 비록 소크라테스적 논의 방향에 준해 정의 규정이란 형식을 가지나 실제적으론 '행복을 가져다주는 삶의 방식이 무엇이냐' 하는 것이다. 소크라테스는 다만 그 문제가 궁극적으로 정의론을 통해 해결될 수 있다고 믿었기 때문에 트라시마코스의 언급을 정의正義의 정의定義 측면에서 캐물었고 이에 트라시마코스는 기본적으로 규정적 정의란 현실적 행복과는 이미 거리가 먼 것이므로 그 엄밀한 정의正義의 정의定義에 신경을 쓰지 않고 오로지 행복을 가져다주는 현실적 조건 자체에 주목해서 자신의 논의를 진행시키고 있는 것이다.

이렇게 보면 《국가》 1권에서 소크라테스에게 부과된 치명적 걸림돌은 트라시마코스의 일관성에서 드러나는, 자연적 정의를 무시한 현실 경험적 행복론의 완고성이다. 소크라테스는 1권 후미에 가서야 이 완고성이 갖는 심각성을 깨닫게 되며, 그것이 자신의 문답법적으로 타파되지 않음에 불만을 토로한다.

소크라테스와 트라시마코스의 생각은 때로는 만나고 결정적인 부분에서는 등을 돌린다. 두 사람 모두에게 지배는 기술이지만 한 사람에게는 부정을 위한 기술이고 또 한 사람에게는 정의롭게 되기 위한 기술이다. 또 그들은 지식을 가진 사람이 그것을 잘해 낼 수 있다는 데 동의

하지만 한 사람은 지식은 결코 임의적으로 정의로운 것일 수 없다고 주장한다. 1권에서의 트라시마코스의 참주는 2권 이하의 소크라테스의 철학자 왕의 반대 거울상이다. 현실 경험적으로 견고한 이론은 그것이 현실인 한에서 산파술적 문답법만으로 부정은 되어도 파괴되진 않는다. 그것은 이제 또 다른 대안적 정치 및 윤리 이론의 세부적이고 구체적인 구축과 더불어 그 실현을 위한 구도적 실천을 요구한다. 이것이 붕괴되어 가는 그리스 사회를 바라보며 정의로운 국가의 적극적이고도 현실적인 실현을 목매던 플라톤 자신의 철학함의 본질이자 궁극적인 목표다.

트라시마코스와 현대

일반적으로 사상은 시대를 반영한다. 우리가 이제까지 살펴본 트라시마코스의 주장 역시 서두에서 언급한 바와 같이 그가 살던 기원전 5세기 아테네의 지적 풍토를 구체적으로 보여 주면서 소피스트들에 의해 주도되던 고전기 그리스 말기의 사회·문화적 의식을 대변한다. 그러나 트라시마코스를 포함한 당시의 소피스트들에 대헤서 무조건 부정적인 선입견을 가질 필요는 없다. 사실상 소피스트라는 명칭은 전통적으로는 탈레스, 솔론을 비롯한 존경받는 7인의 현자들에게 붙여진 이름이었다. 기원전 5세기 이후 소피스트들에 대한 부정적인 평가는 주로 플라톤의 뿌리 깊은 적대감에 기인한 것이다. 오히려 당대의 전환기적 상황을 고려하면 소피스트들의 사고방식은 시대의 변화에 부응하는 진보적인 측면이 있었다.

소피스트들이 활동하던 기원전 5세기는 이른바 아테네가 가장 번영을 누리고 있었던 시기이자 문화적 대격변기로서 정치와 종교 등 제반 분야에서 변화에 대한 능동적인 대응이 요구되고 있었다. 이러한 변화의 배경에는 말할 것도 없이 페르시아 전쟁 이후 제국으로 부상한 아테네의 영화와 민주정이 자리 잡고 있었다. 전통적 가치들의 객관성은 보다 주관적이고 상대적인 것에 의해 해체되었고 기성세대에 저항하는 신세대의 욕망과 도전은 더욱 고무되어 세대 간·계층 간 권위도 점차 무너져 갔다.

소피스트들은 이러한 변화에 부응해서 이론적 탁월성보다는 경험적 효율성을, 자연적 본성과 객관성보다는 인간적 욕망과 주관성을, 그리고 전통적인 신적 권위보다는 개인적인 즐거움을 추구했다. 그러한 노력을 통해 고전기 아테네의 문화·예술·학문 등 제 분야에 걸쳐 보다 개인적이고 보다 자유분방한 분위기를 고취시켰다. 시대적 변화에 대한 소피스트들의 이와 같은 능동적 대응은 실로 인간 주관에 기초하여 진보에 대한 신념과 역사 발전에 대한 믿음을 옹호하는 것으로서, 오늘날 관점에서 보면 그야말로 근세 인문주의적 르네상스와 새로운 자유주의적 기풍을 연상시키는 매우 진취적이고 개혁적인 성격을 갖는 것으로 높이 평가할 수 있다. 그러나 기원전 5세기 고전기 아테네의 번성은 그리스 사회의 새로운 도약이 아니라 오히려 몰락을 초래하는 전주곡이 되었다. 아테네의 패권주의적 제국화는 아테네의 번성을 대가로 다양한 도시국가들의 전통적인 공존과 조화를 무너뜨렸고 아테네 민주정 역시 지루한 펠로폰네소스 전쟁과 끊임없는 권력 다툼 속에서 불합리한 이중성을 드러냄으로써 아테네의 정치적 불안을 가중시켰다. 이를테면 페리클레스의 민주정은 말 그대로 민중의 직접적인 정치 참여를 이끌어 낸 획기적인 것이었지만, 그것은 단순히 민간 생활의 관리 및 행정과 관련한 영역에 한정되었고 여전히 군사 및 통치 분야는 제한된 소수에게 독점되었으며 그 독점을 향한 정치적 선동과 술수는 끊임없는 정변과 정치적 불안을 야기시켰다.

시대의 변화에 부응하는 소피스트들의 진취성 또한 이러한 시대적 전환기에서 민중의 정치 참여와 개인의 욕망의 신장, 가치의 상대화에는 기여했지만 다른 한편으로 소수 귀족들의 정치적 야욕을 뒷받침할 수 있는 기술의 개발과 전수에 오히려 더 큰 수고와 정열을 기울였다. 더구나 그 교육 내용은 냉철하고 진지한 반성을 통한 객관적 진리의 발견이 아닌 현장을 사로잡는 정치적 선동에 효과적인 연설 기술 또는 임기응변으로 상대를 압도하는 변론 기술이 핵심이었다. 무엇보다도 심각했던 것은

학문과 토론이 번성했던 아테네를 묘사한 라파엘로의 그림 〈아테네 학당〉.

그들 스스로 그러한 것들을 지혜와 덕으로 부르면서 돈 많은 귀족들에게 고액의 보수를 받고 일종의 상품처럼 판매했다는 사실이다. 아테네 사회의 웬만한 부호와 권력가들이라면 하나같이 유명한 소피스트들을 집에 초청해 기거하도록 했다. 이러한 풍토가 일찍부터 확립되어 있었음은 이미 고전기 아테네 최고의 권력가 페리클레스가 소피스트들과 아주 밀접한 교유 관계를 갖고 있었다는 사실에서도 알 수 있다.

우리 논의의 주인공인 트라시마코스 역시 서두에서 언급했던 것처럼 이러한 소피스트들 중 한 사람으로서 이미 아테네에서 잘 알려진 수사학 교사이자 변론가였다. 그리고 그가 가르친 내용 또한 앞에서 우리가 살펴보았듯이 다름 아닌 힘에 의한 지배와 그것을 통한 이익의 획득, 불의에 기초한 이기적 자기 행복의 달성이었다. 트라시마코스의 주장을 접하면서 그 가르침의 내용이 갖는 뻔뻔함과 부당성에 당혹감을 느꼈을지도 모른다. 그러나 기원전 5세기 말 격변기 그리스 아테네 사회를 지배했던 사회적 의식을 고려하면 그러한 생각이 크게 부자연스러운 것이 아니라 오히려 적극적으로 주창될 수 있는 것임을 이해할 수 있으며, 플라톤과 소크라테스가 왜 그렇게도 소피스트들에 대해 적대감을 갖고 있었는지도 함께 이해할 수 있다. 요컨대 소피스트 트라시마코스가 주장하고 있었던 것은 힘에 의한 자기 이익의 달성이자 정치 사회적인 맥락에서는 다름 아닌 군사패권주의, 즉 아테네 제국의 근본 이데올로기였다.

문제는 위와 같은 기원전 5세기 아테네 사회와 소피스트들에 대한 우리들의 상념들이 사실상 현대를 살아가는 우리들에게도 전혀 낯설지 않다는 데 있다. 물론 고대와 현대가 갖는 사회·경제적 조건과 문명적 상황을 그렇게 단순화해서 비교·평가하는 것은 무리일 수 있다. 그러나 근세 자본주의 성립 이후 발전에 발전을 거듭하는 개인주의적 자유주의의 발흥은 고전기 그리스 말기의 상황을 연상하게 하고, 냉전 승리 이후의 자본주의 강대국 미국의 영화는 페르시아 전쟁 이후의 아테네 제국을 연상시킨다. 그리고 포스트모더니즘의 기치 아래 전통적 권위와 도덕적 가치의 해체 그리고 개인의 욕망과 자유를 부르짖으면서 내적으로는 미국적 자유주의와 냉소주의에 기생하는 오늘날의 지식인들은 아테네의 소피스트들을 연상시킨다.

많은 사람들은 무한 경쟁의 시대, 국가 경쟁력의 시대를 외쳐 대면서 모두들 힘과 효율을 숭상하고 물질적 부를 높이 평가하며 그 부의 획득을 모든 행위의 목표이자 행복의 조건으로 받아들인다. 그 힘을 달성하기 위해서는 기술이 필요하며 그 기술의 효율성은 타인을 배려하는 도덕적 가치와 상충된다. 요컨대 폭력의 속성을 갖고 있는 것이다. 그리하여 트라시마코스가 주장하듯 절대 권력가일수록 비난은커녕 부러움과 존경의 대상이 되듯이 오늘날의 패권국가 미국 또한 모든 나라의 부러움과 존경의 대상이 된다. 물론 그들을 용감하게 비난하는 사람들도 있지만 국가 대 국가 차원에서 약소국가가 패권국가를 비난하거나 덤비는 일은 단편적인 전술적 차원을 제외하고는 거의 찾아보기 힘들다.

고대 군인들의 전쟁 장면. 트라시마코스의 주장은 현대의 군사패권주의와도 맞닿아 있다.

패권국가가 부당하지 않아서가 아니라 그들의 폭력이 두렵기 때문이다.

　기원전 5세기 트라시마코스는 플라톤이 《국가》 1권에서 그렇게 혹독하게 논파하고도 모자라 《국가》 2권 이후에서 심혈을 기울여 그것을 압도하는 새로운 사회상을 제시했음에도 여전히 눈 하나 깜짝하지 않고 우리 앞에 우뚝 서 있다. 플라톤이 이미 깨달았듯이 악은 논파되었다고 해서 파괴되는 것이 아니다. 마르크스가 철학의 요체란 해석에 있는 것이 아니라 변혁에 있다고 말했던 것도 그래서였을지도 모른다. 철학이 끊임없이 이론을 넘어 예언자적 실천을 강조하는 이유도 그곳에 있을 것이다. 그리고 역사를 되돌아보면 그래야 할 근거 또한 없지 않다. 어쨌거나 트라시마코스가 활동하던 고전기 아테네 제국의 번영은 언제 끝이 날까 할 만큼 그리스의 최전성기를 구가했지만 그 번영의 정신적 토대는 아이러니컬하게 그리스 사회의 급속한 몰락을 자초했기 때문이다. 철학자 플라톤의 경고를 가볍게 여긴 대가였을까? 오늘날 페리클레스의 후예로 되살아났다고 자부하는 금융자본주의 군사제국 미국도 스스로를 한번 되돌아볼 일이다.

Zoom-in

BC 5세기 그리스

서양사를 배울 때 우리가 늘 들어왔듯이 기원전 5세기 고전기 그리스 사회는 그 야말로 위대한 시대이다. 호메로스 헤시오도스 등 위대한 신화 작가들을 비롯 해서 소포클레스, 아이퀼로스, 핀다로스, 아리스토파네스 등 수많은 문학가들, 솔론, 페리클레스 등 수많은 위대한 정치가 등이 모두 고대 그리스 사람들이었고 또 무엇보 다도 인류 지성사의 영원한 표상이라고 할 수 있는 소크라테스, 플라톤, 아리스토텔레 스라는 위대한 사상가가 이 시대 사람들이었기 때문이다.

그런데 고대 그리스 문화를 꽃피운 이러한 사람들은 원래부터 발칸반도에 살았던 원주민이 아니라 도리아족이라고 불리는 북방 사람들이었다. 이들이 기원전 15세기부 터 서서히 남하해서 10세기경에 원주민의 문화를 무너뜨리고 새로운 세력으로 자리 잡은 것이다. 그러나 도리아족이 이렇게 남하하여 원주민들을 복속시키면서 나름대로 하나의 그리스 사회로 정착해 가는 데는 아주 오랜 세월이 흘렀다. 역사상으로는 거의 기원전 8세기 그러니까 남하한 지 한 500~600년이 지나서야 비로소 안정기에 이르렀 던 것이다. 우리가 그리스 문화를 논할 때 최초로 기록으로 삼는 것들이 소위 호메로스 와 헤시오도스의 신화들인데 이 신화들이 그리고 있는 시기가 바로 이 8세기의 모습이 다. 그러니까 역사적으로 기록으로 알려진 그리스 문화라고 하면 이 시기 이후의 문화 라고 말할 수 있다. 이후 그리스 사회는 사회·경제적으로 발전을 이루어 6세기를 거 쳐 5세기로 가면서 이른바 우리가 말하는 서양 고대사의 위대한 시대가 열리고 비로소 기원전 5세기 아테네를 중심으로 하는 고전기 그리스의 등장을 알리게 된다.

이상과 같은 초창기 그리스 사회의 형성 과정에서 볼 때 고대 그리스 사회는 기본적으로 늘 전쟁에 임할 준비 태세가 되어 있는 남성 중심의 전시 사회였고 지리적 특성상 발칸반도와 지중해 협곡 곳곳에 흩어져 소규모 목축과 농업을 토대로 생활을 영위했던 이른바 도시국가, 즉 폴리스 사회였다. 그리고 그들끼리 상호 간섭 없이 자율적인 정치체제와 문화를 구성해 가면서 살아갔던 다양성의 사회였고 동시에 서로가 하나의 그리스 민족으로서 공존했다.

그런데 이러한 특성을 가진 고대 그리스 사회는 이후 큰 변화를 맞이하게 된다. 이것이 이른바 6세기 이후에서 5세기에 이르기까지 급속하게 진행된 고대 그리스의 사회·경제적 변화이다. 우선 이 시기의 가장 큰 변화는 무엇보다도 인구의 급속한 증대이다. 그래서 각 도시국가별로 자급자족 체제가 붕괴되고 그에 따른 임대차 관계가 성립하면서 경제적인 궁핍과 갈등이 일어나고 계층이 분화되었다. 결국 도시국가 간 침탈과 전쟁까지 자주 일어나고 급기야 전쟁에 패한 사람들과 자국 내에서 토지를 잃고 시민권을 상실한 사람들이 해외로 빠져 나가는 일이 발생했다. 그래서 도시국가들은 더욱 더 늘어났다. 이런 점에서 그리스 도시국가들의 확대는 사실 사회경제적 발전에 따른 확대가 아니라 한 도시국가에서 귀족 지위를 상실하거나 시민권을 상실한 사람들이 해외로 나가 새로운 도시를 개척하면서 생긴 이른바 이민에 의한 확장이었던 셈이다. 이러한 도시국가들 간의 침탈과 헤게모니 전쟁 과정의 대표적인 라이벌이 스파르타와 아테네였다. 사실 처음에는 스파르타가 강대한 육군의 힘을 바탕으로 그리스 사회를 대표할 정도로 강력했다. 그러나 기원전 492년에 발발해 3차에 걸친 전쟁을 거쳐 449년에 끝난 페르시아와 그리스 간의 전쟁에서 결국 평민으로 구성된 아테네 해군이 결정적인 기여를 하게 되면서 아테네가 그리스 사회의 주도권 장악하게 되고 평민의 지위도 크게 향상되어 정치체제도 큰 변화를 가져오게 된다. 이 시기를 주도한 인물이 유명한 페리클레스이다. 우리가 말하는 고전기 그리스, 기원전 5세기 아테네의 번성과 민주주의의 등장은 바로 이 페리클레스 시대 이후 아테네가 구가했던 사회적 번영과 문화적 발전을 말하는 것이다.

이처럼 기원전 5세기의 그리스는 분명 서구 지성사에 가장 큰 영향을 준 사상적·문화적 중심 무대였다. 특히 페리클레스 시대의 아테네 문명은 그 핵심에 서 있었고 오늘날 우리가 말하는 그리스 문화의 정수를 대변하고 있다. 그러나 어찌된 영문인지 고대 그리스 역사는 바로 이 최고의 전성기를 기점으로 급속하게 몰락의 길로 접어든다. 그러니까 기원전 5세기는 15세기에서 4세기에 이르는 1천여 년의 그리스 역사 중 최고의 전성기이자 최후의 몰락기를 여는 불행의 시기였던 셈이다.

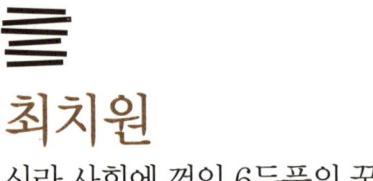

최치원

신라 사회에 꺾인 6두품의 꿈

최치원(857 ~ ?)

최치원의 생애

최치원崔致遠은 신라 사람으로 수도인 금성(경주) 사량부 출신이다. 자는 고운孤雲 또는 해운海雲이고 신라 6두품 가문 출신의, 신라 하대를 대표하는 지식인이었다.

최치원은 857년(헌강왕 1)에 태어나, 868년(경문왕8) 12세의 어린 나이로 당나라에 유학을 가서, 7년 만에 과거에 급제하여 선주 땅 율수현 위가 되었다. 잠시 관직을 그만두었다가 879년에 황소의 반란군을 진압하기 위해 출정한 고변이 종사관이 되어 가종 공문을 도맡아 짓게 되었는데, 특히 난을 일으킨 황소를 치기 위해 쓴 〈토황소격〉으로 이름을 천하에 떨쳤으며, 관직에도 올랐다.

885년에 귀국하여 헌강왕으로부터 한림학사 등 문한文翰을 관장하는 직책을 맡았으나, 주위의 질시와 견제 때문에 오래지 않아 지방 관직으로 물러나와 태산(지금의 전북 태인) 등지의 태수를 지냈다. 894년 진성여

신라 사회의 구조적 모순을 해결하고자 했으나,
신분제에 가로막혀 뜻을 이루지 못했던 지식인 최치원.

왕에게 개혁안 시무 10여조를 상소했고 벼슬도 아찬으로 올랐으나, 여전히 자신의 뜻이 받아들여지지 않자 관직을 내놓고 각지를 유랑하다가 가야산 해인사에서 여생을 마쳤다. 고려 현종 때 내사령에 추증, 문묘에 배향되고 문창후에 봉해졌다. 조선시대에 태인의 무성서원, 경주의 서악서원 등에 모셨다.

최치원의 저술로는 시문집 《계원필경桂苑筆耕》 20권이 전하는데, 이 문집은 그가 고변의 종사관으로 있을 때 지은 글 중에서 골라 엮은 것이다. 그 외 《난랑비서鸞郎碑序》는 신라 시대의 화랑도를 말해 주는 귀중한 자료이며, 《사산비명四山碑銘》은 신라 말기 선종 불교 자료로 유명하다. 또한 그는 유교사관에 입각해서 역사를 정리했는데, 대표적인 것이 연표 형식으로 정리한 《제왕연대력帝王年代曆》이다. 그 외 다수의 저술이 있으나 오늘날에는 전하지 않으며, 《동문선》 등에 약간의 시문 등이 전할 뿐이다. 글씨를 잘 썼으며 현재 몇 점의 친필이 전하고 있다.

경문왕 왕계의 왕위 계승과 정치적 안정

신라 하대가 개막되는 37대 선덕왕에서 45대 신무왕(839)에 이르는 9대 59년간(780~784)은 그야말로 치열한 왕위 계승전이 끊임없이 이어진 시기였다. 이러한 정치적 혼란은 진골 귀족 내부의 분열에서 비롯했다. 그러나 그 뒤 46대 문성왕(신무왕의 아들 839~856)에서 52대 효공왕(897~911)에 이르는 7대 73년간은 비교적 순탄하게 왕위 계승이 이루어지며 일시 안정기에 접어든 듯한 모습을 보였다. 문성왕을 이은 47대 헌안왕(857~860)은 문성왕의 배다른 동생이었고 다음의 48대 경문왕(861~874)은 헌안왕의 사위였다. 경문왕은 2남 1녀를 두었는데, 이들이 차례로 왕위에 올랐으니 49대 헌강왕(875~885), 50대 정강왕(886), 51대 진성여왕(887~896)이고, 52대 효공왕(897~911)은 헌강왕의 아들이었다.

최치원은 헌안왕 1년에 태어나 경문왕대에 당에 유학을 가서, 헌강왕대에 귀국하여 활동하게 되었으니 신라 중앙 정계가 어느 정도 안정기에 들어선 시기에 학문을 닦고 세상을 다스릴 자신의 뜻을 세우게 되었던 것이다.

그러나 한때의 안정도 그리 오래가지 못했다. 51대 진성여왕(887~896)대에 다시금 혼란에 빠지고 만다. 즉위한 지 1년도 못 되어 수도 금성에는 진성왕의 정치를 비난하는 글이 나돌았고, 자연재해로 인해 농사가 피폐해지면서 각지에서 농민 봉기가 일어나 신라는 내란 상태에 빠져 들어갔다. 889년(진성여왕 3년)에는 사방에서 중앙정부의 세금 징수를 거부했고 이에 대해 중앙의 수취가 강화되자 각지에서 반란이 일어나기 시작했다.

신라의 숙위宿衛유학생과 6두품

신라 하대에 이르면 숙위학생(신라가 당나라 국자감에 보낸 유학생)은 점차 정치적 인질의 성격이 퇴색되고 순수한 유학생의 성격을 강하게 띠게 되면서 그 숫자도 크게 늘어나게 되었다. 이는 당의 선진 문물에 대한 신라의 욕구가 그만큼 커지면서 나타난 현상이었다. 한때 숙위학생단의 수가 105명에 이르기도 했던 것을 보면 그 규모가 얼마나 대단했는지 짐작할 수 있다.

숙위학생단이 당에 머무는 기간은 대개 10년 정도였으며, 이 기한이 지나면 귀국하고 대신에 새로운 숙위학생단의 명단이 당 왕조에 제출되어, 교대 파견되는 형태로 운영되었다. 최치원의 아버지가 유학을 떠나는 최치원에게 10년 안에 과거에 급제하라고 당부한 것은 곧 이러한 유학 기간을 의식한 것으로 짐작된다.

한편 숙위학생의 정치적 의미가 점차 퇴색해 가면서 굳이 왕족이나 유력한 진골 귀족의 자제와 같이 정치적 비중이 큰 인물을 숙위학생으로 파견할 필요성이 줄어들었고, 자연히 숙위학생은 국내에서 정치적으로 비중이 적고 소외되고 있던 6두품 출신의 몫으로 돌아갔다. 이들은 학문적 욕구를 만족시키고 자신의 능력을 마음껏 발휘할 기회를 찾아서 숙위학생이란 이름으로 당에 건너갔다. 이들은 당에서 외국인에게 부여하는 빈공과라는 과거시험에 응시하여 능력을 인정받고 당에 머물러 벼슬살이를 하기도 했다. 하지만 6두품 출신의 숙위학생들은, 여전히 골품제의 질곡에서 벗어나지 못하고 있던 신라 사회에 돌아오기를 꺼렸으며, 혹 돌아오더라도 견디지 못하고 다시 당으로 되돌아가는 이들도 있었다. 고국에서 경륜을 펴보겠다는 커다란 꿈을 안고 귀국했으나, 골품제의 질곡에 억눌려 좌절하고 만 대표적인 인물이 바로 최치원이었다.

호족의 대두와 민란의 발생

신라 하대에 정치적 혼란이 확대되어 가는 과정에서 적극적으로 신라 체제를 부정하고 사회모순을 개혁하는 데 주된 역할을 한 세력은 각 지방에서 새로 성장한 호족이었다. 호족은 일정한 지역에 대한 정치·경제·군사적 지배권을 형성하고 있던 독자적인 지방 세력으로서 신라 말에서 고려 초에 걸쳐 사회변동을 주도했다. 호족은 그 출신에 따라서 낙향한 귀족 출신의 호족, 군진 세력 출신의 호족, 해상 세력 출신의 호족, 촌주 출신의 호족 등이 있었다.

한편 신라 말기에 일반 백성들이 겪어야 했던 천재지변과 공납 등 수탈의 괴로움은 이루 말할 수가 없었다. 이 무렵 진골 귀족과 왕경인의 사치스러운 생활을 보여 주는 다음과 같은 기록이 전한다.

9월 9일에 왕이 신하들과 함께 월상루에 올라 사방을 바라보니 서울의 민가는 즐비하게 늘어섰고 가락의 소리는 끊임없이 일어났다. 왕이 시중을 돌아다보고 '내 들으니 지금 민간에서는 집을 기와로 덮고 짚으로 잇지 아니하며, 밥을 짓되 숯으로 하고 나무로서 하지 않는다 하니 사실이냐'고 물었다. 시중이 대답하되 '신 또한 그렇게 들었습니다.'라고 했다.

- 《삼국사기》 헌강왕 6년

위 기록을 통해 헌강왕대에 귀족들의 사치와 부의 향유가 어느 정도였는지를 잘 알 수 있다. 이는 곧 농민 계층에 대한 과도한 수탈을 통해서 이루어지고 있었으니, 결국 농민들의 반란이 각지에서 일어나게 되었다. 게다가 종전에 발생한 민란과는 달리 중앙정부의 지방 통제력이 점점 약화됨에 따라 각 지역에서 호족 세력의 반란과 민란이 서로 연결되었다.

이 무렵에 나타난 지방의 무력 반란은 종전의 난과는 근본적으로 성격이 다르다. 기존의 난들이 신라 왕실을 인정하는 틀 안에서 단지 왕권 찬탈만을 목적으로 했다면, 이 시기의 반란은 중앙 왕실을 부정하는 입장에서 스스로 '왕'을 칭하고 새로 나라를 건국하는 형태로 나타났다. 그중에서 특히 두드러진 자들이 견훤과 궁예였다.

신라 중대에 이르기까지는 화엄종 등 교종이 신라 불교계를 주도했다. 교종은 신라 왕실과 밀접한 연관을 맺으면서 신라의 국가 지도 이념으로서 그 역할을 하였다. 하지만 통일 후 교종 사찰들이 지방으로 확산되었다고 해도 경상도 지역을 크게 벗어나지 않았으며, 또 사찰이 지방에 있다 해도 경주의 중앙 귀족과 연결된 사찰로서 지방 사회와는 동떨어져 있었다. 따라서 신라 하대의 혼란한 상황에서 교종은 중앙 귀족 세력과 결합하여 사원 경제 운영에만 급급할 뿐, 당시의 사회적·문화적 모순을 해결할 능력이 없었다. 이러한 신라 불교의 모순은 하대에 이르러 선종이 새로이 성립되면서 점차 극복되기 시작했다.

선종의 9산선문은 그 위치가 전국적으로 흩어져 있어 중대 불교의 지역적 한계를 극복할 수 있었으며, 각 선문은 새로운 지방 문화의 중심지로 떠올랐다. 선사들은 그 신분이 대개 6두품 이하 하급 귀족이거나 몰락해서 낙향한 진골 귀족이었다. 게다가 인과설을 통해 현 체제의 당위성을 주장하며 진골 세력 중심의 귀족적 성격을 가졌던 교종과 달리, 마음을 잘 닦으면 곧 부처가 될 수 있다고 혁명적으로 불법을 해석했기에 현 체제에 불만을 갖고 있던 지방 호족들의 지지를 받을 수 있었다. 또한 중앙 귀족의 부패와 문란한 수취, 잦은 전란과 기근으로 고통 받던 서민 대중들에게도 큰 호응을 얻었다.

이러한 선종과 선사들의 활동은 신라 사회의 모순을 넘어서고자 한다는 점에서, 당에서 유학하고 와서 유교 이념에 입각하여 새로운 정치 방향을 모색하던 6두품 지식인 계층의 개혁 방향과도 서로 통하는 것이었다. 최치원이 선사들과 함께 어울리며 그들의 비문을 썼던 것도 이러한 맥락에서 이해할 수 있다.

최치원의 중요 활동과 평가

당에서 얻은 명성 – 유학과 관료 생활

최치원은 신라 하대의 유교 사상계를 대표할 만한 이른바 '신라 말기 3최'의 한 사람으로서, 새로 성장하는 6두품 출신의 지식인 가운데 가장 대표적인 인물이다. 최치원은 868년(경문왕 8)에 12세의 어린 나이로 경문왕의 국자(국자감 유학생)에 선발되어 중국 당나라로 유학을 가게 되었다.

최치원은 당나라에 유학한 후 수도 장안에서 과거 공부에 몰두하여, 과거에 필요한 문장과 경사자집經史子集을 두루 익혔으며, 그 결과 6년 만인 874년에 열여덟의 나이로 과거에 합격했다. 이방인이 그것도 약관도 안 되는 나이에 당나라의 과거에 당당히 합격했다는 것은 최치원의 재능이 얼마나 뛰어났는지를 보여 주는 좋은 예이다.

그 뒤 876년(헌강왕 2)에 당나라의 선주 율수현(지금의 중국 강소성 율수현)의 현위가 되었다. 녹봉도 넉넉하고 한가했으므로 율수에서 발원해 남경까지 흐르는 진회하秦淮河를 따라 유람하면서 시를 짓고 남경에 있는 왕희지의 옛집에 가서 술을 마시기도 했다. 이때 틈틈이 지은 글들을 추려 모은 것이 《중산복궤집中山覆簣集》 5권이다.

재능이 넘치고 야심도 있었던 그는 율수현위에 만족할 수 없었다. 888년 겨울에 율수현위를 그만두고 고급 관리가 되기 위한 박학굉사과(현직 관리를 대상으로 하던 시험)를 준비했다. 그러나 외국인이 고급 관리가 된다는 것은 쉬운 일이 아니었다. 수입이 끊긴 그는 경제적 곤란을 겪게 되어, 당의 절친한 친구인 고운의 도움으로 회남 절도사 고변의 추천을 받아 관역순관館驛巡官(국가가 하는 공사를 감독하는 관리)이 되었다.

신선도 형식의 민화풍으로 그려진 최치원 초상화(문화재자료 25호)

879년에 고변이 제도행영병마도통이 되어 황소의 반란군을 칠 때 고변의 종사관이 되어 서기의 책임을 맡으면서부터 문명文名을 천하에 떨치게 되었다. 그 후 4년간 고변의 군막에서 표·장·서계·격문 등을 제작하는 일을 맡았으며, 이때 그 유명한 〈토황소격문〉을 지었다. 이러한 공적으로 879년 승무랑 전중시어사 내공봉으로 도통순관에 올랐고, 포상으로 비은어대를 하사받았으며, 이어 882년에는 자금어대를 하사받았다. 이렇게 고변의 종사관으로 있을 때, 공사 간에 지은 글이 1만여 수에 달했는데, 귀국 후 스스로 추려 《계원필경》 20권을 엮어 헌강왕에게 올렸다.

한편 최치원은 율수현위와 종사관으로 있으면서 부근의 불교 사찰을 많이 유람했다. 강소성에 있으면서 혜원, 사안, 왕희지 등과 관련한

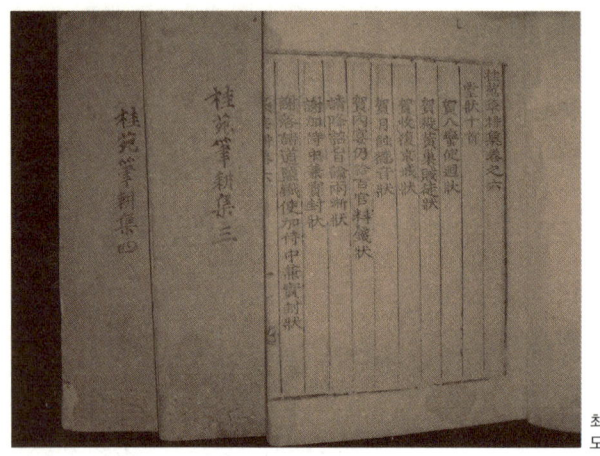

최치원이 고변의 종사관으로 있을 때 쓴 글을
모아 엮은 《계원필경》.

사적지를 유람하거나 승려의 비문을 탐독하는 등 불교 관련 전적을 접했
다. 그의 많은 시나 저술의 전반에 걸쳐 나타나는 동진시기 불교 관계 내
용은 이 시절의 경험에서 비롯되었을 것이며, 또한 귀국 후에도 불교의
선사들과 접촉하는 데 많은 영향을 주었을 것이다.

　　최치원은 885년 귀국할 때까지 17년 동안 당나라에 머물러 있었는
데, 그동안 고운, 나은 등 당나라의 여러 문인들과 사귀어 그의 문명^{文名}
이 높아졌으며, 이로 인하여 《당서》 예문지에도 그의 저서명이 수록되게
되었다.

　　884년 당에서 최치원의 활동도 접을 시간이 다가왔다. 그가 모시고
있던 고변이 군무에는 힘쓰지 않고 도사^{道士}에 빠져 신선되기를 바라면서
급기야는 개인적으로 도원까지 건립했다. 마침내 최치원은 16년이라는
오랜 당나라 생활을 청산하고 귀국을 결심했다. 사실 당시의 당나라도
변란의 정국이 거듭되고 혼미했기 때문에 자신이 나아가야 할 삶의 목표

나 당 체류의 의미를 찾기는 어려웠을 것이다. 또한 이방인으로서 그의 뛰어난 자질을 시샘하는 무리들에 의해 곤경에 처하게 되면서 더욱 고국에 대한 짙은 향수를 갖게 되었을 것이다.

아울러 혼란스러운 당과는 달리 경문왕 이후 차차 국정이 안정되어 가는 신라의 사정을 알게 되고, 그래서 당에서 배운 학문을 고국에서 펼쳐 보고 싶은 욕망이 점점 커져 가고 있었기에 결국 귀국을 결심하게 된 것으로 생각된다.

정치가로서의 활동 – 국내에서

최치원의 귀국에는 그 자신의 결심만이 아니라 신라 헌강왕의 의지도 작용한 것으로 짐작된다. 당시 왕권의 안정을 추구하던 헌강왕은 진골 귀족들을 견제하기 위해 6두품 출신이나 중국에서 활약하고 있던 빈공 과 출신자들을 필요로 했다. 또한 헌강왕은 글을 좋아했을 뿐 아니라 선비들을 돌보고 예로써 대우했다고 한다. 예컨대 헌강왕은 최치원을 영접하기 위해 공식적으로 그의 종제 최서원을 사신으로 파견하기도 했다.

최치원이 29세의 나이로 신라에 돌아오자, 헌강왕은 시독 겸 한림 학사 수병부시랑 지서서감사에 임명해 국정 참여의 길을 열어 주었다. '시독'은 경서를 강의하는 직책, '한림학사'는 국서國書를 작성하는 임무 를 맡은 직책으로 당에서 유학하고 돌아오는 사람에게 의례적으로 주어 지던 직위이다. '지서서감'은 문필 기관 부책임자, '병부시랑'은 국방 관련 관서의 차관에 해당하는 등 상당히 유력한 직책을 맡았던 것이다.

그리고 국내에서도 이미 그의 문명^{文名}이 널리 알려져 있어 귀국한 다음해에 왕명으로 〈대숭복사비문〉 등의 명문장을 남겼고, 당나라에서 지은 저작들을 정리해서 국왕에게 진헌하기도 했다.

그러나 불행히도 최치원이 자신의 뜻을 미처 펴기도 전에 886년 7월, 후원자인 헌강왕이 죽었다. 아들 요가 채 돌도 안 되었기 때문에 왕의 동생 정강왕이 임시로 나라를 다스렸는데, 그 정강왕도 또 1년 만인 887년 7월에 죽었다. 두 왕의 가까운 혈육으로는 누이동생 만과 요밖에 없었다. 만이 할 수 없이 임시로 왕의 직무를 맡으니 이가 곧 진성여왕이다.

이는 최치원의 입지를 매우 어렵게 하는 사태 변화였다. 그렇지 않아도 진골들로부터 경계를 받고 있던 그는 중앙 정계에서 철저히 소외되어 갔다. 이때부터 최치원의 지방 태수 시절이 시작된다. 태수를 지낸 지역으로는 스스로 편찬한 시문에 천령(경남 함양)이 보이고 있고, 《삼국사기》에 대산(충남 부여군 홍산 일대), 부성(충남 서산)이 기록되어 있으며, 이밖에 《택리지》에는 옥구(전북)도 전하고 있다. 당나라에 있을 때 "어진 지방관이란 옛날에도 드물었다."고 한탄한 바 있던 최치원인지라 지방관으로서 많은 노력을 했을 것으로 추정된다.

그러나 당시의 신라 사회는 이미 붕괴를 눈앞에 두고 있었는데, 889년(진성여왕 3)에는 주·군의 세금을 독촉하자 마침내 농민들이 사방에서 봉기하여 전국적으로 내란이 일어났다. 이 무렵 최치원은 천령 태수로 있었는데, 그는 반란군을 방어하는 일에 힘썼다.

또한 최치원은 895년 전국적인 내란의 와중에 사찰을 지키다가 전

몰한 승병들을 위해 만든 해인사 경내의 한 공양탑의 기문記文에서 "당나라에서 벌어진 병·흉 두 가지 재앙이 서쪽 당에서는 멈추었고, 동쪽 신라로 옮겨져 와서 그 험악한 중에도 더욱 험악하여 굶어서 죽고 전쟁으로 죽은 시체가 들판에 별처럼 흐트러져 있었다."고 당시의 처참한 상태를 적었다. 당나라에서 직접 황소의 반란을 체험한 바 있는 그에게는 고국에서 벌어지고 있던 전쟁과 재앙이 당나라에서 파급, 연장된 것으로 느껴졌던 모양이다.

그리고 부성군 태수로 있던 893년에는 당에 가는 사신인 하정사에 임명되었으나 도둑들의 횡행으로 가지 못했고, 그 뒤에 다시 사신으로 당나라에 간 일이 있다. 그러나 최치원이 다시 본 당나라는 10년 전 귀국 때 보았던 상황보다 더욱 더 깊은 수렁에 빠져 있었다. 그가 본 것은 절망뿐이었다.

신라와 당의 파국상을 직접 목도한 최치원은 비장한 결심을 하게 되었다. 894년 2월, 일신의 안위를 제쳐 놓고 왕에게 구국의 직언을 하니, 그것이 '시무 10여조'이다. 10여 년 동안 중앙의 관직과 지방 관직을 역임하면서, 중앙 진골 귀족의 부패와 지방 세력의 반란 등의 사회모순을 직접 목격하고 나라를 구할 구체적인 개혁안을 제시한 것이다.

최지원의 시무책은 진성여왕에게 받아들여져서 6두품의 신분으로서 오를 수 있는 최고의 관등인 아찬에 올랐으나, 그의 정치적인 개혁안이 실현되기를 기대할 수 있는 상황은 아니었다. 그 당시의 사회모순을 외면하고 있던 진골 귀족들에게 그 개혁안이 받아들여질 리는 만무했다.

최치원이 지은 4장의 탑지가 출토된 해인사 묘길상탑.

최치원이 제시한 시무 10여조의 내용은 전하지 않지만 대략 진골의 좁은 테두리를 벗어나 6두품을 포함하는 폭넓은 정치 운영을 지향했을 것으로 보인다. 그 내용을 대략 짐작해 보면 다음과 같다.

우선, 당시 조세제의 문란이 심각했으므로 이에 대한 개혁안이 제시되었을 것이다. 특히 당의 양세법을 눈여겨 보았을 그로서는 이와 유사한 개혁안을 건의했을 것으로 짐작된다. 다음으로 6두품으로서 신분의 한계를 절감한 그로서는 신분보다 학문을 바탕으로 한 인재 등용을 주장했을 것으로 보인다. 그 외에 불교의 개혁 등 당시 사회모순을 해결하기 위한 다양한 개혁안을 제시했을 것이다. 그의 이러한 정치 이념은 나중에 고려 왕조가 성립되고 사회가 안정을 찾아갈 무렵인 982년에 성종에게 올린 최승로의 '시무 28조'로 계승되어 간 것으로 추정된다. 이러한 점에서 최치원의 시무책이 갖는 의미가 결코 작지 않으니, 통일신라에서 고려 초에 이르는 일련의 개혁정책의 연결 고리를 담당하고 있는 것이다.

얼마 후 실정을 거듭하던 진성여왕이 즉위한 지 11년 만에 정치 문란의 책임을 지고 효공왕에게 왕위를 물려주었지만, 그렇다고 상황이 그리 달라질 것은 없었다. 따라서 최치원은 퇴위하고자 하는 진성여왕과 그 뒤를 이어 새로이 즉위한 효공왕을 위하여 각각 대리 작성한 상표문

(임금에게 올리는 문서)에서 신라가 이미 돌이킬 수 없는 멸망의 길로 들어서고 있음을 사실적으로 묘사했다. 이 무렵 최치원은 신라 왕실에 대한 실망과 좌절감을 느낀 나머지 40여 세 장년의 나이로 관직을 버리고 마침내 은거를 결심했다. 《삼국사기》 최치원전에는 이를 다음과 같이 기록하고 있다

> (최)치원은 서쪽에서 당나라를 섬기다가 동쪽의 고국에 돌아온 후부터 계속하여 혼란한 세상을 만나 발이 묶이고 걸핏하면 허물을 뒤집어쓰니 때를 만나지 못한 것을 스스로 가슴 아파하여 다시 관직에 나갈 뜻이 없었다. 방랑하면서 스스로 위로했고, 산 아래와 강이나 바닷가에 정자를 짓고 소나무, 대나무를 심었으며, 책을 베개로 삼아 읽고 시를 읊조렸다.

최치원이 즐겨 찾은 곳은 경주의 남산, 합천의 청량사, 지리산의 쌍계사 등이었으며, 만년에는 가야산 해인사에 들어가 머물렀다. 해인사에서 언제 세상을 떠났는지 알 길이 없으나, 그가 지은 〈신라수창군호국성팔각등루기〉에 의하면 908년(효공왕 12년) 말까지 생존했던 것은 분명하다. 그 뒤의 행적은 전혀 알 수 없다.

최치원이 살던 시대는 사회적 전환기일 뿐 아니라 그에 상응하여 새로운 정신계의 변화도 모색되고 있었는데, 그는 이 면에 있어서도 중요한 위치를 점하고 있다. 특히 신라 말기의 유교 사상은 불교·도교·풍수 사상을 융합해 함께 이해하려는 경향이 확산되어 있었는데, 그 대표적인 인물이 최치원이다.

최치원은 유학자를 자처하면서도 불교에도 깊은 관심을 가져 승려들과 교유하고, 불교 관련 글을 많이 남겼다. 불교 가운데서도 특히 선종의 대두를 주목하고 있었다. 지증, 낭혜, 진감 등 선승들의 탑비문을 지었으며, 그 가운데 특히 〈지증대사비문〉에서는 신라 선종의 역사를 간명하게 기술한 것으로 유명하다.

그러나 최치원이 선종만 주목한 것이 아니었다. 오히려 더욱 깊은 관심을 가진 것은 화엄종이었다. 화엄종 관련 글을 많이 남기고 있는데, 오늘날 확인되는 것만도 20여 종에 이르고 있다. 특히 화엄종 사찰인 해인사에 은거한 뒤부터는 해인사와 관련된 글을 많이 남겼다. 화엄종 관계 저술로는 《법장화상전》《부석존자전》《석순응전》《석이정전》 등이 확인된다.

최치원은 불교와 유교가 서로 모순된 관계가 아니라 양자는 조화를 이루는 것으로 보았다. "인심人心은 곧 불심佛心이며 부처의 뜻과 유교의 인은 통하는 법이다."라고 하면서 유교와 불교가 서로 통하는 것이라는 최치원의 주장은 신라 말기 유교 사상의 변화 과정을 엿보게 한다.

한편 최치원의 사상에서 도교와 노장사상, 풍수지리설과의 융합도 주목할 만하다. 당나라에 있을 때 도교의 신자였던 고변의 종사관으로 있으면서 도교에 관한 글을 남긴 것으로 보아 그 영향을 받았음을 짐작할 수 있다. 그리고 귀국한 뒤 정치 개혁을 주장하다가 진골 귀족의 배척을 받아 관직을 떠난 뒤에는 현실적인 불운을 노장적인 분위기 속에서 자족하려고 하는 면이 시詩에 잘 나타나 있다. 이러한 현실도피적인 행동이 훗날 그를 도교의 인물로 잘못 전해지게 된 배경이다. 또한, 그가 쓴 〈대숭복사비문〉에 의하면 풍수지리설에도 상당한 이해를 가지고 있었음을 알 수 있다. 이처럼 유학자라고 자처하면서 유교 이외에 불교나 노장사상, 심지어는 풍수지리설까지도 아무 어려움 없이 통합하여 이해하고 있었던 것이다.

실제 유·불·선의 융합과 조화에 노력한 면이 그의 글 여러 곳에서 나타나고 있는데, 유명한 〈난랑비서문〉에는 다음과 같은 글이 있다.

나라에 현묘한 도가 있으니 그 이름은 풍류이다. 교를 만든 근원은 선사에 자세히 실려 있거니와 그 핵심은 유·불·선 3교를 포함하고 중생을 교화하려는 것이다. 말하자면 집에 들어오면 부모에게 효도하고 벼슬하면 나라에 충성하는 것은 노魯 사구(공자)의 가르침이요, 무위한 일에 처하고 불신의 교를 행하는 것은 주周 주사(노자)가 으뜸으로 세운 바이며, 모든 악한 일을 행하지 않고 착한 일만 수행하는 것은 축건 태자(석가)의 교화이다

이처럼 최치원은 유·불·선 3교가 융합하여 신라 토착의 고유한 정

신을 만들었다고 보았다. 즉, 화랑도의 정신을 신라의 고유한 풍류도에서 찾았는데, 그것의 근원은 유·불·선 3교의 가르침에 의한 것이라 했다.

이렇게 최치원이 유·불·선 3교의 융합을 강조했지만, 유·불을 함께 이해하려는 경향은 비단 최치원에게 한정되었다기보다는 신라 말기 선사들에게도 일반적으로 나타나는 현상이었다. 이러한 사상적인 복합화는 곧 신라 고대 문화의 한계를 극복하려는 새로운 사상운동으로서의 성격을 띠는 것이다. 따라서 최치원이 말년에 소극적이며 은둔적인 생활에 머문 한계는 있지만, 한편으로는 신라 말 고려 초의 사회적인 전환기에 중세적 지성의 선구자로서의 면모도 엿볼 수 있다.

신라를 사랑한 충정

《삼국사기》 〈최치원전〉에 따르면, 그가 고려 왕건에게 서한을 보냈는데 그 가운데 "계림은 시들어 가는 누런 잎이고, 개경의 곡령은 푸른 솔."이라는 구절이 들어 있어 신라가 망하고 고려가 새로 일어날 것을 미리 내다보고 있었다고 한다. 최치원이 실제 왕건에게 서신을 보낸 사실이 있었는지 확인할 길은 없으나, 그가 송악 지방에서 새로 대두하고 있던 왕건 세력에 주목하고 있었던 것은 사실인 것 같다.

그가 은거하고 있던 해인사에는 희랑과 관혜 등 두 사람의 화엄종장이 있어서 서로 정치적 견해를 달리하며 대립하고 있었다. 즉, 희랑은 왕건을 지지하는 데 비해 관혜는 견훤을 지지하고 있었다. 그때 최치원이 희랑과 교분을 가지고 그를 위하여 지어 준 시 6수가 오늘날까지 남아 있다. 이로 보아 최치원은 희랑을 통해서도 왕건의 소식을 듣고 있었고, 나아가 고려의 흥기에 기대를 걸었을 가능성도 생각할 수 있다. 그는 역사의 중심 무대가 경주에서 송악 지방으로 옮겨지고, 또 경주의 진골 귀족이 몰락하는 대신에 지방의 호족 세력이 새로운 주인공으로 대두하던 역사적 현실을 직접 눈으로 내다보면서 살다 간 사람이었다.

비록 그 자신은 그 어느 편에도 적극적으로 가담해 사회적인 전환 과정에서 주도적인 역할을 하지 못하고 이미 잔존 세력에 불과하던 신라인으로 남아 은거하며 일생을 마쳤으나, 당대 역사적 현실에 대한 고민은 그의 후계자들에게 영향을 주어, 신흥 고려의 새로운 정치질서·사회질서 수립에 선구적인 역할을 담당했다고 할 수 있다.

그러나 최치원이 진정 사랑한 것은 신라였다. 이는 그의 동인東人 의식에 잘 나타나 있는데, 특히 자신이 살고 있는 '동토東土'에 대한 애정을 깊이 표출한 흔적은 여러 저술 속에 보이고 있다. 즉 그의 조국 신라를 '인향人鄕' 혹은 '군자의 나라'로 불렀는데, 이는 그가 신라인으로서 긍지와 사부심을 가졌음을 잘 보여 준다.

한편 그는 유교사관에 입각해서 역사를 정리했는데, 그 가운데 가장 대표적인 것이 연표 형식으로 정리한 《제왕연대력》이다. 여기에서는 거서간·차차웅·이사금·마립간 등 신라 왕의 고유한 명칭은 모두 야비하여 족히 칭할 만한 것이 못 된다고 하면서 이를 왕으로 바꾸었는데, 그것은 유교사관에 입각해서 신라 문화를 이해하려는 역사인식에서 말미암은 것이었다. 《제왕연대력》은 오늘날 남아 있지 않아 그 내용은 알 수 없으나 신라 역사를 사랑한 최치원의 충정이 담겨 있었을 것이다.

Zoom-in

최치원의 쌍녀분雙女墳 설화

최치원이 당나라에 있을 때의 일화에 관련된 문헌 설화가 전하고 있는데, 내용·구성 면에서 다분히 소설적 면모를 띠고 있어 소설로 보기도 한다. 이 설화는 원래 《수이전》에 수록되었던 것이 뒤에 성임의 《태평통재》 권68에 〈최치원〉이라는 이름 아래 전재되어 있고, 그 뒤 권문해의 《대동운부군옥》 권15에는 〈선녀홍대〉라는 이름으로 수록되어 전한다. 같은 내용이기는 하지만 〈선녀홍대〉가 〈최치원〉보다 약 1/5 정도로 축약되어 있다. 《태평통재》에 수록된 설화의 내용을 요약해 보면 다음과 같다.

최치원이 12세에 당나라에 들어가 과거에 급제한 뒤 율수현의 현위가 되었는데, 항상 고을 남쪽의 초현관에 가서 놀았다. 초현관 앞에는 쌍녀분이라는 오래된 무덤이 있었는데, 예로부터 많은 명현들이 노는 곳이었다.

어느 날 최치원이 쌍녀분에 관한 시를 지어 읊었더니, 홀연히 취금이라는 시녀가 나타나 쌍녀분이 주인공인 팔낭자와 구낭자가 최치원의 시에 대해 화답한 시를 가져다주었다.

시를 읽고 감동한 최치원이 다시 두 여인을 만나고자 하는 시를 지어 보내고 기다리노라니, 얼마 뒤 이상한 향기가 진동하면서 아름다운 두 여인이 나타났다. 서로 인사를 나눈 뒤에 최치원이 두 여인의 사연을 듣고자 했다. 원래 그들은 율수현의 부자 장 씨의 딸로 언니가 열여덟 살, 동생이 열여섯 살 되던 해 그녀들의 아버지가 시집보내고자 하여 언니는 소금 장수, 동생은 차茶 장수와 정혼했다. 그러나 그녀들의 뜻은 달랐기에 아버지의 뜻을 따를 수 없었고, 그 때문에 고민하다가 마침내 죽게 되었다. 그리하여 두 여인을 함께 묻고 그 묘를 쌍녀분이라 이름하게 되었다고 한다. 이렇게 한을 품고 죽은 그녀들은 마음을 알아줄 사람을 찾았으나 만나지 못하다가, 마침 최치원 같은 수재를 만나 회포를 풀게 되어 기쁘다고 말했다.

세 사람은 곧 술자리를 베풀고 시로 화답하여 즐기다가 흥취가 절정에 이르자, 최치원이 서로 인연을 맺자고 청하니 두 여인 또한 좋다고 했다. 이에 세 사람이 베개를 나란히 하여 정을 나누니 그 기쁨이 한량없었다.

이렇게 즐기다가 달이 지고 닭이 울자 두 여인은 이제 작별할 시간이 되었다면서 시를 지어 바치고는 사라져 버렸다. 최치원은 그 다음날 지난밤 일을 회상하며 쌍녀분에 이르러 그 주위를 배회하면서 장가(죽은 사람을 위한 노래)를 지어 불렀다. 그 뒤 최치원은 신라에 돌아와 여러 명승지를 유람하고 최후로 가야산 해인사에 숨어 버렸다.

이 설화는 내용상 중국 남송 때의 《육조사적편류》에 전하는 쌍녀분기와 공통되는 바가 많아, 아마도 중국의 이야기가 전래되어 토착화되는 과정에서 역사적 인물인 최치원과 결부되었던 것으로 볼 수 있다. 최치원은 오랫동안 중국에 살았던 인물이기에 이들 중국 설화와 잘 어울릴 수 있었고, 또 그의 시재詩才가 그곳에서 높이 평가되었기에 설화 속에서도 그의 시가 죽은 두 여인의 혼까지 움직일 수 있는 것으로 묘사될 수 있었던 것이다.

이 설화의 성립 연대는 주인공인 최치원의 연대로 보아 고려 초기나 적어도 중기 이전으로 추측된다. 신라 말기 이후 많은 최치원 관계 설화가 만들어져 전해지면서, 이것이 처음 《수이전》에 수록되었다가 《태평통재》에서 《대동운부군옥》의 순서로 전재

되었다. 그리고 이야기 중의 혼교 설화·재생 설화적 요소는 《금오신화》나 기타 조선 시대 많은 국문 소설의 혼교적·재생적 요소에 영향을 끼치게 되었던 것이다.

한편, 조선시대 소설로 〈최치원전〉 또는 〈최고운전〉·〈최문헌전〉 등 최치원을 주인공으로 한 소설이 있는데, 앞의 최치원 설화와 공통되는 점은 별로 없어 직접적인 상호 영향 관계는 인정되지 않는다. 〈최치원전〉은 다양한 조선시대 구전설화의 집대성으로 이루어져 있다. 양란 이후의 민족적 민중 의식이 표출되어 있어 그 성립 연대가 조선 중기 이후로 보인다. 그중에서 가장 대표적인 것으로는 김집의 《신독재전집》에 실린 〈최문헌전〉이 있다.

이문건

일기를 통해 보는 조선시대 양반의 일상생활

이문건(1494 ~ 1567)

《묵재일기》와 이문건

역사적 사료로서 일기는 매우 중요하다. 조선시대를 이해하는 데 있어서도 일기 자료의 중요성은 일찍부터 강조되어 왔다. 일기란 하루하루 일어난 일을 기록한 것이다. 《조선왕조실록》도 일종의 일기라고 할 수 있는데, 이처럼 중요한 국가기관의 일기는 역사를 이해하는 데 가장 중요한 역할을 한다. 최근에는 공적인 일기 이외에 개인의 일기가 발굴되어 그 시대의 역사와 사회상을 이해하는 데 중요한 자료로 이용되어 왔다. 여기에서 다루게 될 《묵재일기默齋日記》(이문건)를 비롯해 《미암일기眉巖日記》(유희춘, 1513~1577), 《쇄미록鎖尾錄》(오희문, 1539~1613) 등은 당시 양반 사대부의 일상생활을 재구성하는 데 있어서 필수적인 자료가 되고 있다.

이문건은 성주 이씨 이윤탁의 아들로 홍건, 충건에 이어 3형제 중 막내로 태어났다. 그는 둘째 형 충건과 함께 기묘사화 때 조광조의 시신을 수습한 혐의로 9년 동안 과거 응시 자격을 박탈당했다. 둘째 형 충건

은 문초를 받고 유배를 가다가 도중에 사망했다. 이문건의 생애와 가계
는 대략 다음과 같다.

1494년(성종 25) 11월 28일 출생.

1513년(중종 8) 19세 사마시 합격.

1519년(중종 14) 25세 기묘사화. 형 충건은 낙안으로 유배가다가 도성 문
　　　　　　　밖에서 죽음. 문건은 9년 동안 과거 응시를 정지당함.

1528년(중종 23) 34세 문과 등제-승문원-승정원주서-시강원설서-시
　　　　　　　강원 사서.

1535년(중종 30) 41세 정월, 어머니 상을 당해 양주 노원에서 시묘살이.

1537년(중종 32) 4월, 사간원 정언. 희릉禧陵 사건.
　　　　　　　사축서사축-이조정랑-충청도도사.

1544년(중종 39) 50세 중종 승하.
　　　　　　　홍문관 응교로 빈전도감 집례관.
　　　　　　　명정銘旌 · 시책諡册 · 신주神主 등을 모두 씀.

1545년(인종 1) 51세 승정원동부승지. 을사사화. 조카 휘 죽음, 성주에
　　　　　　　유배.

1566년(명종 21) 62세 부인 안동 김씨 죽음.

1567년(명종 22) 63세 3월, 성주에서 죽음.
　　　　　　　선조인 이조년의 묘 뒤에 묘를 씀.

1605년(선조 38) 관작이 복구됨.

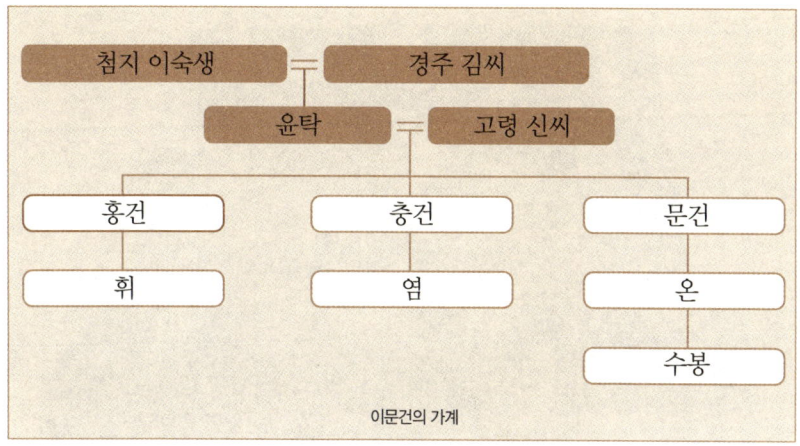

이문건의 가계

이문건은 기록벽이라고 할 정도로 꼼꼼하게 일기를 기록해 조선시대 양반들의 일상생활을 생생하게 이해할 수 있는 자료를 남겼다. 이문건의 생애 중 51세 때까지인 전반의 반생은 중앙정부의 청요직淸要職(삼사 관리, 이조정랑 등 깨끗하고 중요한 관직)을 역임하는 관료로서의 생활을, 후반의 반생은 을사사화로 성주에 유배된 이후의 생활이었다.

이문건이 일생 동안 썼다고 짐작되는 일기는 30여 책인데, 현재는 10책만 남아 있다. 이외에도 《양아록養兒錄》이라는 자료가 남아 있다. 그 글은 병약한 외아들에게서 얻은 손자의 출생에서부터 그 손자가 16세의 성인이 될 때까지의 성장 과정을 시詩로 기록한 것으로, 어린아이가 자라는 과정에서 생긴 질병과 그것의 치료 등에 대해서 구체적으로 이해할 수 있다.

《묵재일기》의 내용과 그것을 통해 알 수 있는 것들은 다음과 같다. 첫째, 어머니 상을 당하여 양주 노원(지금의 서울시 노원구)에서 시묘살이를 하는 동안의 일기이다.(제1책) 둘째, 3년 상을 마친 그는 사간원 정언

《묵재일기》 전 10책.

에 임명되어 날카로운 언론 활동을 했는데, 그중에서 희릉 사건은 희릉의 무덤 속에 자갈이 있다는 간언을 해서 당시의 담당자를 문책하도록 했다가 도리어 비난을 받게 된 것으로 이 사건은 그의 정치 역정에서 기억될 만한 사건이었다. 이후 중종이 승하하자 빈전도감殯殿都監(국상 때 왕이나 왕비의 관을 모시던 기관)의 집례관執禮官이 되어 매일 매일 장례의 절차를 빠짐없이 기록했다.(제2책) 셋째, 이러한 과정을 통해 언관으로서의 관료 생활과 여러 관인들과의 교유 관계를 잘 살펴볼 수 있다. 넷째, 을사사화가 일어나자, 그의 조카인 휘가 화를 당하는 핵심에 놓이게 되고 그 자신도 연루되어 성주로 유배된다. 이 시기의 일기에는 택현설擇賢說이 밀고되어 사화가 일어나 전전긍긍하는 상황, 대세에 어쩔 수 없이 체념하고 순응하는 과정 등이 적나라하게 묘사되어 있다.(제2책) 다섯째, 다음은 성주에 유배되어 생활하는 일상적인 모습이다. 일기의 대부분을 차지하는 것으로서 이를 통해 성주 지역의 향촌 사정, 이문건 개인의 일상적인 가정생활 등을 엿볼 수 있다.(제3~10책)

이처럼 일기 자료는 그야말로 생활사의 자료 창고이고, 이러한 일기들을 통해 당시 사회를 추체험함으로써, 그동안 실록 등 연대기만을 중심으로 이해했던 16세기의 사회상에 대한 새로운 모습을 알 수 있을 것이다.

조선시대 사람들의 질병과 치료: 의醫 · 점占 · 무巫

《묵재일기》에는 국왕에서부터 하층민에 이르기까지 많은 인물이 등장하지만, 역시 가장 빈번하게 등장하는 건 그의 가족들이다.

이문건의 문집 속에는 보통 문인들의 문집과는 달리 자신의 처와 며느리가 자녀를 몇 명이나 낳아 길렀고, 도중에 어떠한 병을 겪었으며, 어떻게 사망했는가에 대한 이야기가 자세히 기록되어 있다. 즉 자녀 출산 내력과 성장, 사망 과정을 상세히 기록하고 있는 것이다. 또 자신의 유일한 가계 계승자인 손자 수봉이의 성장 과정을 상세히 기록해 《양아록》으로 남겼다. 이 자료들과 《묵재일기》를 통해 조선시대 사람들의 삶과 질병, 그리고 질병 치유의 여러 양상을 이해할 수 있다.

오늘날 과학적 합리주의가 주류를 이루고 있는 세

1
인종의 후사가 없으므로 여러 왕자들 중에서 현명한 자를 후사로 정해야 한다는 주장계에서도 논리로만 설명할 수 없는 것들이 많이 있다. 사실 인간의 지식으로 이해가 가능한 부분과 불가능한 영역은 정도의 차이는 있을지언정 항상 공존한다고 볼 수 있다. 이문건의 일기에는 다른 어떠한 문제보다도 질병에 의한 끊임없는 시련과 이를 극복하는 과정으로 채워져 있다. 이를 극복해 가는 과정은 일견 합리적 의료 지식에 의존해 있을 법한데도, 사실은 그러한 의료 행위뿐만 아니라 점복占卜, 무격巫覡에 의한 치료 등 '의醫·점占·무巫'의 통합적 의료 행위를 했다고 볼 수 있다.

먼저 이문건과 그의 아들 온(1518~1557)의 자녀 출산 내력을 보자. 이문건의 처 안동 김씨는 3남 2녀를 출산해서, 그중 남아 한 명과 여아 2명이 생존했다. 첫째는 아들이었는데 8달 만에 낙태했고, 둘째는 사내인 온이다. 그는 장성해서 손자 수봉이를 낳았다. 셋째는 여자아이로 이름은 정중이며 괴산의 집에서 낳았다. 넷째는 임신한 지 아홉 달 만에 낳은 사내아이였는데 겨우 하루 만에 죽었다. 다섯째는 여자아이로 이름은 순정이다. 이처럼 3남 2녀를 낳았지만, 실제로 성장한 것은 1남 2녀뿐이다. 그중에서도 아들 온은 정상적인 성장을 하지 못했다.

이문건의 외아들 온은 1518년 서울에서 태어나 40세 때인 1557년 성주에서 죽었는데, 외가가 있는 괴산에 묻혔다. 그는 수원 박씨 박옹의 딸과 결혼했는데, 수원 박씨 부인은 출산 중 어미와 아이가 모두 죽었다. 이어서 청주 김증수의 딸과 혼인해서 1547년 딸 숙희를 낳고 1549년 또 딸을 낳아 숙복이라고 이름을 지었는데, 1551년 여름에 토사吐瀉로 죽었다. 1551년 아들 숙길(뒤에 수봉, 원배로 개명)을 낳았는데, 그가 바로 《양아록》의 주인공인 수봉이다. 1555년에도 딸을 낳았는데 숙녀라고 이름을 지었다. 즉 아들 온은 두 번째 부인에게 1남 3녀를 낳아 1남 2녀를 기르게 된다.

이문건은 조선 전기 권문세가의 한 가문으로서 유복한 양반가를 이루었지만, 여러 가지 질병과 자녀들의 출산 과정에서 많은 가족 구성원을 잃었다.

질병에 대한 대처

여러 질병에 대해 이문건이 어떻게 대처를 했는가에 대해서 일기에 나타난 몇 가지 사례를 중심으로 살펴보자.

처 안동 김씨가 3월 20일부터 감모증이 있어 열과 두통이 나고 가려움증이 있으며 식욕이 없어서 심하게 앓다가 4월 20일경에 기력을 회복했다. 그 사이의 질병의 증세와 처방을 보면 먼저 감기 증세에 삼소음, 청심원, 소시호탕, 사물탕 등을 끓여서 복용했다. 그런데 열흘째인 30일에도 차도기 없어서 무녀를 불러 귀신을 먹였다. 동시에 직접 간병을 하면서 삼소음, 인삼강활산, 인삼탕과 지보단, 청심원을 복용했다.

4월 2일, 점쟁이인 김자수에게 종 자공을 시켜 점을 쳤는데, 다음 날 저녁에 김자수가 사람을 보내어 점풀이를 보여 주었다. 흉한 것이 많고 길한 것은 적으며, 정사생丁巳生(이문건 처의 생년)은 운수가 험한데 5월과 6월이 더욱 험하다고 했다. 4월 4일에는 김자수의 점괘에 따라

무녀에게 기도하여 신의 노여움을 풀도록 했다. 7일, 누로탕 등을 마시고 열독으로 난 손가락 종기를 터트려 거머리를 가지고 종기가 많이 난 곳에 붙여 피를 빨도록 했다. 천금누로탕, 웅담연수, 삼기탕, 지보단, 인삼탕, 월경수, 오줌을 마시게 했다. 10일부터 열이 그치고 밤에 잠도 잘 자고 약을 먹지 않고 단지 삼기탕만 마셨다. 김자수가 사람을 시켜 문병했다. 목사가 편지로 피출避出(전염병을 피하기 위해 거처를 옮김)할 것을 권했다. 12일, 김자수가 일찍 왔다가 갔는데, 답장과 곶감 다섯 꿰미를 주고 종 자공이 함께 가서 집안사람들의 점을 쳐오도록 했다. 답에 "병인病人이 있으면 내일 오지午地(남쪽)에 나가는 것이 좋다. 두 분이 피출해도 되고 정사생은 생명을 구해 먹을 수 있을 것"이라고 했다. 방풍통성산을 마셨다. 22일부터 약간 기력을 회복했다. 8월 초에 괴산으로 갔다.

이문건은 1545년 을사사화로 경상도 성주에 유배되어 그곳에서 처자식과 함께 살고 있었다. 그러던 중 처 안동 김씨가 감기에 걸려 거의 위태로운 지경에 이르렀다. 이에 그는 온갖 처방을 다했다. 삼소음·인삼강할산·청심원·지보단·천금누로탕·인삼탕뿐 아니라, 월경수·오줌까지 마시게 했고, 성주의 유명한 점쟁이인 김자수를 시켜서 점을 치게 했으며, 무당을 불러 기도를 하도록 했다. 의학과 토속 요법 및 점복과 무격에 의한 정신치료도 병행을 했다. 그 덕택인지 그는 한 달 만에 기력을 회복했다.

6월 12일 처음 숙희와 숙복이 설사를 하기 시작해 열흘이 지나도 낫지

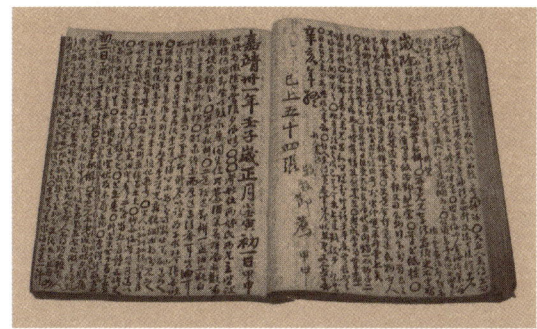
《묵재일기》5책 부분.

를 앓자 사군자탕을 마시게 해서 조금 회복하지만, 목뼈가 아파서 머리를 들 수가 없어 먹을 수가 없게 되었다. 이에 백출산을 먹게 하지만, 한 달이 지난 7월 18일에는 살 의욕이 없어지고, 25일에는 목향육 등을 더한 팔물탕을 마시게 했는데, 죽물도 마시지 못하고 젖도 빨지를 못하게 된다. 이에 7월 29일에는 무녀 추월이를 불러 숙복의 병을 구명토록 하지만 별다른 대답을 듣지는 못한 모양이다. 8월 5일에는 내열이 나고 피골이 상접하고 정신이 혼미했다. 오령산에 전호, 맥문동, 황기를 더해서 끓여 떠먹이고 수박을 주니 잘 먹었으나 설사를 하더니 결국 8월 9일에 죽게 되었다.

다행히도 그의 처는 감기에서 회복했지만, 그의 둘째 손녀딸 숙복은 오늘날 의학의 관점에서 보면 간단한 질병인 설사에 걸려 사망하기에 이르렀다. 숙복의 만 2년 남짓한 짧은 일생은 며느리의 출산 내력에도 자세히 나와 있다.

1549년 정월 5일에 태어나서 1550년 정월에 마마를 겪었으나 무사히 이겨내, 모양이 돈실하고 오래 살 것 같고 조그만 질병도 없었는데, 4월에 어미가 다시 임신을 하니 가을에 젖이 끊어져 살이 빠져서 매우 여위었다. 1551년 5월 그믐에 처음 토사를 하더니 날로 심해져서 낫지를 않고 약물을 투여했으나 효과가 없더니 8월 9일에 죽었다.

숙복은 만 2세에 불과한 여아로 그다지 중병이라고도 할 수 없는 설사가 원인이 되어 사망했다. 이때도 이문건은 합리적인 의료 행위뿐 아니라 점을 친다든가 무녀를 불러 숙복의 병증에 대해 의논을 하는 등 비합리적인 대응에도 정성을 다했다.

이 밖에 여종 춘비가 종기가 나서 고생하다가 사망하는 과정도 기록되어 있다. 여종 춘비는 1551년 중년의 나이로 생각되는데, 정월 5일 손자 숙길이가 났을 때, 어미와 상극이라는 점쟁이 김자수의 말을 듣고 유모를 구하게 되었다. 처음에는 춘비가 젖이 넉넉하지 않고 성격이 험해 유모로 하지 않았으나, 아이가 있는 여종 눌질비가 젖이 적다고 거짓 핑계를 대어 할 수 없이 춘비가 숙길의 유모가 되었다.

그런데 그녀가 그해 7월 10일부터 아랫입술에 종기가 나기 시작해 11일에는 종기가 젖에까지 이어져 부종이 되어 사지의 뼈가 아프게 되었으며, 이에 인동초를 주어 끓여 마시게 했다. 12일에는 뺨, 목, 두 젖, 왼쪽 다리와 허리에 모두 종기가 나고 뼈가 아프고 열이 난다고 했는데, 이문건은 이를 습열과 풍증으로 오진해 오령산을 주어 끓여 마시게 했지만 습종(습기가 차는 게 원인이 되어 생기는 병)이 차도가 없었고 목구멍의 종기 때문에 아무것도 먹을 수 없었다고 한다. 16일에는 목과 손을 쓸 수 없다고 해서 내려가 살펴보니, 턱과 왼쪽 젖 끝의 종기가 딱딱하게 굳어 있고 유두도 붉은데 이는 독종 때문이라고 판단했다. 전하는 말만 듣고 습중이라고 잘못 생각해 위급하게 되었다며 크게 후회했다. 이에 대황 가루를 물에 타서 마시게 했다. 17일, 턱의 종기가 목 좌우의 부종으로 옮겨 갔으므로 판관에게 고해 의생醫生 이형을 보내어 춘비의 백회혈과 입술 종기 난 곳에 침을 놓게 했는데, 피가 나지 않았다고 한다. 이형이 창이즙을 마시라고 했으나 환자가 마시려 하지 않았다. 20일, 통증이 심하지는 않은 것 같으나 몸을 펼 수가 없고 등의 왼쪽의 적창이 심하게 물렀다. 21일부터는 운신을 할 수 없어 죽물만 마셨고 8월 2일에는 복부와 턱의 종기를 침으로 터트리도록 하니 침으로 하지 않고 가면서 전날 이형의 침혈鍼穴에서 농즙이 흐른다고 했다. 어깨, 등, 엉덩이 모두 창이 터져 즙이 흐른다고 했다. 아마 독이 흘러서 그런 것 같다. 춘비가 이렇게 종통으로 고생하고 먹지 못하게 되자 젖이 나지 않아서 8월 14일에는 갓난아이 검동이가 먼저 죽었다. 이러한 고생 끝에 춘비도 9월 8일 죽게 되었다. 9월 10일 장례를 하고 10월 6일 그 남편 방실이가 그녀를 위해 무사巫事를 했다.

　여종 춘비의 사망은 처음의 오진과 제대로 된 간병이 부족해 그렇게 되었다고 이문건은 생각했다. 7월 10일부터 9월 8일까지 두 달 가까이 되는 동안 그녀가 먹은 약재는 인동초, 오령산, 창이즙, 월경수 정도였다. 물론 점도 무사巫事도 없었다. 죽은 후 영혼을 위로하기 위한 무사가 전부였다.

조선시대 양반이 되기 위한 조건 중에서 가장 중요한 것은 벼슬, 즉 관직을 가졌는가에 달려 있다고 할 수 있다. 조선 사회를 양반 관료 국가라고 하는 것은 그 때문이다. 양반층을 모집단으로 해서 관료를 충원하는 사회체제였던 것이다. 요컨대 조선 사회의 권력을 형성하는 가장 중요한 요소는 관직이었다. 오늘날의 관료제와는 다르지만 양반 관료에 의한 지배라는 점에서는 유사한 점이 있다고 하겠다.

양반 관료가 되기 위해서는 과거에 합격을 해야 했다. 과거, 특히 문과에 급제한 사람은 승문원이나 성균관, 교서관, 예문관 등 4관에 분관되어 임시 수습 관료로서의 생활을 한다. 이후 이들은 삼사, 전랑을 거쳐 내외직을 두루 거친 후에 3공公 6경卿(삼정승과 육조판서)에까지 승진하게 된다.

이문건은 문과에 합격해 관료 생활을 하는 도중 어머니를 여의어 양주 노원에서 시묘살이를 하고 3년 상을 마친 다음 사간원 정언에 제수되었다. 관직에 복직된 후의 이문건의 일기를 살펴보면 조선 전기 중앙의 청요직 관료들이 어떻게 관료 생활을 했는지를 잘 알 수 있다.

1537년(중종32, 43세)

4월 4일 맑음. 왕세자 서연(왕세자에게 경서를 강론하던 자리)의 아침 강의가 있었다. 새벽에 일어나 궐에 나아갔다. 빈객賓客은 판윤 오혈, 집의 신영, 필선 한숙, 설서 한주이다. 드디어 자선당에 들어갔다. 세자가

《강목綱目》의 〈오호기五胡紀〉를 읽었다. 강의가 끝나고 물러나와 식사를 했다. 오늘 사간원의 전체 회의인 상회례相會禮를 하는데, 본원本院에서 모였다. 나의 말은 바꾸러 갔는데 도착하지 않았다. 느지막이 임시로 정언 허경의 말을 타고 관에 나갔다. 헌납獻納도 출근했고 허 정언도 들어왔다. 사간 임학이 다음에 들어왔고 대사간 상진은 오래 있다가 왔다. 전체 회의를 행하고 최운의 일을 합의하여 결정했다. 오후 4시경에 파했다. 나는 사헌부, 사간원 양사 숙직인 성상소城上所의 임무가 있어 궐에 나아갔다. 사헌부 지평 채락이 뒤따라서 도착했다. 함께 김선 등의 일을 아뢰었는데, 모두 윤허하지 않고 다만 최운의 일만 윤허했다. 저녁에 집에 돌아왔다.

5일 맑음. ○국왕 경연의 아침 강의가 있었다. 헌납 이원손이 참석했다. 오후에 궐에 나아갈 때, 이순정의 말을 빌려 탔는데, 말이 헛디뎌 넘어져 갑자기 떨어지는 바람에 근육을 다쳐서 어렵사리 나아갔다. 채 지평이 먼저 도착해 있었는데, 한참 기다렸다고 한다. 바로 함께 김선의 일을 계언했는데, 윤허하지 않았다. 집에 돌아왔다. ○아침에 본가에 나아가 정언을 제수받은 것을 사당에 고했다. 마친 후에 식사하고 집에 돌아왔다. ○유성근, 이순정 등이 와서 보았다. ○박간의 말이 척추가 아파서 크게 날뛰어서 안장을 씌우지 못하고 바로 내보냈다. ○박곤이 아침에 도착했는데, 분경奔競(뇌물로 청탁하는 것)으로 잡혔다고 한다. 마침 이팽수가 와서 보았는데, 그의 편지를 얻어서 노사욱에게 부탁하여 그의 종을 풀어 달라고 했다.

이문건은 1537년 4월 1일에 사간원 정언에 제수되어 2일에 궁궐에 나아가 국왕에 사례했으나, 양사(사헌부와 사간원)의 신원 조사를 마치지 못했기 때문에 3일까지는 근신을 했다. 서경 직후인 4일 새벽부터 왕세자의 서연 아침 강의에 나아갔다. 그리고 사간원의 전체 회의에서 신임 인사를 하고 바로 숙직을 하며 간언을 하는 성상소[1]의 임무를 수행했다. 다음 날인 4월 5일에는 국왕 경연의 아침 강의가 있었으나 이문건은 참석하지 않았다. 대신 그는 본가에 가서 벼슬을 제수받은 것을 사당에 고했다. 오후에는 궐에 들어가 역시 지평 채락과 함께 김선을 탄핵했는데, 윤허받지 못했다.

이상 이틀간의 사간원 정언 이문건의 생활을 보면 새벽부터 밤늦게까지 경연과 서연에 참석하고 사간원의 전체 회의를 하고 탄핵을 했지만, 정해진 시간 이외에는 매우 자유로웠던 것으로 보인다. 이들 문과를 합격한 양반 관료들은 언론권을 가진 삼사, 인사권을 가진 전랑 등 젊고 참신한 인사들과 3공 6경으로 대표되는 노성한 신하들이 견제와 균형을 이룬 가운데 정치를 이끌어 갔다.

조선시대의 관료 사회는 언론권을 가진 삼사, 인사권을 가진 전랑에 권력이 독점되어 있었으며, 독점된 권력을 장악하기 위하여 사림들 사이에서 치열한 경쟁이 이루어졌다. 이 경쟁에서 패한 측은 권력에서 배제되었다고 할 수 있다. 조선 전기 이후 계속된 사화와 당쟁은 이러한 양반 관료 권력의 독점과 배제의 표현이라고 할 수 있다. 이문건의 생애와 관료 생활을 통해 그가 중앙 관료로 재직한 시기는 대윤 세력의 일파

1
사헌부와 사간원에서 각각 한 사람의 관원이 나와서 공사公事의 출납을 맡아 보는 사무실 또는 그 관원.

로서 권력을 독점한 시기라고 한다면, 을사사화 이후 그는 권력으로부터 배제되어 갔다고 할 수 있다.

서울의 명문 가문에서 태어난 이문건은 사화의 와중에서 두 형을 잃었지만, 자신은 문과에 합격한 후 사간원 정언, 이조 정랑, 충청도 도사 등 청요직을 역임했다. 그러나 을사사화에 연루되어 성주에 유배된 이후 나머지 생애를 성주에서 생활하며 마감했다. 이러한 이문건의 일생은 기록벽이라고 할 정도로 꼼꼼하게 기록한 그의 일기와 늘어서 얻은 손자를 기르면서 기록한 《양아록》 속에서 잘 보여 주고 있다. 이문건의 일기에는 중앙정부 관료로서의 생활, 성주에서의 유배 생활, 가정생활 등 여러 가지 면모를 잘 보여주고 있다.

《묵재일기》는 국왕에서부터 하층민에 이르기까지 많은 인물들이 등장하지만, 가장 빈번하게 등장하는 사람들은 이문건의 가족들이다. 그는 자신의 처와 며느리가 자녀를 몇 명이나 낳고 길렀으며 도중에 어떤 병을 치렀는지, 어떻게 사망했는지에 대하여도 자세하게 기록하고 있다. 심지어는 자신의 여종의 질병에 대해서도 기록하고 있다. 가족들과 주위의 사람들의 질병에 대한 이문건의 대처 방법은 다양하게 이루어졌다. 유배지에서 처인 안동 김씨가 간기에 걸려 위태로운 지경에 이르자 그는 온갖 처방을 다하였는데, 청심원, 천금누로탕, 인삼탕 등의 온갖 약재와 심지어는 인뇨까지 마시게 하였다. 나아가 그는 점쟁이를 불러 점을 치게 하고 무당을 불러 기도를 하게 했다. 말하자면 의학과 토속 요법 및 점복, 무격에 의한 정신 치료를 병행했다고 할 수 있다.

한편 초기의 일기는 이문건이 문과에 합격하여 관료 생활을 하던 도중 어머니를 여의어 시묘살이를 하는 3년상의 과정, 3년상을 마친 후에 다시 사간원 정언에 제수되어 관료 생활을 재개하는 과정, 그리고 인종의 짧은 재위와 죽은 후의 국장 과정 등에서 그가 겪은 일들이 잘 그려져 있다.

3년상을 마친 후 화려하게 관직으로 복귀한 이문건은 희릉 사건으로 사축서司畜署 사축司畜이라는 한직으로 좌천됨으로써 최초의 정치적 좌절을 맛보게 된다. 그러나 곧 그는 이조 정랑, 홍문관 응교, 충청도 도사 등 정치적 핵심으로 복귀했으나 다시 조카인 휘가 을사사화의 계기가 된 택현설擇賢說에 연루됨으로써 능지처참되고 이문건도 정치적으로 다시는 일어설 수 없는 몰락의 길을 걷게 된다. 다행히 그의 처벌은 본관지인 성주에 유배되는 정도에 그치고 유배지에서 가족들과의 생활을 영위함으로써 평범한 양반 지식인으로서의 생활을 영위했다. 이러한 하나하나의 과정이 그의 일기 속에 고스란히 그려져 있다.

Zoom-in

《양아록》 중에서

처 김씨의 생산 내력

처 김씨는 사내아이를 모두 셋 낳았다. 1517년(중종12) 5월에 태^胎를 다쳐서 여덟 달 만에 낙태했다(1남). 다음이 무인생(1518, 중종 13) 온이다(2남). 다음은 여자아이를 괴산 집에서 낳았다(3녀). 이름은 정중으로 매우 이쁘고 똑똑했는데 마마로 죽어서 괴산에 매장했다. 1524년(갑신년의, 중종 19) 늦봄(3월)에 또 사내아이를 낳았는데 아홉 달 만에 낳아서 겨우 1일 만에 죽었다(4남). 1525년(을유년, 중종20) 8월 24일 신시에 주자동 집에서 여자아이를 낳았다(5녀). 이름이 순정이었는데 모습은 좋지 않았으나 성격이 민첩하고 똑똑했다. 2세 여름에 평상 다리에 눌려 이마를 다쳤다. 이어서 두창에 걸렸는데 잘 낫지 않아서 약을 써서 연명했다. 처음 딱지가 져서 모두 떨어져 나의 마음이 기뻤다. 안고서 뒤뜰에서 놀다가 불행히 풍으로 왼손을 쓰지 못했다. 이때부터 맥이 불순해 때때로 놀라 부르짖고 놀라는 증상이 있더니 마침내 간질에 길러서 14, 5세에 점차 중헤졌다. 병이 그치기를 기다려 시집을 보내려고 했는데 끝내 낫지 않더니 1544년(갑진년, 중종 39) 5월 18일에 소공주동의 빌린 집에서 죽었다. 6월에 양주 노원에 장례를 하니 마음이 매우 비통했다.

아들 온의 내력

아들 온은 자가 숙화인데 1518년(무인년, 중종13) 10월 23일 인시에 주자동 집에서 낳았다. 처모 김씨와 여종 석금 등이 호산褓産을 했다. 점차 자라서 6, 7세에 보통사람과 달리 자못 똑똑했다. 김씨가 괴산에 살면서 데리고 가 길렀다. 그런데 염병이 돌 때 열병을 심하게 앓았으나 겨우 소생하여, 이때부터 조금 바보가 되었다. 자라서는 다시 풍경증에 걸려 심신이 완전히 어리석어 졌다. 이는 반드시 부모의 복이 박하여 이와 같이 되었을 것이다. 한이 어찌 끝이 있으랴마는 이를 다시 어찌 하리오.

아들 온의 재취와 며느리 김씨의 생산 내력

1546년(병오년, 명종 1) 가을에 청주 오근촌의 김증수의 딸을 재취했는데, 같은 해 10월 어미와 함께 성주의 적소에 도착했다. 1547년(정미년, 명종2) 9월 18일 해시에 딸을 낳았는데 숙희라고 이름을 지었다.

… 며느리도 혈기왕성하고 병이 없어(1녀) 1547년(정미년, 명종 2) 9월에 숙희를 낳았고 (2녀)1549년(기유년, 명종 4) 정월 초5일에 또 딸을 낳아 이름을 숙복이라고 지었다. 1550년(경술년, 명종5) 정월에 마마를 했다. 마마가 조밀했으나 마침내 무사했다. 모양이 돈실하고 오래 살 것 같고 조그만 질병도 없었다. 4월에 어미가 다시 임신을 하니 가을에 젖이 끊어져 살이 빠졌다. 매우 여위었으나 다른 사람의 젖은 먹으려 하지 않고, 꿀 등은 좋아하지 않았다. 단지 팥죽만으로 살았다. 잘 달리고 잘 말하며 성급하게 울지도 않았다. 다만 계속 딸아이를 얻어 특별히 사랑을 쏟지는 않았다. 1551년(신해년, 명종6) 5월 그믐에 처음 토사를 하더니 날로 심해져서 낫지를 않고 약물을 투여했으나 효과가 없다가 8월 초 9일에 죽었으니 매우 불쌍하고 슬프다. (3남)이해에 수봉이가 태어났고, (4녀)1555년(을묘년, 명종 10) 정월 초4일에 딸을 낳아 숙녀라고 이름 지었다. 모습이 그 어미를 닮았는데 소리는 웅장했으나 예쁘지는 않았다.

－ 《양아록》 말미

《양아록》養兒錄, 어린아이의 탄생과 성장 기록

이문건은 《묵재일기》를 남겨서 우리에게 조선시대의 사회상을 이해하는 데 큰 도움을 주고 있다. 그는 아들이 뒤늦게나마 손자인 수봉이를 낳자 이 아이를 키우는 데 정성을 들이면서 그 성장 과정을 시와 산문으로 기술한 《양아록》을 남겼다. 《양아록》은 이문건이 성주에 적거하고 있던 1551년 58세 때에 성주에서 손자를 보게 되어 1564년까지의 성장 과정을 서술한 시문집이다. 《양아록》의 내용을 통해 우리는 조선시대의 출산과 육아, 아동 교육의 실상을 잘 이해할 수 있다.

《양아록》 첫머리에서 그는 손자를 얻은 기쁨을 다음과 같이 표현하고 있다.

天理生生果未窮　하늘의 이치는 낳고 낳는 것이니 끝이 없어서,

癡兒得胤繼家風　어리석은 아이* 아들 낳아 가풍을 이었네.

先靈地下應多助　선영들이 지하에서 마땅히 음조하였으니,

後事人間庶少豊　뒤의 인간은 아마도 조금이나마 풍요롭겠지.

今日喜看渠赤子　오늘 기쁘게 저 벌거숭이를 보노라니,

暮年思見爾成童　늙은 나이의 생각이 어린이가 되었네.

謫居蕭索飜舒泰　유배살이 쓸쓸함이 태평으로 바뀌었으니,

自酌春醪慶老翁　스스로 술 마시며 늙은이를 경축하네.

*아들 이온을 말함.

이 시문집의 첫머리에는 성주 목사 조희의 축하시와 역시 멀리 함경도에 유배 중이던 조카 이염, 유배 중의 동료 유감 등의 차운시次韻詩(남이 지은 시의 운자韻字를 따서 지은 시)가 실려 있고, 이어서 〈아이의 울음소리〉 〈앉는 연습習坐〉 〈이가 남生齒〉 〈포복匍匐〉 등 아이의 출생과 16세까지의 성장 과정에서 겪은 사실들을 보고 느낀 감상을 옮긴 시가 있다. 이를 한 권의 책으로 엮은 것은 아이가 뒤에 장성하면 보고 느낄 수 있도록 하기 위한 것이었다. 《양아록》에 수록된 시의 제목만 보아도 한 아이의 탄생과 성장 과정, 그러한 과정에서 할아버지가 손자를 사랑하는 애틋한 마음을 잘 살펴볼 수 있다.

1551년(1세): 아이의 울음소리兒啼 /이를 미워함憎蝨蚤/ 앉는 연습習坐 / 이가 남生齒 / 포복匍匐/ 윗니 두 개가 남/ 아이의 설사를 탄식함兒痢嘆/ 오래 설사하는 것을 탄식함久痢嘆 / 처음 서게 됨/ 걷는 연습習步/ 글을 읽으려고 함讀書取卷 /

1552년(2세): 돌 – 먼저 붓과 먹을 집음/ 말을 배움學語 / 아이의 학질을 탄식함兒瘧嘆

1554년(4세): 안질을 탄식함赤目嘆 /

1555년(5세): 학질을 탄식함瘧瘧嘆 / 손톱을 다친 것을 탄식함傷爪嘆 / 이마 다친 것을 탄식함傷額嘆 / 놀람증을 탄식함驚悸嘆

1556년(6세): 전염병을 탄식함行疫嘆 / 밥 먹기 싫어하는 것을 탄식함厭食嘆 / 할애비를 좋아함愛翁吟 / 글자를 가르침誨字吟 / 이빨이 빠짐毀齒吟

1557년(7세): 상을 당한 것을 탄식함遭喪嘆 / 회초리로 때림撻腿

1559년(9세): 아이를 책망함責兒吟 / 구이를 먹은 것을 탄식함食炙嘆 / 귀에 병난 것을 탄식함病耳嘆 / 귀의 종기를 탄식함耳腫嘆 /

1560년(10세): 아이를 때리고 탄식함撻兒嘆 / 홍역을 탄식함紅疫嘆 / 성급히 화내는

것을 탄식함^{躁怒嘆}

1563년(13세): 취하는 것을 경계하고 탄식함^{警醉嘆}

1564년(14세): 시골 술을 마신 것을 탄식함^{飮村酒嘆} / 어린이가 취한 것을 경계함^{少年醉酒戒}

1566년(16세): 늙은이가 성급하게 화내는 것을 탄식함^{老翁早怒嘆}

이상과 같은 시의 제목에서 보듯이 영아기에는 설사와 학질, 안질, 전염병 등 질병과 관련되어 어린아이가 제대로 성장할 수 있는가에 대한 걱정을 주로 했다. 여섯 살 때부터는 글자를 가르치고 나아가 잘못한 행동에 대해서는 꾸짖고 회초리를 들기도 하며 다른 한편으로는 자신이 너무 성급함을 반성하기도 했다. 어린 손자가 성장하면서 할아버지를 좋아할 때에는 기뻐서 시를 짓기도 하지만 술을 마시고 취한 어린 손자를 보았을 때에는 한탄을 하기도 했다.

《양아록》은 물론 할아버지가 손자의 탄생과 성장 과정을 기쁨으로 지켜보면서 기록한 것이지만, 이 기록은 이 시기 어린아이의 탄생과 성장 과정을 구체적으로 묘사하고 정리한 거의 유일한 기록이라는 점에서 우리의 주목을 끄는 작품이라고 하겠다.

그로노비우스
17세기 유럽의 문필공화국

요하네스 프레데리쿠스 그로노비우스 Johannes Fredericus Gronovius(1611 ~ 1671)

그로노비우스의 유럽 여행

근대 유럽에서 여행가들은 일종의 영웅적인 면모를 띠고 있었다. 그들은 새로운 세계와 미지 사람들에 대한 많은 정보, 환상적이고 때로는 기이하기까지 한 소식을 전달해 주었다. 그들은 많은 사람들의 호기심을 만족시키는 동시에 문학적이고 미학적인 취향에 부응했다. 또한 고대 이래 지속되어 온 유럽인들의 자기중심적인 세계관을 변모시키는 데도 일조했다. 이런 점에서 17세기 네덜란드 지식인 요하네스 프레데리쿠스 그로노비우스의 유럽 여행은 당시 세계와 관련해 많은 시사점을 준다. 그는 1639년 4월에 네덜란드를 출발해 영국, 프랑스, 이탈리아, 독일과 오스트리아, 스위스 등을 방문한 후 1642년 1월에 네덜란드로 돌아왔다.

특히 그의 여행은 젊은 두 제자와 함께하는 것이었다. 17세기 초부터 18세기에 걸쳐서 유럽 상류사회의 많은 젊은이들은 긴 시기에 걸친 원거리의 여행을 하곤 했다. 대여행^{Le Grand Tour}이라 불린 이 여행은 젊은이들의 학습 기간 중에 혹은 학습 종료 직후에 행해졌는데, 그 목적은 그들의 교육을 보다 더 완벽하게 하려는 것이었다. 프랑스, 네덜란드, 스위스, 그리고 특히 이탈리아가 주된 여행지가 되었다. 여행 기간은 1년을 넘기는 경우도 있었으며, 대개의 경우 가정교사가 동반했다.

17세기 당시 다양한 성분으로 구성된 여행객들 중 지식인들은 상당 부분을 차지했다. 그로노비우스가 활동했던 17세기 유럽에서는 많은 학자들이 학문적인 교류와 자료 수집을 위해 광범위한 여정을 밟았다. 이는 유럽 문화와 지적 상황에 대해 큰 의미를 갖는다. 학자들의 개인적 교류와 학문적 순례는 전 유럽적인 지적 활동, 특히 지식인들 사이의 상호 친교와 지식의 확산 및 심화에 상당한 기여를 했다. 유럽 각지에 흩어져 있던 뛰어난 지식인들이 공통된 연대 의식을 느끼며 스스로 하나의 공동체, 곧 유럽 '문필공화국'의 성원으로 간주하고 있었던 것도 그 때문이다.

특히 17세기 유럽 지식인들, 곧 문필공화국 성원들이 서로 교환했던 서간문들은 새로운 소식을 알리고 과학적 논쟁을 전파하며 학자들 사이의 유대 관계를 공고히 하는 데 기여했다. 이들의 서신은 주로 라틴어로 작성되었으며, 대부분 서간문 작성자 사후에 신중하게 편집되고 간행되어 그들의 상상을 뛰어넘을 정도로 호응을 얻기도 했다.

그로노비우스 역시 여행 내내 서간문을 작성하면서 당시 유럽 지성계의 교류망을 이루는 주요한 고리를 담당했다. 또한 여행 중 만났던 유명 인사들의 서명을 받아서 '우정(친교)의 명단^{L' album amicorum}'을 작성했는데, 이는 유럽 문필공화국 교류의 역사에서 최초의 지리적이며 연대기적이고 지적인 푯대를 제공했다고 할 수 있다. 이런 점에서 그의 서간문은 당시 문필공화국 내에서 이루어진 지성의 역사를 보다 깊이 연구하는 데 큰 도움을 준다. 또한 그의 서간문은 두 명의 젊은이를 동반하는 가정교사로서의 책임과 학자로서의 연구 자료 수집이라는 상치되는 두 가지 목적의 여행을 병행하는 중에도 학자로서의 여행을 부각시키고 있어서 흥미를 끈다. 그는 편지의 수신자에게 자신이 만난 학자들의 면면과 그들의 저작에 대해서 평가하면서 분명하고 진솔한 감정을 드러냈다.

그로노비우스의 서간문에서 우리는 두 젊은 동반자에 대한 책임으로 말미암은 여러 구속에도 불구하고 자신과 타인을 위해서 연구에 헌신하는 한 석학의 편력 과정을 여실히 확인할 수 있다. 프랑스의 발자크(1597~1654)와 같이 여행 중 그가 만났던 학자들의 증언은 당대의 다른 여행기를 보충하면서 비교와 종합을 위한 귀중한 대위법을 제공해 주기도 한다.

그로노비우스의 생애

그로노비우스는 함부르크의 귀족 가문 출신이다. 그이 부친 다비드 그로노비우스는 브레멘 공화국의 시장을 역임했으며 그의 조부는 함부르크 참사원의 수석을 지냈다. 이처럼 그가 좋은 가문 출신이라는 사실은 훗날 많은 학자들의 관심과 호의를 얻는 데 도움이 되었다. 뉘른베르크의 알트도르프 대학에서 법학을 공부한 그는 가족의 후원 속에 행정관의 길이 보장되어 있었다. 그러나 알트도르프 체류 중 인생의 길을 문학으로

그로노비우스의 초상.

바꾸었다. 함부르크로 돌아온 후에 그는 당시 그곳에 망명 중이던 네덜란드의 법률학자 그로티우스를 만나면서 학문에 대한 관심을 자극받기도 했다.

당시 전쟁으로 황폐해 있던 독일은 그로노비우스의 지적인 희망을 실현하기에 그다지 바람직한 장소가 아니었다. 그는 네덜란드로 유학을 떠나 5년 동안 라이덴과 헤이그 사이에 머무르면서 법학 공부를 완전히 포기하지 않은 채로 문학에 정진했다.

1639년에는 가정교사가 되어 젊은 두 형제들과 함께 영국, 프랑스, 이탈리아 등지로 긴 여행길에 나서게 된다. 여행이 끝난 무렵인 1643년에 그는 드벤터의 대학에서 역사 및 수사학 교수로 초빙되었으며, 이어서 결혼을 하게 된다. 해묵은 학생으로서의 오랜 방황 끝에 직업과 생활에서 안정을 찾는 인생의 결정적인 단계를 맞이한 것이다. 1658년에는 라이덴 대학에 그리스어 교수로 취임해 나머지 생애를 보냈다. 그는 플라우투스, 리비우스, 타키투스, 세네카의 저서들을 편집하고 주해했으며, 그로티우스의 《전쟁과 평화의 법De jure belli et pacis》(1660)을 편집하기도 했다. 그의 아들인 야콥 그로노비우스 역시 고전학자의 길을 걸었다.

유럽으로의 여행

그로노비우스는 네덜란드에 체류하면서 유익하고 풍부한 지적인 경험을

얻었지만 기대만큼 따뜻한 대접을 받지는 못했다. 대학에서 경력을 쌓고
자 하는 희망도 쉽게 이루지 못하고 있었다. 그는 불확실한 장래에 대한
불안감과 고국에 대한 그리움, 그리고 마치 '망명'이라도 한 것 같은 쓸
쓸한 분위기에 휩싸여 있었지만, 동시에 학문 연마를 위한 열정에 사로
잡혀 있었다. 1639년, 그 역시 가정교사라는 지식인들의 전통적인 일자
리를 받아들여서 게라르디가※의 두 형제와 유럽으로의 긴 여행길에 나
서게 된다.

    1639년 4월부터 1642년 1월에 이르는 긴 여행 동안 그로노비우스
와 그의 제자들은 영국, 프랑스, 이탈리아, 독일, 스위스 등지를 방문했
다. 북부 유럽과 중부 유럽을 황폐화시킨 30년전쟁으로 여행의 방향은
지식의 고장인 남쪽 지역으로 잡았다. 1639년 4월 26일 뱃길에 오른 이
세 사람은 5월 5일 런던에 당도해서 6월 17일까지 머물렀다. 7월 18일
대학 도시 옥스퍼드에 도착했으며, 8월 5일에 케임브리지를 경유해서 그
달 10일에 다시 런던에 당도한다. 이후 캔터베리 등 남부의 여러 도시들
을 거쳐서 9월 12일에 영국을 떠난다. 바로 다음 날에 루앙에 진입했지
만 두 학생의 와병으로 9월 29일에야 파리에 도착한다. 그해 12월 말 루
아르 계곡을 향해 떠난 이들은 신년을 소뮈르에서 맞이하다. 8월 말까지
앙제에 머물렀으며 이외에도 라 로셸, 앙굴렘므, 보르도, 툴루즈, 베지
에, 엑상-프로방스, 마르세유 등지를 방문했다. 여행은 이탈리아로 이어
져서 제노아, 피사, 리보르노를 경유해 11월 중순부터 1월 중순까지 플
로렌스에 머물렀다. 시에나를 거쳐서 로마에 갔다가 3월 말, 매우 아쉬
워하면서 그곳을 떠났으며 다시 플로렌스, 볼로냐, 파두아를 거쳐서 예

수승천일까지 베니스에 머물렀다.

이후 이들은 독일 남부 지역을 경유해서 네덜란드로 귀환했다. 짤 스부르크, 린쯔 , 파사우, 비인, 잉골슈타트, 뮌헨, 아우그스부르크로 우 회하고 이어서 스위스의 생-갈, 바덴, 바젤 등을 신속하게 통과해서 1641년 7월 24일에 주네브에 도착했다. 다시 프랑스 지역으로의 여정이 계속되면서 리옹, 그르노블, 오랑쥐, 아비뇽과 님므를 방문한 후 파리를 한 번 더 방문해서 10월과 11월을 보냈다. 네덜란드 선단이 오기를 기다 리면서 르 아브르에서 2달간 지체하게 된 틈을 타서 그로노비우스는 인 근 지역의 한 석학을 방문하기도 한다. 1642년 1월 19일 드디어 프랑스 를 떠났고 1월 27일에는 자신에게 위임되었던 두 젊은이를 암스테르담 으로 인도했다.

그로노비우스와 그의 두 제자가 걸었던 여정은 당시 전통적으로 답습 되던 경로였다. 런던에서 파리로 오면서 그들은 통상적인 통로를 통과했 으며 프랑스에서는 4대 강을 따라서 이동했다. 당시 여정은 북유럽 지방 여행자의 지침으로 간주되었던 이상적인 도식에 들어맞는다. 즉 다른 여 행자들같이 이들도 영국의 수도를 떠나서 인근의 왕궁을 방문하고 옥스퍼 드와 케임브리지의 대학 도시를 방문했으며, 유행에 민감한 온천 도시 바 스로 향했다. 프랑스에서는 전 유럽의 젊은이들이 즐겨 머물렀던 루아르 계곡을 빼놓을 수 없었다. 또한 개신교의 아성인 라 로셸과 주네브를 방문 했으며, 세당을 경유하기 위해 우회로를 통과했음을 확인할 수 있다.

계획된 여정은 차질을 빚기도 했다. 영국에서의 짧은 체류 이후 프 랑스에서의 여정은 많은 부분 수정되어 스위스와 독일을 포함해 로마로까지 연장되었으며, 반면 알사스와 로렌은 빠져 버렸다. 때로는 기후 불순으로, 특히 순항 조건을 기다리기 위해 항구에서 기다리느라 여행이 여러 번 중단되기도 했다. 질병으로 말미암은 지체는 심각했다. 페스트가 돈다는 소문에 랑그독과 프랑스 남부 지방을 우회할 생각을 했으며, 님므에는 들어가지도 못했다.

그로노비우스의 서간문에는 여행 경로 즉 교통수단, 이동 소요 경비, 일행에 대한 기록들이 대체로 기재되지 않았다. 재미있는 세목이나 상세한 묘사도 찾아보기 어렵다. 대개 배보다 말이 교통수단으로 활용되었던 것으로 보아 두 젊은이가 뛰어난 기사였던 것으로 짐작된다. 때로 승마용 말의 선택과 비싼 임대료 때문에 움직임이 지체되기도 했다.

그로노비우스는 방문지를 지식과 학문의 중심지로 국한시키고자 했지만, 관광을 원하는 학생들의 요구를 모른 척할 수 없었다. 왕의 수도 입성을 참관하기 위해 런던 체류를 연장해야 했으며 런던에서 옥스퍼드로 가는 길은 왕궁 방문 때문에 지체되었다. 프랑스에서는 궁정이 머무는 퐁텐블로까지의 여정이 마련되었다. 베니스에서 아우구스부르크로 가는 데 단지 7일이라는 짧은 기간만이 할애되었던 것과 달리 독일에서는 2개월이나 머물렀다. 또한 이탈리아의 주요 여정, 즉 플로렌스, 로마, 총독과 바다의 결혼 축제가 벌어지는 베니스 등 관광객들이 특히 즐겨 찾는 곳이 젊은 학생들의 구미를 당겼다.

각국에서의 방문지는 다소 통상적인 필요와 관례에 따른 것이기도 했다. 영국에서는 사교계를 방문했으며, 프랑스에서도 이른바 귀족들이 즐겨 찾거나 필히 머무르는 장소에도 족적을 남겨 놓았다. 독일에서의 여행은 자연경관과 기념물을 중심으로 진행되었으며, 두 형제의 변덕으로 예정에 없던 이탈리아를 여행하기도 했다. 프랑스의 앙제에서는 두 젊은이들이 동향 젊은이들과 어울리는 바람에 오래 지체하기도 했다. 그런가 하면 가족들의 요구로 파리에서의 체류를 돌연 접어야 했고, 로마에 머무르던 도중 본국으로 급히 소환되면서 네덜란드로 귀국하기 위해 서둘러 프랑스로 돌아가야 했다. 반면에 스위스에서 도보로 여행하고 알사스 지역 방문을 취소한 것은 재정적인 부족 때문이었다.

가정교사로서의 여행

그로노비우스의 두 제자는 네덜란드에서 사업 및 행정 부문에서 크게 활약하던 대부르주아 가문 출신으로서 당시 작고한 그들의 아버지는 서인도회사의 지분을 갖고 있었고, 삼촌 중 한 사람은 스웨덴에 무기를 제공했으며, 또 다른 삼촌은 라이덴의 시장이었다. 두 젊은 학생들이 값비싼 여행을 할 수 있었던 것도 재정적인 여유 덕분이었다. 이들의 주된 여행 의도는 이미 고향에서 받았던 인문주의적인 교육을 마무리하는 것이었다.

이들이 여행을 통해 보충하고자 했던 교육에는 지극히 당연하게도 외국어 수업이 포함되어 있었다. 이들은 우선 런던에서 열심히 영어 수업을 받았다. 그로노비우스는 프랑스어 교육에 대해서 특히 많은 관심을 할애해 프랑스어 숙련을 목표로 파리에 충분히 머물고자 했으며 동향인들과의 잦은 교제를 삼가도록 했다.

이 여행은 또한 완벽한 신사로서 갖추어야 할 기예인 춤, 승마, 펜싱 등을 배울 수 있는 기회이기도 했다. 그런가 하면 전공 분야의 외국 학위를 취득하려는 의도도 있었다. 형법학을 전공하고 있던 형의 행적은 당시 많은 네덜란드 젊은이들의 여행 코스를 예시한 것이었다. 그는 동생과 함께 몇 달을 앙제에 머물면서 사교계의 구성원에게는 필수적이었던 승마 기술을 완벽하게 다듬었다. 또한 네덜란드 라이덴의 대학에 등록되어 있었지만 프랑스를 떠나기 바로 전에 오를레앙 대학에서 학위를 받았다. 즉 그는 네덜란드와 프랑스 양쪽에서 학위를 취득한 것이다.

짐작컨대 그로노비우스는 자신의 재정적 형편으로는 불가능했던 지적인 편력을 완수하기 위한 경제적 해결책으로 가정교사직을 수락한 것으로 보인다. 그러나 이 직업은 처음부터 그에게 부담을 주었다. 우선 그것은 그의 귀중한 시간을 앗아가는 고통스러운 의무였다. 형 로랑(라우렌티우스)은 스물두 살로서 스물여덟 살인 그로노비우스의 권위를 종종 침해하곤 했다. 여행 중 젊은 두 형제의 처신에는 사회적 엘리트로서의 감각이 그대로 드러난다. 그들이 행사하는 절대적인 권위, 그리고 그로부터 비롯되는 엉뚱한 변덕은 학구열로 초조해하고 이런저런 업무 부담으로 지친 가정교사의 탄식을 자아내기도 했다.

교사와 학생 사이에 벌어진 심각한 이해관계의 상충이 종종 그들의 관계를 악화시키기도 했다. 그로노비우스의 학자적인 호기심은 여러 차례에 걸쳐서 두 젊은이들의 관광 욕구와 동향인들과의 어울림으로 파괴되곤 했다. 그로노비우스는 자신보다 훨씬 부유하고 천성적으로 광포한 두 젊은이들의 변덕 앞에서 무력하기만 했다. 이에 대해서 그는 두 제자들의 교육적인 목표를 달성시키고자 자유와 관용의 태도를 병행하면서 교묘한 술책에 의존하기도 했다. 가정교사가 원치 않았던 이탈리아로의 여행을 두 젊은이가 결심했던 것도 가정교사의 묵인이 있었기 때문이다.

여기에 더해 가정교사는 두 학생들의 요구와 네덜란드에 있는 주인들의 요구 사이에서 분열되기도 했다. 인색함을 탓하는 제자들과 낭비를 비난하는 주인들 사이에서 그는 한편으로는 지출을 자제하고 또 다른 편으로는 사용처에 대해서 정당화할 필요가 있었다. 그런가 하면 젊은이들의 삼촌인 루이스 기어는 이탈리아 여행을 비난하기도 했다. 그것은 단지 그에 소요되는 비용 때문만이 아니라 이탈리아 여행으로 말미암아 조카들이 방탕해지거나 반종교개혁의 분위기에 노출될 것을 우려했기 때문이다.

그로노비우스의 요청은 네덜란드의 주인들에게 묵살되는 경우가 많았던 반면 치하를 받는 경우는 극히 드물었다. 따라서 그로노비우스는 자신의 의무를 완수했다는 스스로의 자부와 확신으로 스스로 위로하는 수밖에 없었다. 종국에 학생들을 서둘러 암스테르담으로 데리고 가야 했던 그로노비우스에게 가정교사로서의 의무는 부정적일 수밖에 없었다. 이런 점에서 그로노비우스와 그와 마찬가지로 불행한 그의 동료들 사이에 오간 서간문은 경제 형편상 가정교사직을 맡을 수밖에 없었고 제자들의 '대여행'에 동반해야 했던 영국과 북유럽 지식인들의 상황에 대한 귀중한 증언이라 할 것이다.

그들은 여행자의 호기심에 가득 찬 여가를 다 소진시키는 것들을 보고 듣는 데 상당한 시간을 소비합니다. 그런 것들로 말하자면 나에게는 거의 유익이 되지 않을 것들이며 그런 까닭에 나의 영혼을 위해서라기보다는 내 동행자들을 위해 허락된 것들입니다.

그들은 상당한 금액을 들여 보석들을 삽니다. 성벽과 다른 것들을 보았는데, 그런 것들은 인생이나 성장을 위해서는 아무 도움이 되지 않는 것들입니다. 도움이 된다면 기껏해야 무용담에 도움이 되겠지요. 허황된 사람들 사이에서 그것들을 봤다고 자랑할 수 있을 테니까요.

그로노비우스는 이미 런던에서부터 여행객의 허영심을 과시하기 위한 것에 지나지 않는 이 '비속한 여행'의 빈곤함을 개탄하고 있다. 루아르 계곡에서 그는 파리를 떠나는 슬픔으로 주위 환경의 아름다움을 충분히 즐기지 못했으며 오히려 티투스 리비우스의 수고(저자가 직접 쓴 원고)와 필사본을 대조하는 데 골몰해 있었다. 종종 편지는 여정에 대해서는 침묵하고 도서관이 유일한 성과이며 수고본이 유일한 보물인 양 말한다. 매우 드물게 나타나는 경관 묘사도 극단적으로 축약되어 있다.

석학으로서의 여행이 충실히 실현되었던 영국, 이탈리아와 특히 프랑스 등지의 서간문에서는 관광과 관련된 이야기는 대부분 생략되었다. 연구의 진전과 어려움, 현재 진행 중인 작업들에 대한 공지, 최근의 출판 상황, 대학 교수직에의 응모, 지적 활동의 일상과 지적 성과 등이 그로노

그로노비우스가 유럽 여행을 했을 당시(1640년경)의 파리 세느강과 루브르.

비우스의 서간문을 이루는 주된 내용들로서 그의 여행이 지식의 원천을 찾기 위한 탐색임을 확인시켜 준다. 무엇보다도 그가 여행에서 바라던 것은 석학들과의 개인적인 접촉, 유럽 지식인 서클에의 소개, 지적인 관계망의 조직과 풍부화였다.

　　여행은 문화적 교류를 통한 상호 이해와 접근을 증대시키면서 권위 있는 문필공화국 성원들의 기존 관계도 더욱 긴밀하게 만들 수 있었다. 여행을 시작하던 1639년, 그로노비우스는 이미 유럽의 지식인들 사이에서 무명 인사가 아니었다. 그가 지적 세계에 진입한 것도 그에게 문학 연구를 권하고 추천장까지도 써준 네덜란드의 법학자 그로티우스의 후원에 의한 것이었다. 그 덕분에 그로노비우스는 유럽 여행 중에 석학들의 서클을 방문하고 여러 도서관에 보관된 자료들에 접근하기 위한 추천장들을 받을 수 있었다. 실제로 그로노비우스는 자신의 서간문에서 이 추천장들의 효과에 대해서 강조하고 있다.

　　문필공화국의 여행객은 특정한 직무 혹은 직책을 수행하거나, 사회성의 이념을 구현하는 것으로 규정된 우의, 인간성, 친절 등의 자질들을 입증해야 했다. 우선 친지들은 여행객에게 자신을 대신해서 안부를 전할 지인들의 긴 목록을 맡기기도 했다. 또한 여행객의 여가를 이용한 이러 저러한 서비스를 요구하기도 했다. 예컨대 어떤 동료는 서점에서 판매되고 있는 책의 판본에 대해 알아봐 달라는 부탁을 했다. 지적 엘리트 사이의 교류를 증진시키는 이러한 역할은 지식의 원천을 찾아서 여행하는 모든 석학들에게 부여되는 일이었고, 그로노비우스는 이 일들을 빠짐없이 처리하는 가운데 새로운 문학적 소식을 덧붙여서 자신의 서간문을 풍부하게 했다.

단순한 서지학적인 정보 제공을 넘어서서 수고를 열람하면서 필사하고 대조하는 구체적이고 즉각적인 일도 여행 중 학자가 해야 하는 일이었다. 그로노비우스는 네덜란드를 떠나자마자 도서관 등을 방문해서 제반 수고본에 대한 정보를 제공해 주었다. 새로운 정보들은 서간문을 통해 다시 새로운 요구로 이어졌다. 그는 직접 펜을 들어 원본과 필사본을 대조하는 등의 신경 쓰이고 고달픈 일을 맡아 줄 헌신적인 사람을 찾곤 했다. 그가 입수한 전사본(자필본을 베껴쓴 것)의 원본을 찾고 그것을 다시 원래의 소유자들에게 안전하게 전달하는 일을 맡을 사람을 찾아내는 것도 역시 그가 직접 맡아서 해야 했다. 그렇다고 그가 자신의 봉사에 대해서 항상 감사를 받았던 것도 아니다. 그는 친구들의 재촉과 불만에 시달리면서 영국 도서관에 침투하는 것이 얼마나 어려운 일이었는가를 거듭 역설하기도 했다.

충실하고 관대하게 수행된 직무 이외에, 여행 중인 석학의 일상은 학문적인 작업으로 이루어져 있었다. 루아르 계곡으로 내려가는 중에도 그는 매일 저녁 여관에서 원래의 수고본과 자신의 필사본을 대조하면서 보냈다. 그는 연구를 위해서라면 한순간도 빼앗기지 않으려는 의도에서 습관화된 연구 리듬과 충실함을 유지하려 노력했지만 그의 이상은 종종 깨졌다. 그로노비우스는 거듭해서 자신의 서재가 없는 것을 개탄하곤 했다. 가정교사로서의 직무 수행으로 말미암아 이 석학은 도서관과 학문적인 대화로부터 멀어졌고 실제로 연구를 진척시키고자 하는 야심 찬 계획은 거의 허용되지 않았다. 할 수 있는 일이라고는 탐색하는 작업뿐이었지만, 그나마도 때때로 사서들의 악의로 좌절되거나 방해를 받았다.

많은 어려움이 있었지만 여행의 성과는 긍정적인 것이었다. 그는 여행 중 입수한 자료를 바탕으로 자신의 연구를 반박했던 학자 크뤼세에게 재반박하는 형식의 서적을 출판할 수 있었다. 그러나 여행 중에 의뢰받은 서적의 집필은 포기하거나 연기해야 했다. 여행에서 얻은 가장 큰 성과는 무엇보다도 수고본을 필사한 것이었다. 가장 많은 문헌을 입수할 수 있었던 곳은 영국과 프랑스, 가장 흥미로운 문헌들을 찾을 수 있었던 곳은 이탈리아였다. 특히 풍부한 고전 작품의 수고를 많이 소장하고 있는 이탈리아의 도서관은 그로노비우스의 기대에 충분히 부응했다. 결과적으로 세네카를 비롯한 그의 연구 과제들을 위한 작업 내용도 역시 풍부해졌다.

그로노비우스는 또한 문필공화국 구성원들과의 만남을 통해 그 일원으로서의 자신의 작업 원칙 몇 가지를 보다 정확히 할 수 있었다. 이런 점에서 반니 추기경의 사서였던 가브리엘 노데와의 만남은 더욱 풍부한 성과를 가져다주었다. 출판을 위한 여러 가지 조언과 문헌, 그리고 그 주석자 및 간행본에 대한 자세하고도 충실한 지식을 얻을 수 있었다.

유럽의 지적 현실과 교류

그로노비우스는 여행 중 계속된 연구 작업을 통해 자신이 방문한 국가의
지적인 현실에 밀접히 접하게 되면서 당시 유럽의 지적 지도를 그릴 수
있게 되었다. 무엇보다도 외국어에 대한 그의 지식은 무식하고 경박한 여
행자가 저지를 수 있는 오해와 오류로부터 그를 보호해 주었다. 따라서
그의 인식은 당시의 역사적 전망 안에 자리 잡고 있으며 오랫동안 지속되
어 온 전통적인 편견에 대해 다시 생각해 보도록 함으로써 새로운 이미지
와 견해를 창출하기도 했다. 특히 그는 독일, 영국 등에 오래 머물면서 그
지역에 대한 자신의 인상을 더욱 진전시키거나 기존의 통념을 교정했다.

그로노비우스는 영국의 도시 옥스퍼드에 대해서는 실망을 드러내
고 있다. 그곳에는 변변한 석학도 별로 없었고 영국인들의 극심한 외국
인 혐오증에 시달렸다. 그는 '프랑스 개'라는 욕설을 일상적으로 들었으
며, 외국인의 출입을 금지하거나 돈을 요구하는 박식의 지성소(도서관)앞
에서 좌절감을 느끼기도 했다(이탈리아에서도 비슷한 경험을 했다).

한편 프랑스는 영국의 상황과 정반대였다. 파리 지식인들과 긴밀한
관계를 맺고 있는 석학들과의 친분으로 인해 네덜란드 라이덴에서부터
이미 프랑스의 학문적 성취에 편입되어 있었던 그로노비우스는 오래전
부터 파리 도착을 열망했다. 프랑스에 대한 그의 기대는 어긋나지 않았

다. 그의 편지에 나타난 파리의 석학들은 지식과 호의로 문필공화국의 이상을 완벽하게 구현하고 있었다. 특히 서고를 개방하는 관대함이 감동적이었는데, 그것은 진정한 지적인 우월성을 동반했기에 더욱 인상적이었다. 이러한 탁월함은 수도에만 국한된 상황이 아니었다. 그는 박식함에 있어서 독보적이고 특권적이었던 도시 파리를 떠나며 큰 아쉬움을 느꼈다. 이어서 앙제에 도착한 그는 도서관이 빈약한 것과 석학들이 별로 없음에 크게 실망했지만, 이들을 방문한 이후 그 박식함에 다시 감동하게 되면서 단지 그들의 숫자가 너무 적다는 점만을 개탄했다. 그는 프랑스 지방 도시에 대한 자신의 판단이 오류였음을 밝혔다. 이리하여 그로노비우스는 프랑스 석학들과의 대화로부터 상당히 많은 도움을 받아서 수도뿐만 아니라 지방에서도 연구를 위한 수집 자료를 많이 모을 수 있었다.

그로노비우스는 전 유럽에 걸쳐 압도적인 영향력을 행사한 르네상스의 이미지를 갖고 이탈리아로 향한다. 그러나 이탈리아의 사정은 프랑스에서 완벽하게 실현되고 있던 지적 이상과는 거리가 멀었다. 석학의 숫자는 많지 않았으며 그들의 학문적 관대함도 영 기대에 미치지 못했다. 더욱이 열람 요청에 대한 도서관의 무관심한 태도는 그를 힘들게 했다. 공식적인 탄원보다는 사적인 한 통의 편지가 더욱 효과적이었으며 로마에 있는 대사의 추천장도 베니스의 도서관을 열어 주지는 못했다. 또한 행정장관의 무례함도 참아 내야 했다. 그로노비우스는 이러한 적대적인 태도를 악의보다는 무지로 파악했다. 물론 이러한 평가에는 개신교도인 그의 시각도 작용하고 있다. 그러나 이탈리아에서 출판에 가해지는 제약, 서적상의 쇠퇴 역시 그의 비우호적인 판단과 연관되어 있다. 그렇지만 도서관의 소장 자료는 매우 풍부했으며 자신의 서재를 공개해 준 몇몇 개방적이고 진정한 석학의 존재도 부각되었다. 그러나 계몽주의라는 유럽의 의식 및 지식 세계의 거대한 판도 변화를 앞두고 있었던 이 시기에 이탈리아의 신화는 이미 움츠러들고 있었다. 인문주의적 이상향의 중심은 이제 프랑스로 이동해 가고 있던 것이다.

그로노비우스의 여행이 남긴 것

여행 중에 나타난 그의 태도는 훗날 명예로운 대학의 경력을 통해 네덜란드의 걸출한 비평가 및 인문주의자로서 활짝 피어날 자질을 분명히 보여 주었을 뿐 아니라 그의 여행 기간이 유럽의 학문적 질서에서 매우 중요한 시기였음을 알게 해준다. 무엇보다도 그가 진지한 열의와 조직적인 일정으로 진행시켰던 자료에 대한 편력은 그의 삶에 있어서 결정적인 전환의 계기가 되었다. 석학으로서의 그의 여행은 서간의 교류를 통해 많은 문필공화국 구성원들의 관심을 자극했으며, 서신에 나타난 솔직하면서도 진지한 인물평은 그가 자유로운 정신의 소유자임을 암시했다. 또한 그는 여행 중에 옥스퍼드, 파리, 베니스 등 각지의 석학들과 조우했다. '우정(친교)의 명단'에 기재된 이들의 이름들도 단순한 여행의 추억에 그친 것이 아니다. 이들과의 지극히 우호적인 인간관계와 학문적 교류는 이후에도 지속되었으며, 이를 통해서 얻어진 아이디어는 차후의 연구 수행을 위한 필수불가결한 지지점 및 연결 고리가 되었다.

Zoom-in

대여행
Le Grand Tour

대여행의 기원은 17세기 초로 거슬러 올라간다고 한다. 태어난 가문의 재산을 상속받지 못하고 자신의 독자적인 길을 찾아가야 했던 당시 귀족 집안의 차자들은 프랑스나 네덜란드와 같은 외국의 군대에 편입되어 군사적인 자질을 연마하고 인문주의적인 소양을 완성코자 했다는 것이다. 영국 젊은이들은 군사적인 경력을 추구하지 않았기 때문에 보다 지적인 여정을 밟았다. 18세기와 19세기에 들어서 대여행은 예술 애호가들이나 수집가, 그리고 작가나 예술가들이 거쳤던 공통의 경험이 되기도 했다.

대여행은 시간이 갈수록 상류층 자제들의 '완벽한 신사' 가 되기 위한 교육 과정으로서의 의미를 띠어 갔으며, 특히 젊은이들의 직업적 미래를 위한 준비 과정이 되기도 했다. 젊은 여행객들은 여행을 통해 영국과 유럽 대륙 각국의 다양한 정치제도를 보면서 자신들만의 정치 감각을 형성하기도 했다. 또한 외교, 군사, 정치, 무역 등의 분야에서 활동하게 될 타국의 엇비슷한 배경의 젊은이들과 친분 관계를 맺으면서 미래를 위한 인맥을 쌓아 나갈 수도 있었다. 살아 있는 외국어 경험을 하게 되는 것도 큰 소득이었다. 17세기 이후부터는 프랑스어가 국제적인 언어로서의 지위를 획득했기 때문에 프랑스어의 숙련은 특히 중요시되었다. 심지어 여행은 성교육의 기회가 되기도 했다. 대부분의 여정에 포함되었던 베니스에서의 체류는 이와 연관되어 있었다.

대여행은 다소 보수적인 면모도 지니고 있었다. 무엇보다도 여행은 젊은 여행객이 사회적으로 인정받고 또한 앞으로 현실 사회에 진출하는 데 도움을 주었다. 오랜 기간 많은 비용이 소모되는 여행을 할 수 있었다는 것은 이 젊은이들이 속해 있는 가문의 재정적인 능력을 확인해 주는 것이다. 17세기 이후 많은 지역을 여행했다는 것은 그 자체로서 한 개인의 자질과 소양, 그리고 그 배경을 입증해 주는 중요한 요인이 되었다.

한편으로 여행 경비를 마련해 준 부모나 후원자들이 젊은이들에게 요구한 것은 새롭고 이질적인 환경을 접하고 그들 자신의 고유한 정신적이고 문화적인 세계를 만들어 나가는 것이 아니었다. 오히려 그들은 젊은이들이 사회 상류층의 일원으로서 응당 보아야 할 것만을 보고, 그것을 통해 사회적으로 상류층에 합당한 공동의 가치와 규범을 갖추기를 원했다. 젊은이들은 여행을 통한 일화와 추억을 공유하여 공통의 대화 거리, 더 나아가서는 공통의 문화적 기반을 보유하고 이에 의거한 사회 상류층의 유대를 강화시켜야 하는 것이었다. 여행기는 공통으로 습득된 경험과 문화의 집결판이라는 의미로 중요시되었다. 많은 젊은이들이 동일한 관광지와 고급스러운 문화 현장을 방문했던 것도 이에 기인한 것이었다.

프랑스혁명 이후, 유럽 대륙에 벌어진 전쟁과 봉쇄로 대여행의 관행은 다소 약화되었다. 젊은이들은 유럽 대신 지중해와 그리스와 중근동 지역같이 보다 먼 곳으로 떠나기도 했다. 왕정복고 이후 대여행의 전통은 다시 살아났지만 예전에 비해서 그 범위와 인기는 축소되었다.

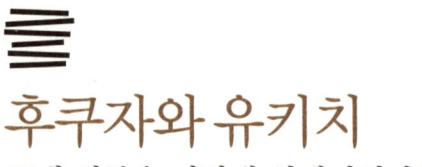

후쿠자와 유키치

근대 일본은 어떻게 설계되었나?

후쿠자와 유키치福澤諭吉(1835 ~ 1901)

후쿠자와 유키치(1830~1901년)가 살았던 시기는 일본사에서 '막말 유신기幕末維新期'라고 부르는 시기와 대체로 겹친다. 이 시기에는 260여 년간 계속되던 도쿠가와 막부 체제가 무너지고, 근대적인 메이지 정권이 탄생했는데, 이 과정에서 정치·사회·경제·외교·문화 각 분야에 커다란 변화가 이뤄졌다. 우리는 이것을 넓은 의미에서 '메이지유신'이라고 부른다.

도쿠가와 막번체제幕藩體制[1]의 위기는 18세기 말, 19세기 초를 거치면서 시작되고 1830년대에 현저해졌는데, 대략 재정과 국방 두 방면의 위기가 심각했다.

첫째, 재정 위기는 막부(중앙정부)와 번(지방정부) 모두에게 당면한 문제였다. 막부와 번의 주 수입원은 연공미年貢米(쌀)라는 현물세였기 때문에, 계속되는 물가 상승은 막부와 번의 실질적인 수입을 축소시켰다. 또 참근교대[2] 비용의

1
도쿠가와 막부의 전국적인 지배 체체 막부를 정점으로 무사 계급이 다른 모든 이들을 통치했다.

누적, 사치 풍조의 확산 등도 막부와 번의 재정을 궁지로 몰아넣었다. 막번(막부와 번)은 이러한 재정 위기를 타개하고자 기존의 신분체제를 뛰어넘는 인재 등용을 감행했다. 신분제에 근본적인 변화가 일어난 것은 아니었지만, 막번은 살아남기 위해 '능력 있는 개인'을 외면할 수 없었다. '능력 있는 개인'이 활약할 수 있는 공간은 점점 넓어졌다고 할 수 있다. 하급 무사의 아들로 태어난 후쿠자와 유키치는 이런 시대적 배경의 도움으로 커나갈 수 있었던 것이다.

둘째, 국방 위기는 일본 열도에 나타난 외국 함선에서 시작됐다. 일찍이 1792년 러시아 해군 중위 럭스만이 홋카이도 네무로에 나타난 사건은 당시 지식인들에게 적지 않은 충격을 주었다. 이후 19세기에 들어서 영국, 러시아, 미국 함선이 일본 열도 연안에 자주 등장하자 위기감은 고조되었다. 재정 위기에 비해 대외 위기감은 다소 과장된 면이 있는 것으로 보이지만, 어쨌든 당시 일본인들은 이를 심각한 위기로 인식하고, 이에 대한 대비를 촉구했다. 이런 움직임은 존왕양이尊王攘夷(왕실을 높이고 오랑캐를 물리침)처럼 배외주의로 나타나기도 했으나, 한편으론 서양에 대한 호기심과 탐구열을 자극하기도 했다. 후쿠자와는 전자가 일본을 망국으로 이끌 것이라고 생각하고 후자를 철저하게 추구하는 것에 일본의 살 길이 있다고 믿었던 것이다.

후쿠자와가 태어난 1830년대 들어 세상은 더욱 시끄러워졌다. 각지에서 크고 작은 반란과 소요가 잇따랐고, 외국 함선의 줄볼노 너욱 빈번해졌다. 이에 대해 막번은 생존하기 위해 개혁을 강화해 나갔는데, 그것이 이른바 '텐포개

2
각 번의 다이묘들이 정기적으로 에도에 와서 쇼군을 알현하는 제도.

혁天保改革' 이다. 그러나 이 개혁도 사회를 안정시키는 데는 실패했고, 오히려 사회는 더욱 불안해져 갔다.

　1841년 아편전쟁에서 중국이 패했다는 소식은 일본 열도 구석구석까지 퍼져 불안을 확산시켰다. 이어 1853년 미국 태평양 함대 사령관 페리가 4척의 군함을 이끌고 수도인 에도 근해에 나타나 국교를 맺을 것을 요청했다. 이제까지의 외국 함선들이 주로 홋카이도나 나가사키 등 에도

일본 근대화의 아버지 후쿠자와 유키치.

에서 멀리 떨어진 곳에 왔던 데 비해 이 미국 함선들은 에도 시민들이 눈으로 직접 볼 수 있는 곳까지 진출했기 때문에 그 충격은 매우 컸다. 이후 일본인들은 1853년(己丑年)이후 많은 변화가 있었다는 것을 의미하는, '기축이래己丑以來' 라는 표현을 자주 사용하게 되었는데, 이것만 봐도 이 사건이 준 충격을 충분히 짐작해 볼 수 있다.

　1853년 이후 도쿠가와 막부는 미국을 비롯한 서구 열강과 국교를 맺고 통상조약도 체결한다(1858년 안정5조약). 이 과정에서 막부의 권위는 실추하고, 초슈, 사쓰마를 비롯한 주요 번(웅번雄藩)들은 막부와 점점 대립하게 된다. 1858년 반막부파에 대한 대대적인 탄압이 벌어졌으나, 이에 대한 반발로 1860년 막부의 대노大老(막부의 수반)인 이이 나오스케가 암살되자, 막부의 권위는 땅에 떨어지고 막부에 대한 도전은 공공연히 벌어지게 된다. 결국 1868년 초슈, 사쓰마 두 번을 중심으로 한 토막파가 교

토에서 궁중 쿠데타를 일으켜, 도쿠가와 막부는 붕괴하고, 새로이 천황을 중심으로 한 메이지 정부가 수립되었다.

많은 사람들은 신정부가 양이책攘夷策(서양을 배척하는 정책)을 실천할 것으로 기대했으나, 신정부는 철저한 문명개화 정책, 즉 서양화 정책을 추구했다. 양이주의자들은 이에 반발했으나, 메이지 정부는 이 노선을 견지했고, 후쿠자와는 이를 강력히 지지했다.

메이지 정부 수립 이후 국내 정치의 가장 큰 쟁점은 헌법 제정과 의회 개설 문제였다. 이를 실현하기 위한 자유 민권 운동이 크게 일어나 초슈, 사쓰마 중심의 번벌藩閥'정부'와 대립했다. 1881년 홋카이도 개척사 관유물北海道開拓使官有物 불하사건[3]과 이에 따른 참의參議 오쿠마 시게노부의 사직을 계기로(메이지14년의 정변) 헌법 제정·의회 개설 요구는 더욱 거세졌고, 정부는 10년 후에 이를 실현할 것을 약속했다. 실제로 1890년 대일본제국 헌법이 반포되고, 제1회 제국의회가 개원함으로써 이 약속은 지켜졌다.

대외적으로 일본에게 가장 중요한 것은 조선 문제였다. 정한론(1873년), 강화도조약(1876년), 임오군란(1882년) 등 조선 문제는 항상 일본 국내 정치의 풍향을 좌우하는 이슈였다. 특히 갑신정변(1884년)의 실패와 이후 청국의 세력 확장은 일본 조야(조정과 민간)에 위기감을 강화시켰고, 일반인에게까지 내셔널리즘이 확산되는 계기가 되었다. 후쿠자와는 임오군란에 대해 강경한 조선 정책을 주장했고, 갑신정변에는 실질적으로 개입했다. 이후 청과 일본은 조선에서 일진일퇴의 세력 경쟁을 벌이다 마침내 1894년, 선생으로 치닫게 된다(청일전쟁). 일본은 여기서 승리를 거두고 조선에 대한 우위를 확

3
홋카이도의 관유물을 특정 번 출신 인사에게 헐값으로 불하해 특혜 시비가 벌어진 사건.

1876년 강화도조약 체결 모습. 메이지 정부 수립 초기 일본에게 조선 문제는 가장 중요한 것이었다.

보했다. 이후 잠시 러시아와의 세력 경쟁이 있었으나, 1905년 러일전쟁의 승리로 결국 조선에 대한 독점적인 지배권을 획득하게 되었다.

후쿠자와 유키치의 생애

후쿠자와는 1835년 1월 10일 오사카의 토지마에 있던 나카쓰번의 쿠라야시키에서 태어났다. 쿠라야시키라는 것은 각 번마다 그해에 거둬들인 연공미나 특산물을 팔기 위해 상업도시인 오사카에 설치한 창고 겸 거래소이다. 후쿠자와의 아버지는 나카쓰번의 하급 무사로 쿠라야시키를 관리하는 일을 맡고 있었다. 나카쓰번은 큐슈 지역에 있던 10만 석의 후다이번譜代藩(대대로 막부에 충성을 다한 번)으로 규모는 그리 크지 않았다.

　도쿠가와 시대에 하급 무사들은 비록 무사 신분이긴 했으나, 무사 사회에서의 사회적 지위는 매우 낮아서 사회적 진출에 커다란 제약이 있었다. 후일 후쿠자와는 "나에게 문벌제도는 부모의 적이다."라고 하며 이에 대한 반감을 표시했다. 이러한 신분제적 구조가 후쿠자와 유키치를 억압하고 있었던 것이다. 후쿠자와는 이곳에서 한 살 반부터 열여덟 살까지 약 17년간 살았는데, 결국 그 답답함을 견디지 못하고 나가사키로 나왔다. 이어서 오사카의 유명한 난학학교(네덜란드에서 전래된 지식을 가르치던 학교)인 데키주쿠適塾에 입학했다. 데키주쿠는 당시 유명한 양의사였던 오카타 코앙(1810~1863)이 운영하는 사숙私塾이었는데, 오무라 마스지로, 사노 쓰네타미, 하시모토 사나이 등 막말 유신기에 활약했던 많은 인물들이 이곳에서 배웠다. 후쿠자와는 이곳에서 네덜란드어를 비롯해서, 물리학·의학 등 서양의 학문을 열정적으로 공부했다. 나카쓰번은 그의 난학 실력을 인정해 그를 에도에 있는 번사藩士(다이묘의 봉록을 받던 무사)들의 자제를 가르치는 선생으로 초빙했다. 후쿠자와는 1858년 에도로 부임해 데포즈에 난학숙을 열고 학생들을 가르치기 시작했다(이곳이 후일 게이오 대학의 발상지로 여겨져 게이오 대학 100주년 기념비가 세워졌다).

1862년 유럽 방문 중 네덜란드에서 찍은 사진.

후쿠자와는 1860년의 미국 파견 사절단, 1861년의 유럽 파견 사절단, 1867년 다시 미국 파견 사절단을 수행하여, 당시 세계의 최선진 지역을 두루 둘러볼 수 있는 기회를 얻었다. 20대 후반에서 30대 초반 사이에 본 시양의 문물은 그에게 강한 인상을 남겼다. 1864년부터는 막부에 고용되어 외교 문서 번역에 종사하게 되었다.

후쿠가와가 두 번째 미국 여행에서 돌아오자마자, 봉직하고 있던 도쿠가와 막부가 붕괴하고 새로운 정권이 탄생했다. 후쿠자와는 막부의 몰락을 지켜보면서 오로지 학문과 교육에 매진했다. 그의 사숙은 규모가 점점 커져 학생이 수백 명을 헤아리게 되었다. 이에 따라 1868년 에도 신센자에 새 건물을 마련하고 학교 이름을 케이오 의숙이라고 지었다.

후쿠자와는 교육 활동과 함께 저술 활동에도 매진했다. 《서양 사정》 《문명론의 개략》 《학문의 권장》 등의 계몽서를 썼는데, 모두 베스트셀러가 되었다. 이런 교육·저술 활동을 통해 후쿠자와는 서양식 문명개화의 스승으로 입지를 확고히 굳히게 된다.

1880년 12월, 메이지 정부의 실권자들인 이토 히로부미, 이노우에 카오루, 오쿠마 시게노부 등은 후쿠자와에게 면담을 요청했다. 이들은 후쿠자와에게 국회를 개설하겠다는 정부의 계획을 밝히고, 정부 신문의 발간을 맡아 줄 것을 부탁했다. 후쿠자와는 이를 승낙했으나, 이 계획이 실현되기 전인 1881년 '홋카이도 관유물 부정불하사건'이 터지고, 참의 오쿠마 시게노부가 이토 히로부미에 의해 축출되는 정변이 발생했다(메이지 14년의 정변). 정부의 유력자들은 후쿠자와가 오쿠마, 미스비시 재벌과 연계해 의회의 조기 개설을 시도하려 했다고 의심했고, 이 사건을 계기로 확산되던 자유 민권 운동파의 시위 배후에 후쿠자와가 있다는 소리까지 나왔다. 이토 히로부미 측은 오쿠마를 축출하면서 동시에 게이오 의숙 출신의 후쿠자와 제자들을 정부에서 쫓아내 버렸다. 이에 후쿠자와는 정부 신문 발간 계획을 포기하고 1882년 독자적으로 《시사신보》를 창간한 뒤 언론을 통해 자신의 주장을 확산시켰다.

　이후 그는 이 신문을 통해서 임오군란 등 조선 문제에 대해 강경론을 주장했다. 특히 청에 대해서는 강경 일변도의 노선을 굽히지 않았다. 1884년 조선에서는 갑신정변이 일어났으나 3일 만에 진압되어 오히려 청나라의 영향력이 강해지게 되었다. 이 갑신정변에는 후쿠자와와 그의 측근들이 깊숙이 개입했다. 후쿠자와와 그 측근들은 이미 조선의 개화파 인사들과 친분이 있었다. 김옥균은 1882년 일본 방문 시 후쿠자와와 만났다. 당시 마흔일곱 살이던 후쿠자와는 서른한 살인 김옥균을 정중하게 대접했다. 김옥균은 그 후에도 갑신정변 전에 2차례 더 일본을 방문하는데, 이때마다 후쿠자와와 조선의 내정 개혁에 관한 의견을 교환했던 것으로 보인다. 갑신정변이 실패한 후 김옥균이 일본으로 망명하자, 후쿠자와는 그의 뒤를 돌보아주었다.

　박영효는 1883년 1월 일본에 수신사로 갔을 때, 후쿠자와의 추천을 받아 그의 제자들인 이노우에 카쿠고로 등 3명을 데리고 귀국했다. 이노우에는 조선에 계속 머물면서 1883년 조선 최초의 신문인 《한성순보》의 창간을 주도했고, 이듬해 갑신정변에도 깊숙이 개입했다. 유길준도 후쿠자와의 배려로 케이오 의숙에 입학해 1년 반 동안 후쿠자와에게 배웠다. 이 밖에도 후쿠자와가 갑신정변의 준비 과정에서 물적 · 인적 지원을 했다는 증거는 여기저기 있다.

　이처럼 공을 들인 갑신정변이 청군의 개입으로 실패로 돌아가자, 후쿠자와는 조선 개혁 노선을 포기하고 청과 조선에 대한 대립 노선을 택한다. 1885년 그는 《시사신보》를 통해 '탈아론脫亞論'을 발표하여, 청 · 조선

에 대한 적개심과 멸시감을 공공연히 표현하
기에 이른다.

후쿠자와는 이후 대외적으로는 강경한
내셔널리스트, 대내적으로는 천황을 중시하
는 점진적인 개혁주의자의 색채를 강화하면
서, 청에 맞서 조선을 확보할 것, 자유 민권
운동의 과격화를 비판하고 관민 조화를 통
해 국론 통일을 이룰 것, 천황을 중심으로 한
온건한 헌법의 제정, 헌정의 조기 실시 반대

갑신정변 실패 후 일본 망명 시절의 박
영효, 서광범, 서재필, 김옥균. 이들은
후쿠자와 유키치에게 커다란 영향을 받
았다.

등을 주장했다. 1895년 청일전쟁의 승리,
1890년 프로이센식 헌법의 제정 등으로 그의 주장은 대체로 현실 속에
서 실현되어 갔고, 동시에 그의 영향력은 더욱 커졌다. 그가 《시사신보》
창간사에서 밝힌 대로 그의 "필생의 목적은 국권 한 가지에 있었"고, 그
국권의 신장을 목도할 수 있었던 것이다.

후쿠자와는 1901년에 생을 마감했다. 그가 사망했을 때 일본 중의
원은 국회를 열어 그의 죽음을 애도했으며, 2월 8일 장례식 당시 장지인
주변 2km의 도로에는 애도 인파가 운집했다.

후쿠자와의 영향력이 강해지자 메이지 정부는 그에게 관직을 맡기
려고 여러 차례 시도했다. 또 작위 수여도 여러 차례 제안했다. 그러나
후쿠자와는 모두 거절하고 단 한 차례도 관직을 맡은 적이 없었다. 그는
교육 · 저술 · 언론을 통해서만 활동했다.

교육 활동은 주로 게이오 의숙을 통해 이뤄졌다. 이 학교는 자금 부

족으로 경영난에 빠지는 등 어려움이 많았으나, 1880년을 전후해서도 200명대의 입학생을 유지하고 있었다. 입학생의 신분도 처음에는 무사 자제가 압도적으로 많았으나, 1880년경에는 평민 자제가 30%선에 달했다.

후쿠자와는 간결하면서도 평이한 문체로 많은 저술을 남겼는데, 많은 저작들이 경이로운 판매 부수를 기록하며 일본 사회에 큰 영향을 끼쳤다. 먼저 《서양 사정》(1866~1870년 간행)은 유럽과 미국 견학을 토대로 챔버스와 웨이랜드의 경제서 등 여러 가지 서적을 번역, 정리한 것이다. 유길준의 유명한 《서유견문》은 이 책을 모방해서 저술된 것이다. 이 책은 서양 사회의 각 분야와 역사 등을 총체적으로 소개한 책인데, 각계의 유력 인사들이 이를 통해 서양에 대한 지식과 정보를 획득했을 뿐 아니라, 《서양 사정》 초편은 무려 15만 부가 팔렸을 만큼 일반인에게도 큰 영향을 끼쳤다. 이 저작들을 통해 '자유' '권리' 등의 번역어가 탄생하고 확산되었다.

《서양 사정》보다 더 폭발적인 인기를 끈 것은 1872년부터 출판되기 시작한 《학문의 권유》(총17편)였다. 1872년에 출판된 초편은 20여만 부가 팔려 나갔는데, 당시 일본의 인구를 3천 5백만으로 잡으면 160명 당 1권씩 산 셈이다. 이 책은 1876년에 17편으로 완간되었는데 모두 370여만 부가 팔렸다고 한다. 이러한 영향력으로 인해, "문부성은 타케바시竹橋에 있고, 문부경文部卿은 미타三田에 있다"(문부성 건물은 타케바시에 있으나 후쿠자와의 영향력이 문부경에 못지않았기에 게이오 의숙이 있는 미타에 문부경이 있다고 한 것)는 말이 나돌 정도였다. 1875년에는 《문명론의 개략》을 펴냈다. 이 책 역시 많은 판매 부수를 기록하며 근대 일본인의 사상에 지대한 영향을 끼쳤다.

후쿠자와의 주요 활동 중 빼놓을 수 없는 것이 언론 활동이다. 앞서 언급한 것처럼 그는 1882년 《시사신보》를 창간해, 스스로 수많은 사설을 집필하며 왕성한 활동을 전개했다. 특히 조선 문제가 생겼을 때는 거의 매일 글을 발표해 선명한 문체와 명쾌한 논리로 많은 독자를 확보했다.

후쿠자와 유키치는 어떤 인물이었나

문명개화의 신봉자

후쿠자와는 문명에 차등이 있다고 보았다. 개화-반개-미개-야만이 그 것이다. 그는 개화에 절대적인 우월성을 두고, 아직까지 반개 상태인 일본은 분발해서 개화로 나아가야 한다고 역설했다. 그에게 개화된 문명이란 서양 문명이었다.

"우리가 보는 바로는 일의 대체를 서양 문명의 주의를 따르는 것으로 정하여 오로지 열심히 진보하고… 어떤 사정이 있더라도 이미 정한 진보의 대주의는 바꿔서는 안 된다."(시사신보 사설)라고 말한 후쿠자와는 양이주의나 배외주의를 견결히 반대했고, 서양 모델을 일본에 실현시키고자 부단히 노력했다.

그렇다면 그가 추구하고자 했던 서양 문명의 내용은 무엇이었을까? 무엇이 문명개화인가.

먼저 개인의 독립성과 능동성이다. "일신이 독립하고서야 일국이 독립할 수 있다.”(《학문의 권장》)는 유명한 말은 국가나 공동체를 강조하는 전통적인 사고방식에 맞서 개인의 자율성과 능동성이 전제되지 않고서는 근대사회 건설이 불가능하다는 그의 생각을 표현한 것이다.

다음으로 관존민비를 타파해 관민 평등을 이룩하는 것이다. 정부와 국민의 관계는 계약으로 성립된 것이므로, 관이 민에게 군림할 수도 없고, 민이 관에게 굽실거릴 필요도 없다는 것이 그의 생각이었다. 그는 관 밖의 민, 즉 사회^{society}가 올바로 성립되어야 문명개화된 국가라고 보았다. 이에 따라 후쿠자와는 수차례에 걸친 정부 측의 권유를 끝내 뿌리치고, ‘사회’에 남았다.

국내 정치관: 현실적 점진주의자

1870년대의 저작들인 《학문의 권유》《문명론의 개략》에서 후쿠자와는 국가보다는 민간 사회, 관보다는 민의 중요성을 역설했다. 그러나 그렇다고 해서 그가 국가나 관을 경시한 것은 아니었다. 지금까지의 일본 사회가 지나치게 국가나 관에만 중점을 두어 왔기 때문에 그것을 시정하기 위한 것이었다. 그는 민간 사회의 성장을 부단히 촉구해 왔으나, 그 목적은 국력 강화에 있었다. 일체의 배외주의를 배격하고 서양 문화의 도입을 적극적으로 옹호한 것도, 헌법 제정과 의회 개설 등 서양식 정치체제의 수립을 적극적으로 촉구한 것도 이것들이 실현되어야만 일본이라는 국가가 상해질 수 있나고 보았기 때문이있다. 따라서 그는 급진적인 민주주의의 실현이나 이상주의적인 사회체제 구상에는 결코 호의를 보이지 않았다.

1870년대 중반 이후 번벌 정부와 유사전제有司專制(몇몇 신권자들이 정권을 독점하는 것)를 비판하며, 헌법 제정과 의회 개설을 통한 권력의 분점을 요구하는 자유 민권 운동이 점점 활발해져 갔다. 물론 후쿠자와와 그의 케이오 의숙 그룹은 이 운동의 중요한 한 축을 이루었으나, 1880년대 중반경 이 운동이 격화되기 시작하자, 거리를 두고 비판하기 시작하며 '관민조화론'을 내세운다. 그는 민에 의한 관의 전복이나 권위의 훼손에는 엄격한 반대의 태도를 유지했다. 그런 운동 방향이 국가의 강화에 도움이 되지 않을 뿐 아니라, 그렇게 되면 결국 민의 성장도 있을 수 없다고 본 것이다.

이 같은 그의 자세는 천황에 대한 인식에서도 견지된다. 《문명론의 개략》에서는 천황을 신격화하는 것이 '허위에 현혹된 망탄'이라고 한 데 비해, 1882년 《시사신보》에 연재한 〈제실론帝室論〉에서는 민족적 정체성을 천황가의 만세일계萬歲一係4에 구하며 천황의 존재를 적극적으로 인정했다.

의회 개설을 앞두고 후쿠자와는 의회의 과격한 투쟁으로 정쟁이 격화되고, 국론이 분열될 것을 우려해 의회 개설 후 3~5년간은 정쟁을 지양할 것을 제안하며, 민당民黨(반정부적 정당)의 반발을 가라앉히기 위해 정부가 주도권을 쥐고 개혁에 앞장설 것을 촉구했다. 마침내 제1회 제국의회가 열리자, 후쿠자와는 중의원을 장악한 민당의 과격한 투쟁을 비난하기 시작했다. 그리고 국정의 안정을 위해 자신과는 소원한 관계였던 이토 히로부미의 총리 취임을 요망

4
일본 천황의 혈통은 한 번도 끊어진 적이 없다는 견해.

한다. 1881년 메이지 14년 정변 이래, 이토와는 절교 상태였다.

1892년 역시 민당이 장악한 제2회 의회를 '경거폭진^{輕擧暴進}'(가볍게 움직이고 폭력적으로 나아감)이라 비난하고 마츠카타 내각을 격려하며 의회 해산을 지지했다. 그는 민당이 집권하면 3일천하로 끝나고 공연히 사회 혼란만 가중시킬 것이라고 하며 정부에 힘을 실어 주었다. "지금 일을 도모하기 위해서는 오직 영단을 내려 대외적인 큰 계획을 설정하고, 사회의 이목을 이 한 점에 모아, 이로써 국내의 작은 분쟁을 그만두게 하는 일법^{一法}이 있을 뿐."이라고 하여 내정을 둘러싼 분쟁을 종식시키기 위해 대외적인 전략을 추구할 것을 촉구하기도 했다. 그리고 그 대외 정략의 대상은 조선이었다.

후쿠자와는 초기에 민권이 허약한 사회가 강력한 국가를 만들어 낼 수는 없다고 보고 민권 강화에 주력해 왔으나, 1890년대에 들어서자 민권의 무분별하고 사려 깊지 못한 행사가 국가 성장에 해가 된다고 보고, 이를 견제하며 국가와 정부를 옹호했다.

대외관: 철저한 내셔널리스트

후쿠자와의 초기 저작들인 《당인왕래^{唐人往來}》《서양 사정》에서는 이상주의적인 국제 관계관이 엿보인다. 그러나 나이가 마흔이 넘어서고, 조선을 둘러싼 대외 정세가 급박해짐에 따라 철저한 내셔널리즘의 관점에서 국제 관계를 바라보게 된다.

후쿠자와가 《시사신보》를 창간한 지 몇 달 후 조선에서 임오군란이

일본 1만 엔권에 새겨진 후쿠자와
유키치의 초상.

발생했다. 후쿠자와는 자신의 신문 사설을 통해 내셔널리스트로서의 진면모를 발휘한다. 임오군란이 발생한 후인 1882년 7월 31일에서 제물포 조약이 체결된 직후인 9월 8일까지 그는 무려 33편의 논설을 발표하며 열정적으로 자신의 주장을 펴나갔다.

먼저 그는 다음과 같이 조선의 미개함을 한탄하며 일본이 이를 잘 이끌어야 한다고 했다.

> 조선 국민이 완고한 것은 미개국의 본색이므로 별로 이상하게 여길 필요는 없다. 다만 선진의 무리가 조선 국민을 잘 유도하고 차차 외교의 길을 알려주고, 그럼으로써 차차 개진改進의 방향으로 유도할 뿐이다.

그러나 그가 생각하고 있던 것은 단순한 유도가 아니라 강제를 동반한 간섭이었다. 그는 "문文을 가지고 설득하여 만일 듣지 않으면, 무武로써 협박할 필요가 있다."며 하나부사 일본 공사를 조선의 국무감독관으로 임명할 것을 제안했다. 후쿠자와는 7년 전에 발간된 《문명론의 개략》에서는 "독립 없는 문명화는 백인 지배에 봉사하는 노예화와 다르지 않다."고 말하며 독립과 문명화 양립의 필요성을 강조했다. 즉 문명화의 길이 곧 제국주의 침략으로 인한 독립 상실로 이어져서는 안 된다고 경계했다. 그러나 7년 뒤 임오군란 관련 사설에서는 조선의 독립은 일언반구도 언급하지 않고, 공공연히 독립을 침범하더라도 문명개화를 위해서는 무력적 강제를 동원해야 한다고 주장한 것이다.

한편 후쿠자와는 임오군란 뒤 청나라 세력이 확대될 것을 우려하며 청에 대해 강경한 자세를 보였다. 그는 "이번 조선 사변에서도 일본이 정의에 따라 조선의 불법한 짓을 문책하는 것을 보고, 청국은 과대망상에 빠져 일본의 의도를 의심하여 의거를 방해할지도 모른다. 그런 경우 우리 일본도 동방의 사나이 나라이므로 청국의 오만한 행동을 보고만 있을 수 없다."며 북경 점령을 제안하기도 했다. 그는 청나라와의 대립이 격화될 경우, "전쟁을 일으켜 동양의 노대후목老大朽木(늙고 썩은 큰 나무)을 일격에 좌절시킬 뿐."이라며 전의를 불태웠다. 임오군란을 둘러싼 조선, 청과의 문제에서는 다른 신문에 비해 후쿠자와가 더욱 강경했음을 알 수 있다. 초창기에 보이던 이상주의적 국제관은 사라지고, 국제사회에 대한 약육강식의 관점이 자리 잡게 된 것이다. 1883년 9월 29일에서 10월 4일에 걸쳐 《시사신보》에 연재한 사설 〈외교론〉에서 그는 세계 각국의 대치는 금수가 서로 접해 잡아먹는 것과 다르지 않다며 일본의 외교 진로는 다음 중 하나를 택해야 한다고 주장했다. 첫째, 불치병에 걸린 나라를 잡아먹는 자의 대열에 가담해 문명국인과 함께 좋은 먹이를 추구할 것인가, 아니면 수천년래 노저히 번영하지 않는 아시아의 낡은 국가들과 대오를 이뤄, 고풍古風을 지키다 문명국인에게 잡혀 먹힐 것인가. 일본은 당연히 서양을 열심히 배워 '아시아의 동변東邊에 완전한 하나의 새로운 서양국을 출현시킬 정도의 대영단'이 필요하다고 강조했다. 그는 외국과의 교제에 도덕은 불필요하고, 국제사회는 천도天道와 이理가 지배하는 것이 아니라, 역力과 정情이 지배한다고 주장하기에 이른다.

여기서도 후쿠자와는 "도저히 지금의 지나인에게는 개화를 바랄 수 없다. 인민이 개화하지 않으면 이것을 적으로 삼는 것도 두려워할 필요가 없고, 이것을 친구로 삼아도 정신상에 이로울 것이 없다."며 중국에 대한 적시와 멸시를 다시 드러낸다. 그리고 마침내 1885년 유명한 〈탈아론〉을 발표한다. 그는 "오늘날의 모謀(꾀)를 이룸에, 우리나라는 이웃 나라의 개명을 기다려 함께 아시아를 일으킬 여유가 없다. 오히려 그 대오에서 이탈해 서양 문명국과 진퇴를 함께하고, 저 지나·조선을 대하는 법도도 이웃 나라라고 해서 특별히 봐줄 것 없이, 실로 서양인이 이들에게 대하는 풍風을 따라 처분해야 할 뿐이다. 악우惡友와 친한 자는 함께 악명惡名을 면키 어렵다. 우리는 마음으로부터 아시아 동방의 악우惡友를 사절하는 바이다."라고 한다. 후쿠자와는 이제 조선 내정에 개입해 조선을 개혁해 보려는 자세를 버리고, 청과 조선을 멸시의 대상으로, 나아가 지배의 대상으로 여기게 되었던 것이다.

이런 그에게 1895년의 청일전쟁이 어떤 의미로 다가왔을지는 자명하다. 그는 동학농민운동에 대해 노골적인 무력 개입을 주장한다. 그는 "이러한 미련한 백성을 이끌어서 문명의 문에 들어서게 하기 위해서는 병력을 갖고 하는 것 외에 좋은 수단은 없다."며 이것이 '세계의 정리공도正理公道'라고 했다. 즉 문명주의의 이름으로 조선에 대한 무력행사를 정당화하고 있는 것이다.

확고한 내셔널리스트인 후쿠자와는 청일전쟁에 대해서 확신을 갖고 있었다. 그가 볼 때 청일전쟁은 '문명의 의전義戰'이었다. "원래 이번에 우리 일본 정부가 이웃 나라의 국사 개혁을 꾀하는 것은 그 나라를 새로운 문에 들어서게 하여 국민을 무정무법無情無法의 도탄에서 구해 내어 문명의 덕택德澤에 젖게 하고, 세계 만국과 함께 하늘이 부여한 행복을 함께하게 하려는 의거로, 하늘을 우러르고, 땅을 굽어보아 부끄럽지 않다. 구미의 여러 강국이라 할지라도 음으로 찬성의 뜻을 표할 것이고, 정정당당한 명분이 바른 것이다."라며 청일전쟁에 적극적으로 정당성을 부여했다. 그가 청일전쟁에 대해 얼마나 감격했는지는 다음으로도 알 수 있다.

일본에서 그려진 청일전쟁 그림. 후쿠자와는 청을 문명국으로 만들기 위해 전쟁을 해야 한다고 주장했다.

실로 이번 전쟁은 일대쾌사一大快事이다. 오래 살고 보니 이러한 활극을 볼 수 있소. 소생은 장년의 때부터 양학을 시작해 매우 어려운 지경에 처한 적도 있었소. 세상의 평판에 구애받지 않고 멋대로 방언放言하여 고학자古學者들이 쓸모없음을 말하고, 입국立國의 대본大本은 단지 서양류의 문명주의에 있을 뿐이라고 오랜 세월 동안 떠들어 마지않았던 것도, 스스로 기대하는 바는 있었지만, 도저히 생애 중에 실현할 수는 없을 거라고 생각했는데, 어찌 생각이나 했겠소, 지금 눈앞에 이런 성사盛事를 보고, 지금은 인국의 지나와 조선도 우리 문명 중에 포섭되려고 하고 있소. 필생의 유유쾌快, 실로 망외望外의 일입니다.

국경선의 안과 밖에 대한 태도가 선명히 달라지는 것이 내셔널리스트의 속성이지만, 후쿠자와 유키치의 대외관을 살펴보면, 이 냉철한 지식인의 사고를 규정하고 있던 근대 일본 내셔널리즘의 모습을 명확히 볼 수 있다.

Zoom-in

막부 말기의 유학생 파견

한 사회가 발전하기 위해서는 선진국의 문물을 열심히 배우고 정착시키는 것이 중요하다. 중국 문물을 끊임없이 수용하여 높은 수준의 사회를 건설해 온 한국 역사는 그 좋은 본보기일 것이다. 이를 위한 방법 중 하나가 유학생 파견이다. 일본 역사상 메이지 유신기는 견당사遣唐使(당나라 문물을 배우고 들여오기 위해 파견한 사신)를 파견했던 나라 시대와 더불어, 가장 열정적으로 유학생을 파견했던 시기다.

도쿠가와 막부는 1862년, 네덜란드에 약 10명의 유학생을 파견했다. 이중에는 몇 년 뒤 관군에 맞서 막부의 해군을 이끌고 가장 끝까지 항전한 에노모토 다케아키, 귀국 후 마지막 쇼군 도쿠가와 요시노부의 브레인으로 근대적 개혁을 입안한 니시 아마네 등이 포함되어 있었다. 이들 중 대다수는 학업을 마친 뒤, 막부가 네덜란드에 주문한 군함 가이요마루開陽丸를 타고 귀국했다. 이어 막부는 1865년 러시아 영사의 권유에 따라 6명의 유학생을 페테르부르크에 보냈다. 다음해에는 10여 명을 영국에 파견했고, 1867년에는 파리에서 열린 만국박람회에 참가하는 기회를 이용해 쇼군 도쿠가와 요시노부의 친동생인 도쿠가와 아키다케 등 몇 명을 프랑스에서 공부하도록 했다. 유학생들이 공부한 분야는 군사, 의학, 과학기술뿐 아니라 정치학 등 사회과학 분야도 포함되어 있었다.

막부는 1860년대에 들어 반막부 세력의 공격으로 크게 흔들리고 있었지만 정권 붕괴 직전까지 유학생을 열심히 파견했다. 이들 유학생들이 귀국하자마자 막부는 멸망했지만, 이들 중 많은 수는 메이지 시기 문명개화의 선도자로서 맹활약하게 된다. 메이지 정부도 이런 방침을 계승해 조직적으로 유학생 파견 정책을 추진했다.

유학생을 파견한 것은 막부만이 아니었다. 당시 일본인이 해외로 나가는 것이 엄격하게 금지되어 있었음에도 불구하고 서남웅번西南雄藩의 여러 번들은 막부의 감시를 피해 이를 감행했다. 초슈, 사쓰마, 사가, 구마모토번들이 이들인데 대부분 메이지 유신에 결정적으로 기여한 번들이다.

페리가 에도만에 등장했을 때 양이론자인 초슈의 요시다 쇼인이 접근해 유학을 부탁했다는 얘기는 유명하다. 서양 오랑캐를 물리치기 위해서는 그들의 장점을 알지 않으면 안 된다는 생각을 갖고 있었기에 양이론자도 서양 유학에 적극적이었다. 대표적인 것이 초슈번의 이토 히로부미와 이노우에 카오루다. 양이 운동이 최고조에 달했던 1863년 초슈번은 이들을 비롯한 5명을 영국 상선에 탑승시켜 영국 유학을 보냈다. 해외에서 견문을 넓힌 이들은 양이 운동의 무모함을 금세 깨달았다. 이때 이들의 경험은 훗날 메이지 정부가 각계각층의 비판에도 불구하고 서구를 모델로 한 문명개화와 부국강병 노선을 추구하는 데 결정적으로 기여했다고 할 수 있다. 초슈와 메이지 유신을 주도한 사쓰마번도 유학생 파견에 적극적이었다. 사쓰마는 1865년 막부의 눈을 피하기 위해 유학생 15명 전원에게 가명을 쓰게 해서 영국으로 유학을 보냈다. 이후 미국에도 유학생이 파견되었다.

이렇게 되자 막부는 1866년, "해외 국가에 학문 수업이나 상업 활동을 나가기를 원하는 자는 신청을 하면 검토 후 허락하겠다"고 하여 마침내 해외 도항 금지를 철폐했다. 그 대상에는 사무라이뿐 아니라 농민과 상인도 포함되어 있었다. 그 후 많은 번들이 유학생을 파견했고 메이지 정부가 들어서자 유학붐은 더 커져 갔다. 이 유학생들은 귀국한 후 일본 곳곳에서 중요한 족적을 남겼다. 일본의 유학 정책과 유학생들의 활동은 근대 일본의 초석을 놓는 데 매우 큰 역할을 했다고 할 수 있다.

이오덕
어린이와 겨레의 삶을 가꾸는 교육

이오덕(1925 ~ 2003)

우리글 · 우리말과 함께한 생애

20세기 후반 한반도 남녘, 이오덕은 한 해가 멀다 하고 휘몰아치는 혼란과 역경에 온몸으로 맞서며 올곧은 삶을 살아간 인물로 기억된다. 이 땅의 겨레와 어린이를 위한 교육과 문학을 지키고 바르게 가꾸는 일에 모든 삶을 바쳤으며, 우리글을 바로 쓰고 우리말을 살려 쓰는 길을 수많은 사람들에게 깨우쳐 주었기 때문이다. 앞으로도 우리 겨레가 존재하는 한 글을 쓰는 사람들, 책이나 신문·잡지를 만드는 사람들, 라디오나 텔레비전을 통해 말을 하는 사람들, 학교나 사회에서 아이들을 기르치는 사람들은 이오덕의 우리말과 우리글 바로 쓰기에 대한 담론을 피해 갈 수 없을 것이다.

　　이오덕은 1925년 11월 14일, 경상북도 청송군 현서면 덕계리에서 아버지 이규하와 어머니 정작선 사이에서 태어났다. 이오덕은 어려서 아버지가 교인들과 힘을 모아 세운 화목 교회 주일학교에 다니면서 1920

년대 방정환을 중심으로 일어났던 어린이 문화 운동의 영향을 받았고, 문학의 길에서는 이원수에게 많은 가르침을 받았다. 그는 이러한 영향을 통해 1944년부터 1986년까지 초중등학교 현장에서 어린이를 지키는 문학, 삶을 가꾸는 글쓰기 교육의 길을 개척했고, 나아가 1986년부터 우리글 바로 쓰기에 대해 스스로 깨우치면서 자신의 1990년대를 우리말과 우리글 바로 쓰기 운동에 오롯이 바쳤다.

이오덕은 어린이를 외면하고 짓밟고 속이는 어린이 문학의 거짓된 모습을 낱낱이 밝혀 비판했고, 반민족·반민주·반인간 교육을 하면서 민족·민주·인간 교육을 한다고 속이는 잘못된 겉치레 교육의 현실을 있는 그대로 발가벗겨 보여 주었으며, 우리 겨레의 말과 글이 밖에서 들어온 다른 말과 글에 억눌리고 짓밟히고 죽어 가는 현실을 또렷하게 밝혀 주었다. 그리고 우리 겨레와 우리 어린이들을 살리고, 민주주의를 살려 내는 길을 열어 주었다. 참교육의 길과 문학의 길과 쉬운 우리말과 우리글을 살려서 바르게 쓰는 길이다. 이오덕은 2003년 8월 25일 충청북도 충주시 무너미에서 숨을 거둘 때까지 그 길을 올곧게 지켜 갔다.

사회의 민주화 그리고 말과 글의 민주화

이오덕이 살았던 20세기 후반은 우리 겨레가 나라 안팎에서 불어온 거센 풍랑을 힘겹게 헤쳐 온 시대였다. 이 과정에서 수많은 사람들이 자기 목숨을 희생하거나 희생당했다.

이오덕의 어린 시절은 일제가 우리 겨레에 대한 수탈과 말살 정책을 가파르게 강화하던 시기였다. 이에 맞선 항일 독립운동이 치열하게 전개됐고, 어린이·여성·노동자·농민들의 해방 투쟁이 전개되었다.

해방된 뒤 좌우익 대립이 전국을 휩쓸 때, 이오덕의 고향인 청송군 현서면 일대 역시 이

한평생을 어린이와 우리말·우리글을 위해 바친 이오덕 선생.

혼란의 시대를 비켜 갈 수 없었다. 보현산은 지리산, 팔공산과 함께 빨치산 무력 항쟁의 3대 근거지여서 지역 내 좌우 대립도 심각했고, 화목 교회 전도사를 비롯한 지역 인사들이 인민군에게 학살당하는 비극도 겪었다. 물론 이와 반대되는 학살 역시 비켜 갈 수 없었다.

교육 현장 역시 거짓과 혼란의 수렁을 피해 갈 수 없었다. 1944년, 이오덕은 일제 식민 통치를 위해 농민을 착취하고 짓밟는 군청 직원 노릇을 더 이상 할 수 없다고 생각하고, 해맑은 아이들과 함께 살고 싶어 교사가 되었다. 그러나 일제 식민지 교육의 하수인에서도 벗어날 수 없었다. 해방이 되고 얼마 동안은 자유롭게 가르칠 수 있었지만 곧 세워진 대한민국의 이승만 정권은 반민족 친일파와 손을 잡고 반민족특별법을 무산시키는가 하면 반공을 빌미로 서북청년단과 깡패 조직의 폭력을 비호하고 이용했다. 교육 역시 독재정치의 시녀로 전락시켰고 교사들에게 자유당을 선전하는 선거운동을 강요하기도 했다. 교육은 말만 민주·민족 교육을 주장하는 새 교육이었지, 실제로는 일제 식민지 노예 교육의

잔재를 그대로 되살려 교사와 어린이들을 억압하는 것이었다. 민족 교육을 내세우면서도 실제로는 친일파를 애국자로 둔갑시킨 교과 내용을 그대로 외우게 했다. 자유당 독재 정권의 이런 행태는 공화당 군사 독재와 유신 독재 정권, 제5공화국 전두환 독재 정권까지 그대로 이어졌다.

1970년대 이러한 교육 현장의 실태를 자세히 밝혀 쓰면서 그 대안을 제시한 이오덕의 책과 성내운이 앞장서 발표한 '우리의 교육 지표'[1]를 씨앗으로, 1980년대 교육 민주화 운동과 참교육 운동이 일어났다. 참교육 운동은 독재 정권의 온갖 탄압을 이겨 내면서 교육 민주화의 길을 열어 젖혔고, 1987년 6월 항쟁의 승리로 시작된 정치 민주화의 발전과 궤를 같이하면서 전국교직원노동조합을 중심으로 한 교육 민주화도 한 걸음씩 성장해 갔다. 이러한 시대의 한가운데 서서 자신의 길을 뚜벅뚜벅 걸어온 이오덕은 독재 정권의 탄압에 시달릴 수밖에 없었다. 결국 1986년 학교에 사직서를 낸 뒤 '우리말 살리기' '우리글 바로 쓰기' 운동을 시작한다.

1988년 5월 15일은 우리 문화사에서 중요한 날이다. 국민 모금으로 세운 《한겨레 신문》이 나왔고, 이 신문이 한글로 가로쓰기를 시작했기 때문이다. 세종대왕이 우리글인 한글을 만들었지만 조선 말기까지는 한자가 지배하는 사회였다. 1896년 4월 7일 독립신문이 창간되면서 한글로만 발행되었지만 얼마 못 가 국한문 혼용체로 바뀌었다. 1948년 10월 9일 한글전용법을 만들었지만 1980년대까지 신문이나 잡지, 논문 그리고 대부분의 책들이 국한문 혼용체의 굴레를 벗어 던지지 못했다. 이런 상황에서 우리

1
국민교육헌장과 국가 교육정책의 비민주성을 규탄하며 대학교수 11명이 1978년에 발표한 교육개혁 선언문.

겨레의 글에 큰 영향을 끼치는 신문에서 100여 년 만에 한글 가로쓰기가 시작된 것이다. 지금은 대부분 신문이 한글 가로쓰기로 바뀌었고, 잡지와 학술 서적까지도 국한문 혼용에서 벗어나 한글로 쓰고 있다. 이러한 변화는 정치 민주화 못지않은 중요한 변화다. 바로 문화 민주화, 말과 글의 민주화를 뜻하기 때문이다.

이오덕은 이러한 말과 글의 민주화, 문화 민주화에 대한 새로운 깨우침을 주었다. 그는 일본 글자와 중국 글자와 영어를 비롯한 다른 나라 글자를 단순히 한글로 바꿔 쓰는 데서 생기는 문제를 자세히 알려 주었고, 다른 나라 말법이 우리말법을 죽이는 사례를 또렷하게 밝혀 주었으며, 지식을 팔아먹는 사람들이 만든 지배 언어보다 더 쉽게 쓸 수 있는 우리말과 우리글을 바르게 쓰는 길이 민주주의를 뿌리내리는 지름길임을 일깨워 주었다.

참교육의 길

한 사회의 속성이 바뀌기 위해서는 그 속성을 바꿀 수 있는 개념이 필요하다. 역사를 돌아보면 역사의 진보는 수많은 사람들이 함께 움직일 때 이뤄지는데, 그 많은 사람들을 움직이게 해주는 것이 한 시대를 규정하고 나아가야 할 방향을 가르쳐 주는 '개념'이다. '참교육'은 우리 시대의 속성을 한마디로 보여 주면서 나아갈 길을 가르쳐 준 지표가 되는 개념을 함축한 말이다. 지금은 수많은 사람들이 이 말을 쓰고 있지만 이 말을 이오덕이 처음 내뱉었을 때는 너무나 외로운 단어였다.

1945년 해방이 되고 교육을 다시 시작할 때 나온 말은 '새 교육'이었다. 일제 식민지 교육은 '헌 교육'이고 새 나라를 세웠으니 '새 교육'을 해야 한다고 했지만, 그 '새 교육'은 일제 식민지 노예 교육을 그대로 답습하면서 겉모습만 미국식 민주주의 교육으로 포장한 것과 다르지 않았다. 1941년 일제가 황국 신민화 교육을 한창 강요할 때 붙인 '국민학교'란 명칭은 그대로 쓰면서 새 교육을 한다는 것은 사실 말도 안 되는 일이었다. 더구나 자유당 독재정권이 교육을 정치의 도구로 만들고, 겉으로만 민족·민주·전인 교육을 소리치면서 교육을 독재정권의 시녀로 만들어, 교사들을 기계 부속품 같은 소모품으로 전락시켰을 때 교육은 더 이상 교육이 아니고 교사는 더 이상 교사가 아니었다.

이오덕은 이러한 정치 현실 때문에 교육 현장에서 교사와 어린이들이 사람답지 못한 삶을 가르치고 배우는 현실을 거짓 교육·겉치레 교육·겨레와 어린이를 죽이는 교육이라 했고, 겨레와 어린이들을 살리기 위해 교사와 어린이들이 주체가 되어 참된 민주·민족·인간화 교육을 일궈 내야 한다고 생각했다. 그리고 이러한 참교육의 길을 먼저 연구하면서 스스로 실천했다.

'참교육'이라는 말을 처음 쓴 것은 《내가 걷는 길》(1979)에서였던 것으로 보인다. 그전에 쓴 글에서는 대개 '참된 교육'이라고 썼는데, 이 글에서 "어쩌면 내 교직 생활은 나날이 가혹한 고문을 받는 생활이 아니었던가 … 교육계에 투신한 이래 나는 그러한 비리와 모순을 목도할 때마다 깊은 절망의 늪에 빠지곤 했다. 그러나 끊임없는 자가당착과 회의 속에서도 교육이란 어쩔 수 없이 하지 않으면 안 되는 당위의 길이었고, 절망과의 씨름이었다."라고 토로하면서, "꿈에도 그리던 참교육을 이제는 할 수 있게 된 것일까?"라고 외롭게 반문한다. 그리고 곧바로 이 질문에 대한 답, 참교육을 할 수 있는 길을 찾아 동료 교사들에게 보여 주었다. 철저한 글쓰기 정신으로 교육 현실의 문제를 솔직하게 써서 밝혔고, 그러한 문제를 풀어 나갈 수 있는 방법을 실천으로 보여 주었다. 그가 쓴 수십 권에 이르는 글쓰기 교육과 어린이 문학, 우리말 바로 쓰기와 교육에 관한 책들이 그 기록이다. 참교육에 대한 그의 생각은 1989년 전국교직원노동조합 결성을 지지하면서 교사와 국민들에게 그 길을 보여 주기 위해 펴낸 《참교육으로 가는 길》(1990)에 자세히 밝혀 놓았다.

이오덕은 1985년 'YMCA 전국초등교육협의회' 결성 때부터 적극 참여했고, 1987년 '민주교육 추진 전국초등교사협의회'를 만들 때는 퇴임한 뒤라 회원은 못 되었지만 자문위원으로 참여했다. 또한 전국교직원노동조합을 결성하기 위한 교사 대상 강연을 부탁받으면 광주고 부산이고 흔쾌히 달려갔다. 전교조라는 몸을 만들 때 참교육이라는 내용을 교사와 국민 앞에 보여 줄 수 없었다면 많은 이들의 지지와 호응을 받기 힘들었을 것이다. 전교조를 결성하면서 교사와 국민 앞에 가장 먼저 내놓은 선전물 제목이 '더불어 사는 삶을 가르치는 참교육'이다. 이 선전물을 통해 호소한 "참교육이란 바른 삶을 위한 교육입니다." "민족·민주·인간화 교육은 참교육이라는 하나의 교육의 세 가지 측면인 것입니다. 이 참교육은 교사만의 힘과 노력으로는 어려우며 학생과 학부모 모두의 공동 노력이 있어야 할 것입니다."라는 내용이 얼마나 많은 교사와 국민들에게 공감을 일으켰는지는 이루 다 설명할 수 없다. 그 무렵 만들어진 '참교육 학부모회'만 보아도 '참교육'에 대한 국민의 공감과 지지가 어떠했는지 짐작할 수 있다.

어린이를 지키는 문학

이오덕의 참교육 사상은 어린이 문학과도 깊은 연관이 있다. 그가 어린이를 가르치는 교사의 길을 걷는 동시에 어린이 삶에 큰 영향을 끼치는 어린이 문학가의 길도 걸었기 때문이다. 그가 쓴 책 《삶을 가꾸는 글쓰기 교육》(1984)이 '어린이가 쓰는 글'과 '어른이 어린이를 위해 쓰는 어린이 문학'이 서로 다르다는 것을 깨우치면서 찾아낸 길을 밝혀 준 책이라면, 《아동시론》(1973) 《시 정신과 유희 정신》(1977) 《어린이를 지키는 문학》(1984)은 그 시대 어린이 문학의 거짓된 모습을 밝혀내면서 어린이를 지키는 참문학의 길을 밝혀 준 책이다.

우리 어린이 문학사에서 《시 정신과 유희 정신》은 하나의 뚜렷한 지표가 되는 책이다. 그는 이 책에서 어린이 문학 초기, 방정환·마해송·이주홍·이원수의 작품에서는 적어도 어린이가 주인이 되고 작가는 겨레와 어린이를 위한 신념을 가지고 있었는데, 8·15와 6·25를 거친 후 작가들 대부분이 겨레와 어린이의 앞날에 대한 신념 없이, 어린이들한테 열등의식을 심어 주는 작품을 쓴다고 비판했다. 겨레와 어린이의 앞날에 대한 신념이 사라진 어린이 문학 작가들이 물질 중심의 이익, 입신양명을 노리는 출세주의, 어린이보다는 작가 자신의 오락이라고 볼 수밖에 없는 작품을 내놓고 있다는 것이었다. 그는 또한 어린이 문학 작가들이 어린이 문학을 어른들의 장난거리로 여기는 '유희 정신'을 버리고, 겨레와 어린이를 지키고 살리는 진정한 문학 정신을 되찾아야 한다고 주장하며 그 진정한 문학 정신을 '시 정신'이라고 규정했다.

이 책이 나오자 어린이 문학 작가들 대부분이 비난을 퍼부었다. 그들은 이오덕의 문제 제기에 대한 정당한 비판보다는 같은 어린이 문학을 하는 처지의 동료들을 그렇게 비판할 수 있냐면서 인신공격성 비난을 했고, 비평이나 작품의 몇 구절을 확대해석해서 좌경용공이라고 몰아세웠다. 여러 동시 작가들이 쓴 동시에 대해 다른 동시를 표절하거나 모작한 작품이라고 원문과 견주면서 자세히 비판했는데도, 그에 대한 반론이라는 것이 어린이 문학을 같이 하는 사람을 그렇게 모욕해도 되느냐는 수준이었다. 또 〈쉬는 시간〉이라는 동시의 한 구절인 "까라! 까라! 까라!" 같은 것을 뽑아서 보여 주고는 아이들에게 폭력을 조장하는 동시라며 이오덕을 좌경용공으로 몰아가기도 했다. 그러나 이오덕은 그런 비난에 굴복하지 않고 어린이 문학을 다시 바로 세우기 위해 끊임없이 고민하고 발이 닳도록 뛰어다녔다.

방정환, 이원수, 마해송, 이주홍 등의 작가들의 작품을 다시 출판하도록 했고, 이원수의 작품을 모아서 30여 권이나 되는 전집을 만들었으며, 〈강아지 똥〉을 읽고 바로 그 작가인 권정생을 찾아가 작품을 받아 와서는 여기저기 잡지에 싣고 책으로 낼 수 있도록 발품을 팔기도 했다. 그렇게 해서 〈꼬마 옥이〉〈몽실 언니〉〈점득이네〉 같은 우리 겨레의 삶이

어린이를 지키는 참문학의 길을 밝혀준 책 《시 정신과 유희 정신》.

고스란히 담긴 작품이 살아날 수 있었다. 또 더 많은 어린이 문학 작가들이 작품을 발표할 수 있도록 하기 위해 여러 가지 부정기 간행물을 기획, 출간하기도 했다. 그가 1980년대에 기획·편집한 《살아 있는 아동문학》《겨레와 아이들》《지붕 없는 가게》《우리 모두 손잡고》《아이들 나라》 같은 어린이 잡지는 좋은 어린이 문학 작가를 발굴하고 키우는 데 큰 힘이 되었다.

이오덕은 1990년 무렵에 이르러서는 민족문학작가회의 아동문학 분과 위원회 일을 책임지다시피 했고, 뜻을 같이하는 어린이 문학가들과 함께 한국어린이문학협의회를 만들어 회장으로 열심히 일했다. 그는 단체에서 내는 회보를 직접 손으로 또박또박 써서 내고 인쇄소를 왔다 갔다 했으며 손수 우표를 붙이고 묶어서 우체국까지 다녀오는 일까지 소홀히 하는 법이 없었다. 경북글짓기교육연구회 회보, 한국글쓰기교육연구회 회보, 우리말 살리기 모임 회보, 어린이문학협의회 회보를 보면 그가 손수 써서 만든 것들이 많다. 이런 그의 모습을 보고 어떤 회원은 잠도 없는 노인네라서 할 수 있다고 장난말을 하지만 그게 어디 시간만 있다고 할 수 있는 일인가. 정말 대단한 열정과 신념이 아니고는 누구도 할 수 없는 일이다.

30여 년 전 처음 《시 정신과 유희 정신》이 나왔을 때는 너무나 외로웠고, 동료들 자존심을 짓밟은 배신자, 어린이 문학 주류에서 밀려난 이단자 같았다. 그러나 오늘 되돌아보면 그 흙탕물 속에서 피어난 하나의 연꽃이 어느새 수많은 뿌리를 내어 아름다운 연꽃 무리를 이루게 되었고, 2000년대 어린이 문학의 중심 흐름으로 자리매김하고 있다.

참삶을 가꾸는 글쓰기 교육

이오덕은 참교육을 실현하는 중요한 교육 방법으로 '참삶을 가꾸는 글쓰기 교육'을 내놓았다. 여기서 우리는 '글쓰기'라는 말을 주의해서 볼 필요가 있다. 이 말은 그가 만든 말인데, '참교육'이 '거짓 교육'과 맞서는 개념이라면, '글쓰기'는 '글짓기'에 맞서는 개념으로 참교육을 실천할 수 있는 중요한 교육 방법이고 교육 사상이기 때문이다.

이오덕이 가장 먼저 써서 펴낸 책이 《글짓기 지도의 이론과 실제》(1965)이다. 이오덕은 책의 머리에서 "이 책을 저술한 의도는, 글짓기가 특수한 기술 교육이 아니고, 어디까지나 모든 어린이들이 다 같이 받을 수 있고 받아야 하는 가장 참된 '인간의 교육'이라는 관점에서, 어린이를 참되게 키워 가려는 모든 교사가 관심을 가지고 지도할 수 있도록 그 실제 방법을 보여 주고, 필요한 최소한두의 이론을 세우는 데 있다."고 하면서 그 첫째로 '가식의 허위를 물리치고 진실한 생활을 창조해 가는 글짓기 교육의 사명'을 강조하고 있다. 이 글에서 '글짓기'를 '글쓰기'로 바꾸면, 이 문장에 담긴 뜻이 바로 이오덕이 글쓰기 교육 이론과 실천 사례를 바탕으로 참교육을 실천하기 위해 1983년에 만든 한국글쓰기교육연구회의 목적임을 알 수 있다.

앞 책의 머리글에서 이원수는 "글짓기 교육열이 전국적으로 팽배히 일어나고 있는 것은 실로 반가운 일이지만, 진실로 그 정당한 방향과 옳은 방법이 논의되어 왔던가. 이 점에 대해서는 참으로 안타까움을 느끼지 않을 수 없었다. 그러나 이제 이 책이 세상에 나오므로 해서, 글짓기 지도의 길이 좀 더 확연해지고, 새로운 글짓기 운동의 기틀이 튼튼히 잡혀질 것을 믿어 의심치 않는다."라고 했다.

1960년대는 글짓기 지도 열풍이 전국적으로 일어났는데, 그 방법이 글 솜씨 있는 소수 어린이들을 뽑아서 글짓기 선수로 키우는 일이었다. 거짓된 글을 예쁘게 꾸미고 다듬어서 상 타오기에 전념하는 꼬마 문학가를 만드는 거짓 교육이 확산되고 있는데, 이를 바꿔야 한다고 주장한 책이다. 그리고 20여 년 뒤에 한국글쓰기교육연구회가 만들어졌고, 글짓기 교육에 대한 비판과 함께 글쓰기 교육 운동이 교육 현장에 참교육의 이름으로 불타듯 퍼지기 시작했다.

'글짓기'를 '글쓰기'로 바꾸는 일 하나도 하루 이틀에 이뤄진 것이 아니다. 당시 글짓기 운동을 주도하던 한국글짓기지도회의 활동력이 워낙 컸던 데다 이오덕을 따르는 사람들 가운데서도 말 하나 바꾸는 게 뭐그리 중요하냐고 생각하는 사람들이 많았기 때문이다. 이오덕이 분명하게 '글짓기'를 버리고 '글쓰기'를 쓰기 시작한 때는 1981년 10월 의성초등학교에서 '의성 학생 백일장'을 치루고 난 다음부터다. 그때 지도교사 회의를 하고 나서 손수 써서 발간하던 경북글짓기교육연구회 회보 제목을 '글짓기'에서 '글쓰기'로 바꾼 것이다. 한국글쓰기교육연구회를 만들 때도 결성 대회에 참석한 회원들이 '한국글짓기교육연구회'로 해야 한다와 '한국글쓰기교육연구회'로 해야 한다를 놓고 찬반 논쟁을 벌이다 겨우 '글쓰기'로 결정했다.

다시 20년이 지난 지금 돌아보면 이 작은 갈림이 얼마나 큰 갈림길이 되었는지를 뚜렷하게 알 수 있다. 제6차 교육과정부터는 초등학교 국어 교과서 이름이 '쓰기'로 바뀌었고, 내용 중에도 동시만 '짓기'로 남고 다른 갈래 글은 모두 '쓰기'로 바뀌었다. 제7차 교육과정 교과서부터는 '동시 짓기'도 모두 '시 쓰기'로 바뀌었다. 물론 말이 바뀐 것만큼 실제 교과서 내용이나 교사들의 교육 방법이 '참삶을 가꾸는 글쓰기 교육'으로 바뀐 것은 아니다. 그 일은 이 시대의 교사들이 글쓰기 교육 운동을 얼마나 더 새롭고 참되게 이끌어 가느냐에 따라 결정될 것이다. 곧 참교육을 완성할 수 있느냐 없느냐는 교육 현장에서 교사들이 아이들에게 거짓 글을 짓게 하는 게 아니라 참된 글을 쓰게 할 수 있느냐의 문제다.

겨레를 살리는 우리글 · 우리말 바로 쓰기

이오덕은 '참 삶을 가꾸는 글쓰기 교육' '어린이를 지키는 문학' 운동을 하면서 우리말과 글이 얼마나 심각하게 오염되고 죽어 가고 있는지 깨닫게 되었다. 또 1986년 학교에서 나와 과천에 와서 활동하면서 어린이들이 글을 잘 쓰지 못하는 까닭이 어린이 문학뿐 아니라 우리 사회 모든 분야의 글쓰기 문화가 잘못되었기 때문이라고 보았다. 이런 잘못을 바로잡지 않으면 어린이 글쓰기 교육도 올바로 할 수 없고, 어린이 문학도 제대로 나올 수 없으며, 우리 겨레와 어린이들이 참삶을 살 수 없다는 점을 알게 된 것이다. 나아가 우리말과 글이 죽는 것은 겨레의 생명이 죽는 것이라는 걸 깨달은 것이다.

이오덕은 이때부터 어린이 글과 어린이 문학은 물론 소설, 잡지, 신문, 텔레비전, 라디오 등 생활 곳곳에서 쓰는 글과 말, 문장을 살펴서 바로잡는 일을 시작했다. 음식점 차림표, 전철 알림판에 쓰인 글이나 전철 안내방송을 비롯해 국민 생활 전 영역에 걸쳐 잘못되고 오염된 말을 찾아서 바로 잡는 글을 여기저기 보내기 시작했고, 이를 바탕으로 1989년에 《우리글 바로 쓰기》를 출간했다. 이 책은 우리 사회에 큰 반향을 불러일으켰다. 일부에서 너무 심하다는 지적을 하기도 했지만 많은 사람들이 박수를 보냈고, 우리글 바로 쓰기 운동을 같이 하겠다고 모이기 시작했다. 이에 힘입어 《우리글 바로 쓰기2》《우리글 바로 쓰기3》《우리 문장 쓰기》 등을 계속 펴냈다.(2010년에는 그의 유고를 모은 《우리글 바로쓰기》 4 ·

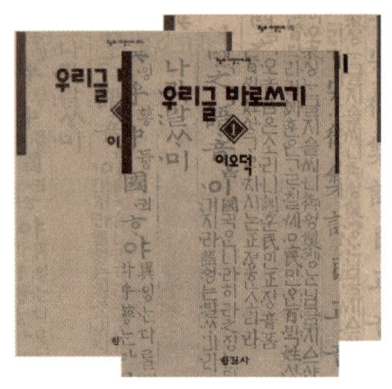

이오덕이 펴낸 글쓰기 책들.

5권이 나왔다).

그러한 힘을 모아 1991년에 '우리말 살리는 모임'을 만들었다. '우리말 살리는 모임' 회보 1호에 다음과 같은 글을 써서 우리말 살리기 운동의 중요성을 강조했다.

어떤 이가 우리말 살리기 운동에 대해 "그거 쪽박으로 바닷물 퍼내는 거 아닙니까? 성난 파도가 산같이 밀려오는데……."라고 물었습니다. 저는 대답했습니다. "저도 그렇게 느낍니다. 아무리 외쳐도 도무지 쇠 귀에 경 읽기입니다. 글을 쓰는 모든 사람이 그래요. 하지만 어찌합니까? 우리는 어떤 일을 할 때 그것이 이뤄질 수 있는가 없는가를 따져서 되면 하고 안 되면 안 하고, 이래서는 안 되지요. 하지 않을 수 없어서 하는 것입니다.

이 모임은 나중에 '우리말 살리는 겨레 모임'으로 발전하고, 《우리말·우리 얼》이라는 회보를 꾸준히 펴내면서 우리말과 글을 지키고 살리기 위한 여러 가지 활동을 하고 있다.

'우리글 바로 쓰기 운동'이 퍼지면서 글 쓰는 일을 하는 많은 사람들이 이오덕이 펴낸 책을 참고하게 되었고 어려운 글을 쉬운 우리글로 다듬게 되었다. 그가 1990년대 외롭게 시작한 '우리글 바로 쓰기 운동'은 수십 년 동안 진행된 '국어 순화 운동'을 대체했다. '우리글 바로 쓰기'는 '국어 순화'나 '한글 전용'에서 새롭게 한 걸음 더 앞으로 나간 말이다. '한글'을 더욱 쉽고 분명하게 '우리글'로 지키고 살려 가야 하

충청북도 충주시 신니면 수월리에 있는 이오덕 시비.

는 까닭과 방향을 잡아 준 말이기 때문이다.

우리 시대의 교사

이오덕은 평생 초등학교 현장 교사로 참교육 실천을 꿈꾸면서 살았고 퇴임해서는 우리글과 말을 살리기 위해 온 겨레를 다시 가르치는 교사로 살았다. 그리고 어린이 문학이 겨레와 어린이를 지키고 살려 낼 수 있는 참문학으로 되살아날 수 있도록 끊임없이 질책하고 격려하면서 이끌었다.

우리 시대가 이오덕을 필요로 하는 한 그가 남긴 발자취는 점점 뚜렷해질 것이다. 겨레를 지키고 어린이를 살리고 참교육과 참문학과 참사회를 완성하기 위해, 교사와 학생과 학부모가 진정한 교육의 주체로 서게 해서, 이를 바탕으로 교사와 어린이들이 참삶을 가꾸면서 가르치고 배울 수 있게 하기 위해, 그리고 모든 사람이 우리말과 글을 바르고 쉽게 써서 온 겨레가 신나게 일하면서 평화롭게 살 수 있는 날을 만들기 위해 우리는 이오덕을 '우리 시대의 교사'로 삼아야 할 것이다.

Zoom-in

이오덕과 권정생

권정생이 쓴 동화와 동시들은 우리 겨레가 살아 온 이야기이고, 이 땅에 수많은 생명들이 살아온 이야기이다. 그리고 그 생명들이 꽃으로 피워 낼 희망을 담고 있으며, 생명의 평화와 통일의 꿈을 담아내고 있다. 〈강아지똥〉 〈몽실 언니〉 〈점득이네〉 〈하느님의 눈물〉 〈어머니 사시는 그 나라에는〉 〈하느님이 우리 옆집에 살고 있네요〉 〈밥데기 죽데기〉 등 그의 작품은 하나같이 생명과 평화와 통일을 이야기하고 있다. 이 시대가 그런 이야기를 하지 않을 수 없게 하기 때문이었다. 이런 의미에서 이오덕을 '이 시대의 교사'라고 부를 수 있다면 권정생은 '이 시대의 마음'이라고 부를 수 있다. 이 시대의 마음을 어린이부터 어른까지 모두 읽을 수 있는 동화를 쓰는 문학가라고 할 수 있다.

이오덕과 권정생이 주고받은 편지 모음인 《살구꽃 봉오리를 보니 눈물이 납니다》를 보면 알 수 있듯이 둘은 30년 넘게 마음과 뜻을 나눠 온 사이였다. 이오덕이 겨레와 어린이를 지키고 살리는 어린이 문학의 길을 열심히 이야기했다고 하더라도 권정생의 작품이 없었다면 설득력을 갖기 어려웠을 것이다. 이오덕 자신이 쓴 동화나 동시보다 권정생이 쓴 동화나 동시가 훨씬 더 이오덕이 소망하는 어린이 문학의 길에 가깝기 때문이다.

권정생은 이오덕의 책 《아동시론》을 읽고, "이런 글을 쓸 수 있는 선생님을 가난한 우리나라에 태어나게 하신 하나님께 감사드렸습니다."라고 하면서 "선생님을 알게 되어 이젠 외롭지 않습니다."라고 1973년 3월 14일자 편지에 썼다. 《아동시론》은 이오덕이 처음 펴낸 책으로 어린이 문학이 나갈 길에 대해 쓴 것이다. 이 시기를 기점으로 권정생의 작품 세계가 이오덕의 문학 사상에 걸맞게 바뀌는 모습이 뚜렷하게 나타나기 시작한다. 곧 권정생이 이오덕을 만나서 외롭지 않게 되었듯이 이오덕 또한 권정생 또한 이오덕을 만나는 동안은 외롭지 않았다.

몽타유 사람들 - 중세 프랑스 이단자들의 삶과 문화

/

메노키오 - 르네상스와 종교개혁기의 민중적 책 읽기

/

메네트라 - 18세기 프랑스 파리 장인의 세계

/

시팅불 - 19세기 후반 미국 인디언의 행로

/

강주룡 - 일제강점기 식민지 노동자들의 삶과 투쟁

제 3 부

온몸으로
역사를 새긴
평범한 사람들

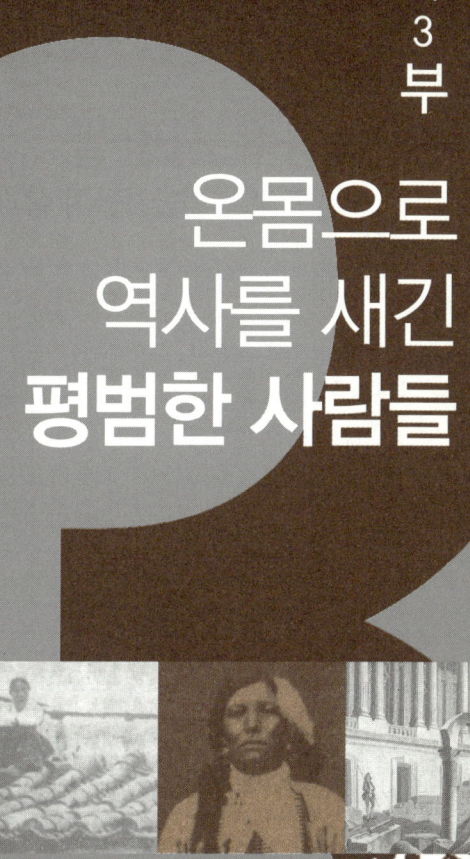

몽타유 사람들

중세 프랑스 이단자들의 삶과 문화

몽타유 사람들(14세기)

역사에 기록된 몽타유 사람들

14세기 초 프랑스에서는 몽타유 사람들에 대한 이단 재판이 벌어졌다. 그 이유는 이들이 '사탄은 신과 동등한 힘을 가진 적대자'라는 극단적인 이원론에 근거한 카타리즘을 믿었기 때문이다. 이들은 인간의 육체는 물질이기에 악이며, 구원받기 위해서는 일체의 악에서 벗어나야 한다고 생각했다. 이 생각에 따르면 세상이 악한 것은 사탄이 신을 이겼기 때문이라는 추론이 가능해진다. 당연히 가톨릭은 이들을 이단으로 단죄하기 위해 이단 재판을 열었다.

몽타유는 프랑스 남서부 피레네 산맥 기슭, 해발 1300미터에 위치한 조그만 산골 마을이다. 특별해 보이지도 않는 이 마을 사람들이 역사에 등장하게 된 것은, 이들에 대한 이단 재판 기록이 상세히 남아 있기 때문이다. 당시 이들을 심문한 사람은 이 지역의 주교인 자크 푸르니에였다. 그는 다른 이단 재판관들이 범죄의 증거만을 간략하게 기록한 것

1940년경 몽타유 마을.

과 달리, 오늘날의 인류학자처럼 피의자들의 일상생활을 상세히 기록했다.(후일 그는 교황 베네딕트 12세가 된다) 프랑스 역사가인 에마뉘엘 르 루아 라뒤리는 자크 푸르니에의 기록을 상세히 분석해 책(《몽타유: 랑그독 지방의 마을 1294~1324》, 1975)으로 발간했다. 이 책은 전문가들뿐만 아니라 일반 독자들에게도 커다란 관심을 불러일으켰다.

이단 재판

몽타유 사람들이 이단 재판을 받은 것은 그들이 '카타르파'였기 때문이다. '카타르'라는 이름은 12~13세기 프랑스 남서부의 랑그독 지방과 이탈리아에 특히 크게 퍼졌던 '이단'에 붙여진 이름으로, '순수한'이라는

뜻을 가진 그리스어 '카타로스^{katharos}'에서 유래

한 것이다. 프랑스에서는 '알비인들'이라고 불
렸는데, 그 이유는 그들의 본거지가 '알비'라는
도시였기 때문이다. 또한 보스니아 지방의 보고
밀파에서 유래했다고 해서 '불가리'라 불리기도
했다. '보고밀'이라는 말은 '하느님의 자비를
받을 자격이 있는 사람'이라는 뜻이다. 이들은

훗날 교황 베네딕트 12세가 된
자크 푸르니에.

'어떻게 해서 선한 신이 창조한 세상에 악이 있을 수 있는가?' 하는 근
본적인 질문을 던지고 이에 답하기 위해 창세신화를 만들어 냈다. 그 중
심에는 신이 아니라 사탄이 있다. 그들의 창세신화에 따르면 사탄은 천
사장 미카엘과의 전쟁에서 패배한 후, 천사들의 1/3, 태양, 달, 별과 함
께 지구로 떨어졌다. 그리고 사탄은 천사들을 인간의 육체 안에 가두었
다. 카타르파가 자기들을 '추락한 천사'라고 부르는 것은 이 때문이다.
인간의 몸 안에 갇힌 천사, 즉 영혼은 윤회한다. 천사가 육체에서 해방되
어 하늘로 올라가는 것은 카타르파의 사제라 할 수 있는 '완전자'의 몸
을 거쳐야 가능하다. 그렇지 않으면 천사는 다시 다른 육체에 감금된다.

　　카타리즘은 이원론에 근거하고 있다. 무릇 기독교를 비롯한 다른
종교들도 어느 정도 이원론적인 요소를 지니고 있지만, 카타리즘의 이원
론은 극단적이다. 카타리즘의 사탄은 신과 동등한 힘을 가진 적대자이
다. 바로 그 사탄이 이 세상의 창조주이며, 그렇기 때문에 이 세상은 악
이다. 눈에 보이는 것, 즉 물질은 악이며 눈에 보이지 않는 것, 즉 영혼은
선이다. 인간의 육체는 물질이기에 악이며, 구원받기 위해서는 일체의

악에서 벗어나야 한다. 따라서 카타리즘은 결혼과 출산을 거부했다. 임신한 여자는 카타르파에 들어올 수 없었다. 또 고기에는 동료 영혼인 천사가 감금되어 있다고 생각했기 때문에 먹지 않았다.

카타르파의 완전자들은 극단적인 금욕을 요구받았다. 그에 비해 일반 신도들에게는 비교적 자유분방한 생활이 허용되었다. 단, 그들은 임종 무렵에 '콘솔라멘툼'이라 불리는 위령 안수 의식을 받고, 엔두라라는 단식 자살을 통해 구원을 받을 수 있었다. 이렇게 물질과 육체를 악으로 보는 것은 일상생활 차원에만 머물지 않았다. 교회 자체가 물질이었고, 교회에서 행해지는 성사, 특히 세례 성사와 성체 성사도 물질을 통해 이루어지기 때문에 거부했을 뿐만 아니라, 성모 마리아의 처녀 수태, 예수의 십자가 처형 등도 받아들이지 않았다. 카타리즘은 예수의 신성神性과 삼위일체를 거부했다.

이단의 역사에서 볼 때 카타리즘은 다소 특이하다. 이단이란 본래 '다른 교리를 가진 종파'를 의미한다. 이교와는 다른, 기독교의 한 종파로서 단지 정통 가톨릭과 다른 교리를 가지고 있다는 이유로 가톨릭으로부터 이단으로 단죄된 종파다. 그러나 카타리즘의 극단적인 이원론은 사탄을 신과 대등한 위치로 올려놓았고, 예수의 신성을 인정하지 않았다는 점에서 기독교와는 다른 종교라고 볼 수 있다. 다시 말해서 이단이라기보다는 이교의 성격이 강하다는 것이다. 그러나 교리적인 차원을 넘어 신자들은 자기들, 그리고 자기들의 완전자들이야말로 '진정한 기독교도'라고 생각했다는 점에서 이단으로도 볼 수 있다.

이단은 박해를 받는다. 가톨릭교회가 카타리즘을 이단으로 선포한 것은 당연한 일이었다. 12세기 말 강력한 교황 이노켄티우스 3세는 이단 정벌을 위해 시토 수도회 수도자들을 파견했다. 그러던 중 1208년, 교황의 사절인 피터 카스텔노가 살해당하자, 교황은 십자군을 선포했다. 당시 서아시아의 이슬람교도들과 전쟁을 벌이고 있던 십자군은 이교와 이단을 상대로 동시에 십자

십자군에 의해 프랑스 남부 카르카손에서 쫓겨나고 있는 카타르파 사람들.

군 전쟁을 벌이게 된 것이다. 첫 번째로 베지에가 공격을 받았다. 병사들이 이단과 이단이 아닌 사람을 어떻게 구분하느냐고 묻자, 지휘관인 시토 수도회 수도원장 아말릭은 다음과 같이 끔찍한 말을 했다.

"하나도 남김없이 모두 죽여라. 주님은 누가 주님의 어린 양인지 가려 주실 것이다."

역사적으로 가장 잔인한 말 가운데 하나가 수도원장의 입에서 나온 것이다. 그 결과 전 주민 17,000여 명이 몰살당했다.

남부 프랑스가 공포에 휩싸인 가운데, 결국 1229년 파리조약으로 툴루즈 백작 레몽 7세가 항복함으로써 십자군 원정이 끝을 맺었다. 그러나 종결된 것은 십자군 전쟁을 빙자한 정복 전쟁이었을 뿐 카타르파와의

전쟁은 계속되었다. 1233년 교황 그레고리우스 9세는 도미니코 수도회 수도자들에게 이단 재판을 위임했다. 과거의 주교 이단 재판과는 다른 교황 이단 재판이 탄생한 것이다. 이렇게 해서 악명 높은 이단 재판이 시작되었다. 1244년 몽세귀르의 카타르파 약 200명이 화형 당함으로써 랑그독 지방에서의 조직적인 카타르 운동은 종결되었다.

몽세귀르가 함락된 후, 일부 카타르파는 가까이에 있는 몽타유로 숨어들었다. 1308년, 카르카손에 있는 이단 재판관은 몽타유의 전 주민을 검거해, 그 가운데 자크 오티에, 기욤 오티에, 아르노 마르티, 프라드 타베르니에 등을 화형시켰다. 이 이단 재판에 대한 직접적인 기록은 전해지지 않지만, 자크 푸르니에에 의해 1318년에서 1325년까지 진행된 이단 재판 기록을 통해서 모습을 드러낸다. 푸르니에가 소환한 사람은 모두 114명으로, 귀족, 사제, 공증인 몇 명을 제외한 대다수는 농민, 장인, 영

파괴된 몽타유 성의 폐허.

세 상인이었다. 그중 여자는 48명이었고 몽타유 주민은 25명이었다. 당시 몽타유에는 250명 정도가 살고 있었기 때문에 전체의 1/10이 이단 재판을 받은 것이다. 주교가 이들에게 내린 벌은 가혹하지 않았다. 이들에게는 성지순례, 재산 몰수, 감금, 옷에 노란색 십자가 표시 부착 등의 벌이 내려졌으며, 5명은 화형에 처해졌다. 1명은 몽타유의 카타르파인 기욤 포르였고 나머지 4명은 파미에르 지역의 발도파 이단이었다.

푸르니에의 자료는 이단 재판 기록인 동시에 인류학적 관찰 기록이라고 할 수 있을 정도로 농민들의 생생한 증언을 담고 있다. 물론 그것은 농민들이 아니라 제3자가 기록한 것이고 이단 재판이라는 특수한 상황에서 작성된 것이기는 하지만, 농민들이 아직 문맹의 어둠 속에 빠져 있던 상황에서 그들의 일상생활을 굴절 없이 전해 주는 희귀한 자료다. 우리가 중세 말 농민들의 삶과 문화에 대해 이야기할 수 있는 것도 이 덕분이다.

농민들의 성性

역사 교과서에서는 중세이 농민을 농노라고 부른다. 중세의 농민은 경제적으로 그리고 경제 외적으로도 영주에게 예속된 신분이었다고 한다. 그러나 이 같은 설명이 중세 말 몽타유 농민들에게는 적용되지 않는다. 당시 농민들은 더 이상 농노가 아니었다. 근대를 기다릴 것도 없이, 그들은 이미 농노 신분에서 해방되어 있었다. 그들은 토지를 자유롭게 소유하고 판매하고 유증했으며, 무엇보다도 이동의 자유를 누리고 있었다.

당시 몽타유에서 막강한 권력을 휘두른 사람은 피에르 클레르그였다. 오늘날까지도 이 지역에 클레르그라는 성을 가진 사람이 살고 있을 정도로 클레르그 집안은 뿌리 깊은 집안이었다. 피에르 클레르그는 가톨릭 사제였지만, 내심 카타리즘을 따르고 있었다. 그러던 중 1308년 카르카손의 이단 재판관이 감시의 눈길을 던지자, 그는 이단 재판관의 앞잡이 역할을 하며 평소에 자기를 해코지한 사람들을 제거해 버렸다. 그렇다고 그가 카타리즘을 버린 것은 아니었다. 그의 카타리즘은 1320년 푸르니에의 이단 재판 때 드러나게 되고, 결국 감옥에서 죽게 된다.

가톨릭 사제이며 카타르파였던 피에르는 대단한 바람둥이로, 확인된 정부만 해도 12명이었다. 여기에는 그의 제수^{弟嫂}도 포함되며, 삼촌의 사생아 딸인 파브리스 모녀도 있었다. 푸르니에의 이단 재판 기록에는 피에르가 자기의 정부인 베아트리스 플라니솔에게 한 말이 남아 있다.

이봐, 우리는 형제가 넷이야. 나는 사제니까 배우자가 필요 없지. 만일 기욤과 베르나르가 우리 여자 형제들인 에스클라몽드와 기메트와 결혼한다면 우리 집안은 파산하지 않을 거야. 그 애들은 결혼 지참금으로 돈을 가져갈 필요가 없으니까 말이지. 우리 집안은 어쨌든 손해를 보지 않을 거야. 우리 베르나르를 위해 우리 집안에 들어올 한 명의 여자로도 우리는 충분한 여자들을 가지게 되는 셈이고 집안은 현재보다 훨씬 부자가 될걸세.

가톨릭 사제의 말이다. '충분한 여자들'이라는 말은 형제들이 한 여인을 공유할 수도 있다고 생각했음을 말해 준다. 부부 중심의 가정보다는 집안의 재산이 더 중요한 가치로 인식되었던 것이다.

베아트리스는 귀족이었다. 그리고 그녀는 피에르의 대모이기도 했다. 베아트리스의 애정 편력은 남편이 살아 있을 때부터 시작되었다. 그래도 남편 생전에는, 피에르의 이복동생인 레몽과의 외도가 발각될까 두려워했으나, 남편 사후에는 당당하게 동거에 들어갔다. 그러나 피에르는 베아트리스를 가만두지 않았다. 피에르와 베아트리스의 만남은 교회의 고해실에서 시작되었으며, 둘은 크리스마스에도 교회 안에서 성관계를 갖는 등 신성모독을 서슴지 않았다. 2년 뒤, 베아트리스는 귀족과 결혼했으나, 그가 죽자 사제인 바르텔르미와 관계를 맺었다. 둘 사이의 관계는 베아트리스의 카타리즘 때문에 끝나고 말았다. 이단 재판을 받은 후, 베아트리스는 옷에 노란색 십자가 표시를 부착하는 벌을 받았으며, 사제는 벌을 받지 않았다.

베아트리스를 통해서 우리는 카타르파 사제와 가톨릭 사제 모두 금욕적이지 않았음을 확인할 수 있다. 몽타유 사람들은 성적으로 자유롭고 대범했다. 그런데 그들은 이 같은 성적 일탈을 죄라고 생각했을까? 피에르는 유부녀와의 간음이 죄악이라는 말에 대해 "아니다."라고 답변했다. 피에르의 열네 살짜리 파트너였던 그라지드 역시 즐거운 성관계는 죄악이 아니라고 생각했다. 어린 소녀의 당찬 말을 직접 들어보자.

그때 사제와 육체관계를 맺는 일은 나를 즐겁게 했으며, 또한 사제를 즐겁게 했습니다. 따라서 나는 죄를 범하지 않았으며 그 역시 마찬가지라고 생각합니다. 그러나 지금 그와 관계를 맺는 것은 더 이상 즐겁지 않습니다. 따라서 이제 그와 관계를 맺는 것은 죄악이라고 생각합니다.

그렇다면 피에르와 베아트리스의 사례는 예외적인 것이었을까, 일반적인 것이었을까? 간단한 통계이기는 하지만, 당시 몽타유는 전체 50가구 중 5~6가구에서 불륜이 벌어지고 있었다. 성적인 타락 여부는 판단하기 나름이지만, 어쨌든 몽타유는 우리의 생각과 달리 순결한 사회는 아니었다. 그들은 성에 있어서 당당했다. 성관계가 즐거움을 주거나 돈을 매개로 이루어질 경우에는 죄가 아니라고 생각했다. 그들의 이 같은 개방적인 성 윤리는 카타리즘의 영향 때문일까? 카타리즘은 완전자에게는 성자적인 금욕을 요구한 반면, 일반인에게는 성적인 자유를 허용했다. 이것이 몽타유인들을 성적으로 자유롭게 한 면이 없지 않을 것이다. 그러나 일반적으로 중세인들은 기독교의 엄격한 성 윤리 아래에 있지 않았다. 몽타유인들의 성은 중세인들의 일반적인 성 풍속에서 벗어나지 않는다. 서양의 역사에서 엄격한 성 윤리가 지배하는 것은 종교개혁의 영향이 마을 구석구석까지 퍼지는 17~18세기의 일이다.

종교 생활

몽타유 사람들의 성 윤리는 기독교 교리에서 많이 벗어나 있다. 그럼, 그들은 가톨릭 의식으로부터도 많이 벗어났을까? 그렇지는 않은 것 같다.

그들은 내심 카타리즘을 견지하고 있었지만, 박해를 받고 있는 상황에서 가톨릭의 의식까지 거부하지는 않았다.

카타르파이건 가톨릭이건, 몽타유의 농민들을 사로잡고 있던 문제는 구원이었다. 이점에 있어서 카타리즘은 대단히 편리한 종교였다. 카타리즘은 완전자에게는 대단히 엄격했지만 일반 신도들에게는 관용적이었다. 카타리즘에 의하면, 모든 사람은 죽기 전에 위령안수 의식을 받으면 영혼의 구원을 받을 수 있었다. 베아트리스의 진술에서 이것을 확인할 수 있다.

한 여인이 몹시 아팠습니다. 그녀는 자식들에게 다음과 같이 말했답니다. "애들아, 가서 완전자를 모셔 오너라." 그러나 아이들은 어머니에게 다음과 같이 대답했다고 하네요. 만일 우리가 완전자를 모셔 온다면 우리는 이단 재판을 받고 재산을 다 잃을 겁니다. 그러자 어머니는 "너희들은 나의 영혼보다 너희들의 재산을 더 좋아하는구나!" 라고 말했답니다.

이렇듯, 임종 시에 위령안수 의식만 받으면 구원이 보장되있기에, 그들은 평상시에는 자유로운 생활을 할 수 있었다. 가톨릭 의식을 따르는 데에도 종교적인 가책을 느끼지 않았다. 마리아의 처녀 수태를 믿지는 않았지만 그렇다고 마리아 경배를 거부하지도 않았다. 피에르 클레르 그는 자기 어머니를 훌륭한 카타르파라고 칭송하면서도 성모마리아 제단 가까이에 매장했다. 그들은 가톨릭의 영성체도 따라했다. 물질을 악으로 보는 카타리즘 때문에 그들은 성체가 예수의 몸이라는 것을 믿지는 않았지만, 그냥 과자 조각으로서는 먹지 못할 이유가 없었던 것이다. 그러나 종부성사(신자가 죽음을 앞두고 받는 성사)만큼은 받아들이지 않았다. 중요한 구원의 순간만큼은 신부를 내쫓고 대신 완전자를 모셨다. 완전자는 위령안수 의식을 해주었다.

일반 신자가 아닌 완전자의 생활은 어떠했을까? 푸르니에의 사료에는 완전자 기욤 벨리바스트에 대한 내용이 있다. 그는 1321년 빌루즈-테르메스에서 화형에 처해진 최후의 완전자로 역사에 기록된 사람으로, 싸우다가 한 목동을 죽인 뒤 도주해 목동이 되었고, 완전자가 되었다. 그는 스스로 신의 아들이라고 말했고, 신도들은 그를 '성령'이라고 불렀다. 카타르파의 특징적인 신앙생활 가운데 하나는 '주님의 기도'를 암송하는 것이었는데, 벨리바스트는 자다가도 여섯 번이나 일어나 주님의 기도를 외웠으며, 자기의 동료 신도들에게는 더러운 입으로 '우리 아버지'를 더럽히지 말라고 말했다.

카타르파에게 있어서 가톨릭교회는 구원을 얻기 위해 꼭 필요한 존재가 아니었다. 그들이 박해를 받은 이유는 궁극적으로 이 문제 때문이다. 교리적으로도 카타르파는 가톨릭의 연옥 신앙, 대사부^{Indulgence} 등을 받아들이지 않았다. 망자를 위한 기도는 결국 교회를 타락시킬 뿐이라고 생각했기 때문이다. 이렇듯, 카타리즘에는 16세기의 프로테스탄티즘적인 요소들이 엿보인다. 벨리바스트는 '오직 믿음으로'를 말하는데, 그것은 동시대의 이단인 발도파에게서도 나타날 뿐만 아니라 루터 사상의 핵심이기도 하다.

물로 행한 세례는 아무런 의미가 없다. 왜냐하면 물에는 영혼을 구하는 힘이 없기 때문이다. 오직 믿음만이 영혼을 구한다.

벨리바스트는 완전자였다. 그러나 성적인 면에서는 그도 다른 몽타유 사람들과 다르지 않았다. 벨리바스트는 한 유부녀와 관계를 맺고 있었다. 그녀가 임신하자, 그는 이 사실을 숨긴 채 자기를 따라다니는 목동 피에르 모리를 그녀와 결혼시키려 했다. 순진한 피에르 모리는 이 사기 사건에도 불구하고 벨리바스트를 계속 따라다녔다. 그는 무엇보다도 벨리바스트가 빈곤을 실천하는 것, 즉 탁발 수도자들도 제대로 실천하지 못하던 그 '사도적 삶'을 좋아했기 때문이다. 피에르 모리에게는 벨리바스트가 이단이 아니라 '진정한 기독교도'였다. 1323년, 피에르 모리는 15년간의 도피 생활 끝에 체포되어 종신형을 선고받는다.

몽타유의 민속

몽디유의 농민들을 지배한 것은 가톨릭이니 기디리즘 같은 종교민이 이니었다. 그들을 지배한 것으로는 그밖에도 미신, 민속 같은 것들이 있다. 종교를 엘리트문화라고 한다면 이것은 어쩌면 민중문화라고 부를 수 있을 것이다. 이 유구한 민중문화의 두꺼운 층이 기독교 시대에도 여전히 존재하면서, 기독교와는 별도로, 혹은 기독교와 혼재되어 사람들의 일상 생활을 지배했던 것이다.

몽타유 사람들의 종교 생활에는 민속적인 요소가 많이 들어 있었다. 예컨대, 세례는 원죄를 씻어 준다는 기독교적인 의미 외에도, 익사를 방지하거나, 늑대에게 물려 가는 것을 막아 주거나, 좋은 피부를 갖게 해주는 등의 민속적인 기능을 가지고 있다고 믿었다. 일체의 물질을 악으로 보았던 카타르파에게는 기독교적인 것보다는 민속적인 것의 의미가 더 컸을지도 모른다.

몽타유 사람들은 가장이 죽으면 그의 손톱과 머리카락을 집 안에 보존해 그가 집 안의 운을 계속 지켜 주기를 기대했다. 그들은 별, 공기, 달 등이 인간의 운명에 영향을 준다고 생각했다. 결혼 날짜를 잡기 위해 달의 기울기를 관찰했으며, 필요한 경우, 점쟁이를 찾기도 했다. 한 개종한 유태인은 베아트리스에게 아이들의 탯줄이 소송에서 이기게 해주며 딸의 첫 월경 피는 남편의 사랑을 불러일으키는 힘이 있다는 얘기를 해주었다. 한 이슬람교도 점쟁이는 동물이나 사람의 건강, 여행, 결혼 등에 대해 얘기해 주었다. 바람둥이 사제 피에르 클레르그는 피임을 가능하게 해주는 풀을 가지고 다녔는데, 베아트리스는 그 풀을 빌려 달라고 졸랐다. 16세기라면 이들은 마녀사냥의 대상이 되었겠지만, 아직은 아니었다. 다시 말해, 푸르니에를 포함한 14세기 사람들은 이들이 악마의 하수인이라고 생각하지 않았다. 16세기에 들어 교구마다 학교가 세워지고 남녀 사이의 문화적 격차가 벌어지고 여성이 야만적 문화의 담지자라는 오명을 뒤집어쓰게 되는 것이 마녀사냥의 문화적 배경이라고 볼 수 있다. 14세기는 아직 그렇지 못했던 것이다.

몽타유 사람들은 유령이 존재한다고 생각했다. 파미에르의 성당지

기인 아르노 젤리스는 유령과 대화할 수 있는 사람으로 유명했다. 젤리스가 전해 주는 유령의 세계는 다음과 같다. 유령들은 달리기를 하는데, 그것은 자기들이 현세에서 지은 죄에 대한 일종의 고행이었다. 죄가 많은 유대인들은 뒷걸음으로 뛰며, 고리대금업자는 다리를 목까지 들어 올리며 힘들게 달린다. 고행을 마치면 이들은 '휴식의 장소'에 가는데, 그 시기는 만성절(가톨릭에서 모든 성인들을 기리는 날)이다. 살아 있는 사람들의 기도, 헌금, 채무 변제 등은 고행의 기간을 단축시켜 준다. 유령들이 젤리스를 통해 산 사람들에게 부탁하는 것이 바로 이것이다. 일반 사람들도 잃어버린 물건이나 사람의 행방을 죽은 사람에게 물어봐 달라고 젤리스에게 부탁했다. 죽은 사람은 특별한 능력을 가지고 있다고 생각했던 것이다. 젤리스 역시, 16세기라면 마녀사냥을 당했을 것이지만, 14세기의 젤리스는 사제들과 좋은 관계를 유지했다. 교회는 이익의 1/10을 젤리스에게 주기까지 했다.

유령의 고행 및 영혼 윤회는 기독교의 연옥 개념과 비슷하다. 당시 기독교 세계에서 연옥 교리는 몇 세대 전에 확립되었지만, 몽타유인들의 입에서 연옥이라는 단어가 나온 것은 매우 드물었다. 기본적으로 영혼의 순환을 믿는 카타리즘에는 연옥의 자리가 없지만, 기능적으로 볼 때, 유령의 고행을 연옥으로 봐도 무방할 것 같다. '휴식의 장소'는 지상에 위치하는 '천국'이었다. 사후에 유령들이 지상 세계를 떠도는 것은 민속에서 온 것이다. 기독교는 유령의 존재를 영혼으로 대체해서, 사후에 즉시 천국, 연옥, 지옥으로 보내 버렸다. 몽타유 사람들에게 종교와 민속은 구분되어 있었다. 그들은 영혼의 구원을 위해서는 종교에 의지했다. 그러나 풍요를 기원하거나, 잃어버린 물건을 찾거나, 질병을 치료할 때는 대체로 민속에 의지했다.

　이렇게 몽타유 사람들의 문화에는 비기독교적인 것들이 많이 섞여 있었다. 그리고 그중 많은 부분은 민속에서 왔다. 농민들은 문맹이어서 책을 통해 지식을 얻지는 못했지만, 그렇다고 해서 무지했던 것은 아니다. 그들은 체계적으로 기독교 교리를 반박하는 논리를 세우지는 못했지만, 그들의 민중문화는 대대로 전해져 내려온 지혜의 창고였다.

몽타유 사람들의 참모습

지금까지 "중세 기독교 사회는 금욕적인 사회다"라는 교과서적인 지식을 실제 몽타유 사람들의 문화를 통해 확인해 보았다. 보기 드문 '인류학적인 사료'인 푸르니에의 기록에 나타난 몽타유 사람들의 삶과 문화는 기독교에서 많이 벗어났음을 보여 준다. 그들의 그런 일탈은 그들이 카타리즘이라는 '이단'을 믿었기 때문이기도 하지만, 그보다는 중세 사회에 여전히 남아 있던 민속의 영향 때문이 아닌가 싶다. 바로 이 민속이야말로 문맹의 농민들에게 삶의 지혜를 공급해 준 셈이었다. 기독교의 영향력에도 불구하고, 민중문화의 유구한 층은 여전히 살아 있었던 것이다.

　몽타유 농민들의 삶과 문화는 한 조그마한 산골 마을 사람들, 특히 이단으로 몰렸던 사람들의 미시사적인 사례이기 때문에 후속적인 비교 연구가 필요하긴 하지만, 성적으로 자유분방하고 구원에 사로잡혀 있고 민속의 영향을 받은 그들의 모습은 중세 말의 일반적인 농민 문화를 보여 준다고 생각해도 무방할 것 같다.

　마지막으로 이단에 대해 생각해 보고 싶다. 이단이란 '다른 교리를 가지고 있다' 는 이유 때문에 정통으로부터 단죄되고 박해를 받는 사람들이다. 우리는 카타르파라는 이단에 대해 살펴보았는데, 일반 신도는 말할 것도 없고 완전자까지도 인간으로서의 한계를 지니고 있었다. 그러나 우리가 인정해야 할 것은 그들은 가톨릭교회의 부패와 성직자들의 타락을 비판하면서 금욕적이고 성자적인 삶을 지향했다는 사실이다. 그들이 역사에 이단으로 기록된 것은 가톨릭과는 다른 교리를 가지고 있었기 때문이지 그 이상은 아니다. 흔히 역사책에는 그들이 성적으로 문란했다고 기록되어 있지만 그것은 승자가 자기들의 행위를 정당화하기 위해 만들어 낸 자기변명의 측면이 강하다. 우리가 이러한 변명을 하나의 사실로 받아들일 필요는 없다. 우리에게 필요한 것은 이단이라는 이유로 그들을 역사에서 배제하는 것이 아니라 인간으로 이해하는 것이다. 여기 소개한 것은 역사가들의 그러한 노력의 일부이다.

Zoom-in

카타리즘, 시대와 불화한 믿음

역사가 에마뉘엘 르 루아 라뒤리는 몽타유 사람들의 일상생활을 복원했다. 그가 관심을 가진 것은 그들을 이단 재판의 비극 속으로 떨어뜨린 '카타리즘' 이 아니라 몽타유 사람들이 '받아들인' '카타리즘' 이었다. 이 카타리즘은 14세기 초의 카타리즘이었으며, 게다가 그것의 모습은 그것을 받아들인 사람들에 따라 상이했다. 한 마디로 '카타리즘들' 이 존재했던 것이다. 몽타유 사람들은 카타리즘과 민중문화 사이에서 여러 모습으로 살아가던 사람들이었다. 그들은 '집' 에서 '가문' 의 일원으로 살아갔으며, 민속과 마술 등에 젖어 있었지만, 구원이라는 기독교적 삶의 근본 목표는 고수했다. 천국은 몽타유 사람들이 서로 가족처럼 사랑하는 몽타유의 거대한 집과 같은 것이었다. 이러한 점에서 몽타유 사람들은 '인간 중심적인 자연주의' 를 지니고 있었다. 사바르테스의 한 주민은 "내가 하느님에 대해 아는 것은 그가 우리를 구원하기 위해 만들어졌다는 것뿐이다." 라고 말했다. 하느님이 만들어졌다! 놀라지 마시라! 그는 '성부' 와 '성자' 를 혼동하고 있는 것이다.

몽타유 사람들은 자유롭게 사고하고 생활했지만, 기독교가 지배하던 시대에는 그것도 죄였다. 당시 사람들은 교회가 가르치고 요구하는 것에서 조금이라도 벗어나면 이단으로 단죄될 위험이 있었다. 교회는 교회에 거역하는 사람들을 '이단' 으로 몰아 잔인하게 진압했으며, 그것을 정당화시키기 위해서 그들이 남긴 기록을 파괴하고 자기들의 '변' 만 남겼다. 그 이야기의 대부분은 '이단' 이 교회의 가르침에서 이탈하여 부도덕한 생활, 성적으로 문란한 생활을 했다는 것이다. '이단' 이 교회로부터 벗어난 것은 사실이나, 그들이 '도덕' 으로부터도 벗어난 것은 아니다. 그리고 이단은 교회로부터는 벗어났지만 하느님으로부터는 벗어나지 않았다. 그들은 자기들이야말로 '진정한 기독교' 라고 주장했다. 교회는 이들을 이단으로 몰고 자기들은 정통임을 자처했으나, 지금 우리가 볼 때 둘의 차이는 크지 않다. 이단은 그 본래의 뜻대로 '다른 의견' 인 것이다. 정통도 그저 하나의 '의견' 아니겠는가.

몽타유 사람들은 일반적인 중세인들과는 '다르게' 생각하고 '다르게' 살았다. 그것은 그들이 카타리즘과 남프랑스의 민중문화 그리고 가톨릭 교리를 나름대로 혼합했기 때문일 것이다. 따라서 몽타유 사람들의 삶의 모습을 확대해석하는 것은 위험하다. 그들의 삶은 중세인의 삶도 아니었고, 중세 가톨릭 신자들의 삶도 물론 아니었고, 남프랑스 사람들의 삶도 아니었다. 그냥 14세기 초 몽타유에 살던 카타르파 사람들의 삶, 더 정확히 말한다면 '삶들' 이었다.

몽타유 사람들이 이단 재판을 받고 역사의 비극 속으로 사라진 것은 그 자체로 중세의 단면을 생생하게 보여 준다. 서양 중세는 서기 1000년까지의 빈곤하고 혼란스러운 시기를 거치고 서기 1000년부터 1300년까지는 비약적으로 성장한다. 인구가 2~3배 늘어나고, 농업 생산이 혁명적으로 증가하며, 상업이 부활하고, 도시가 성장한 시기이다. 중세 문명의 꽃이라 할 수 있는 대성당과 대학 등이 경쟁적으로 세워지던 시기이다. 그러나 이 같은 '빛' 에는 항상 '어둠' 이 있기 마련이나. 교회 역시 부유해졌는데, 원래 교회는 부유해서는 안 되고, 성직자들은 사도들처럼 청빈하게 살아야 하는 것 아닌가? 당시에도 이렇게 생각했던 사람들이 있었고, 이들이 바로 '이단' 으로 몰린 것이다. 카타르파는 중세가 낳은 최초의 대규모 이단이었고, 그것은 교회를 위협하는 세력으로 성장했기에, 다시 말해 민중의 지지를 받았기에, 교회는 '십자군' 을 선포해서 일망타진에 나섰던 것이다.

메노키오

르네상스와 종교개혁의 민중적 책 읽기

메노키오Menochio(도메니코 스칸델라Domenico Scandella, 1532 ~ 1599)

메노키오와 민중문화의 복원

문화란 다양하고 때로 상충되는 여러 세계관이 표출되는 것으로 공적인 동시에 사적인 성격을 띠고 있다. 또한 문화는 일상적인 차원에서 자기 존재의 확인과 강화, 단합과 투쟁을 위한 전략의 장이 될 수도 있다. 따라서 다양한 문화 사이의 구분, 상호 충돌 및 교류 등에 대해서 다각도로 생각해 볼 수 있다. 일례로 계급 혹은 계층 간의 문화적 갈등은 중요한 검토 대상이다. 상층 집단은 고급문화를 향유하고 과시하면서 하층민들을 규제하고 억압하려고 한다. 서민들은 상층의 문화를 맹종하기도 히지만 상층문화와 구분되거나 그에 대립되는 독자적인 기층문화 내지 민중문화를 주장하고 고집하기도 한다.

이런 점에서 볼 때 이탈리아의 미시사가인 카를로 진즈부르그가 새롭게 조명한 이탈리아 북동부 프리울리 마을의 방앗간 주인 메노키오의 삶은 시사하는 바가 상당히 많다. 메노키오는 가난하고 미약했지만 이단

메노키오의 존재를 발굴한 이탈리아의 미시사가 진즈부르그.

혐의로 화형당한 평범치 않은 삶의 주인공이다. 그의 생애는 인쇄술의 발달과 인문주의 및 종교개혁의 물결 속에서 교회의 지적 독점이 종식되고 대중들의 사고가 자극받았던 16세기 말이라는 시대상을 반영한다. 물론 그의 이야기는 반종교개혁 및 개신교의 강화 속에서 고립되고 해체되고 파괴되어 버린 하나의 파편으로 잊혀질 수도 있었다. 그런데 역사가 진즈부르그는 재판 기록 등을 토대로 그의 삶과 행태로부터 지배계급과 하층계급의 문화가 주고받았던 상호관계에 대한 암시를 읽어 냈다.

메노키오는 읽고 쓸 줄 알았으며 스스로 사유하면서 민중의 구전문화와 엘리트의 문헌 문화가 상호 교차하고 혼재하는 경계선 위에 서 있었던 인물이다. 역사가 진즈부르그는 메노키오의 사유가 가능했던 기반으로서 당시 지속적이고 심층적인 구조를 이루고 있었던 민중문화, 즉 구전의 전통을 전제한다. 그는 역사적 파편이라 할 수 있는 메노키오의 사례를 민중문화의 탐색을 위한 틈새로 활용했다. 즉 그것을 통해 독자적인 전통과 세계관을 가진 민중문화가 주도적이고 선택적인 방식으로 창의와 왜곡을 동반해 가면서 지배집단의 글쓰기 문화를 소화할 수 있었던 가능성을 탐색해 보고자 한 것이다. 결과적으로 진즈부르그는 메노키오의 문화적 세계를 재건함으로써 민중문화라는 거대한 미지의 구조를 포착하고 그 적극적인 역할과 의미심장한 가치를 다소나마 복권하는 데 성공했다.

메노키오라는 별명을 가진 도메니코 스칸델라이는 1532년 몬테레알레에서 태어났다. 그가 살던 마을 프리울리는 봉건 귀족 가문의 영향력과 농노제가 다른 지역보다 오래 지속된 곳이었다. 16세기 초에 이르러 고위 성직자, 귀족, 봉건 영주에 대한 농민들의 감정이 폭동으로 폭발했고, 베네치아 정부는 지방 호족 세력에 항거한 농민과 실질적으로 연대하기에 이른다.

메노키오는 가난했으며 스스로도 이를 깊이 의식하고 있었다. 그는 그리스어도 라틴어도 몰랐지만 속어는 읽고 쓸 줄 알아서 우연한 기회에 입수하게 된 몇 권의 책을 탐독했다. 또한 '읽고 쓰고 암산하는 능력'을 인정받아서 1581년에는 자신이 사는 마을과 인근 마을의 촌장, 교구의 행정관을 여인하기도 했다. 문제는 그가 뚜렷한 신념으로 기존의 종교적 가르침에 이의를 제기했다는 것이다. 그는 대단히 격렬한 열정으로 자신의 고유한 우주관을 설파해 교회 당국과 지배집단뿐만 아니라 마을 사람들과도 충돌을 빚었다. 1583년, 그는 그리스도에 대한 '이단적이고 불경한 발언'과 '사제 교육에 대한 반대'를 이유로 종교재판에 회부되어 '공식적인 이단자이며 그 교주'라는 판결을 받았다. 그 후 2년의 옥살이를 하던 중 석방에 대한 탄원이 받아들여지면서 극도로 쇠진한 심신으로 몬테레알레로 되돌아왔다. 1590년에 몬테레알레 성 마리아 교회의 행정관에 다시 임명되었지만, 그동안 자신을 부양하던 아들과 아내를 잃고 궁핍과 내면적인 고립에 시달리면서 죽음을 예견하기도 했다. 1599년 또다시 종교재판에 소환된 그는 이단 심문관 전원의 동의에 따라 배교자라는 판결을 받고 화형장에서 생을 마감했다.

메노키오의 독서 양태

독서 목록

종교재판소의 심문관과 피고 메노키오의 대화는 메노키오가 방대한 책들을 읽었음을 알게 해준다. 체포 당시 메노키오에게는 11권의 책이 있었다고 하며 심문 과정에서도 자신의 '견해'를 갖게 된 근거로 여러 서적들이 언급되었다. 그의 증언을 통해 부분적으로나마 복구된 독서 목록에는 속어로 쓰인 《성서》, 《성서의 약술기》《성모의 로사리오》와 성인들의 전설 등이 상당한 비중을 차지하고 있었다. 이 책들은 당시 다소 진부하게 대중화되어 있던 것들로, 다른 사유의 흐름들과 뒤섞여 있거나 침윤되어 있었던 종교 서적들이다. 그 외에 공상적인 인물인 맨더빌 기사의 《여행기》, 《데카메론》과 같은 소설, 역서, 심지어 《코란》 등이 포함되어 있어 메노키오가 여러 종류의 책을 가리지 않고 다양하게 읽었다는 사실을 알 수 있다.

메노키오의 11권의 책 중 절반이 넘는 6권은 빌린 책들이다. 이는 이 작은 마을 공동체에서 심지어 사제들과 여성들까지 포함한 일련의 독자들이 서로 돌려 가며 책을 읽고 있었음을 암시하는 중요한 대목이다. 이 점을 고려해 볼 때 이 목록은 메노키오가 의도적으로 선택해서 작성한 완성된 목록이라기보다는 여러 가지 방법으로 당시 입수할 수 있었던 책들이었다고 볼 수 있다.

전유 – 독서 방식의 본질

메노키오는 종교재판관의 심문에서 천지창조나 삼위일체 같은 기독교의 핵심 교리를 부인하고 당시 농민들의 물질적인 세계관을 반영한 나름대로의 지극히 특이하고 자율적인 우주관과 종교관을 피력했다. 치즈에서 구더기가 나오듯, 신과 인간은 모두 혼돈 속에서 창조되었다는 것이다. 본질적인 신성 역시 세상을 이루고 있는 흙, 공기, 물, 불이라는 네 가지 요소의 혼합물과 다르지 않으며, 그것은 선행을 많이 행할 줄 아는 훌륭한 사람들에게도 존재한다고 생각했다. 메노키오에게는 그리스도 역시 인간적인 존재일 뿐이다. 영혼은 육신과 함께 소멸하는데, 서 위에서는 그것들이 활동할 필요가 없기 때문이다. 기독교나 이슬람교 등 세상의 모든 종교는 별 차이가 없다고 주장한 그는 한 걸음 더 나아가서 교회의 권위를 부정했고 성직자의 가혹한 착취와 부정한 축재를 비난했다. 심지어 가톨릭교회의 제반 의식은 인민 대중으로부터 재물을 뜯어내기 위한 사기극에 지나지 않는다고 보았다. 우리는 메노키오가 부패한 교회로부터 벗어난 새로운 세계와 새로운 삶의 방식을 갈망했음을 전제해 볼 수도 있을 것인데, 그렇다면 이러한 생각의 배경 및 기원은 무엇일까?

물론 그의 독서에서 찾을 수 있을 것이다. 메노키오는 《코란》이나 미지의 세계에 대한 여행기 등 기독교적인 사유에 종속되지 않았던 문헌들을 접했기 때문이다. 그렇지만 앞서 본 메노키오의 '환상적인 견해'가 독서에 의해서만 형성되었다고 보기는 어렵다. 주목할 점은 원래의 텍스트 내용과 메노키오가 독서를 통해 자신의 생각으로 형성한 내용 사이에 괴리가 존재한다는 점이다. 여기서 우리는 메노키오의 특이한 텍스트 수용 방식에 대해서 생각해 볼 수 있다. 그것은 사회적 위계를 통해 전달되는 텍스트의 전언을 그대로 받아들이는 것에 만족하지 않고 자신의 경험 또는 문화를 바탕으로 한 생각이나 몽상을 독서 과정에 적극 투사시켰을 가능성이다. 실제로 그는 근본적으로 반기독교적이고 매우 대중적인 유물론에 의거한 도발적인 정신으로 책을 읽어 나갔던 것으로 보인다.

이점에서 진즈부르그는 메노키오의 독서 방식의 본질을 전유專有 appropriation로 규정했다. 그것은 제도적이거나 공식적인 사고의 한계를 넘어서서 한 저서의 의미를 자유롭게 변형해서 읽는 방식을 말한다. 메노키오는 전부터 이미 깊이 뿌리박혀 있던 그의 관념이나 신념을 독서를 통해 재확인하고, 새롭게 알게 된 당대 이교도 및 인문주의자들의 사유와 재결합시키면서 종교적인 급진주의를 이끌어 냈던 것이다. 이리하여 그는 사회의 지배집단 및 상급자들에 의해 부과된 가치 및 이념에 대해서 전혀 이의를 제기하지 않았던 다른 이웃들과는 달리 자신만의 우주론을 수립하고 정당화할 수 있었다.

한 걸음 더 나아가서 메노키오가 자신의 견해를 확고히 하는 과정에서 일방적이고 독단적으로 문헌들을 변형시킨 것도 발견된다. 특히 《성서의 약술기》《최후 심판의 역사》《존 만데빌 경의 여행》과 같은 문헌에 대한 언급에서는 종교를 도덕적인 문제로 환원시키는 그의 '잠재된' 성향이 엿보인다. 다시 말해 그는 극히 단순화된 복음서의 메시지에 집착함으로써 극단적인 해석을 하고 있다. 기독교의 핵심이 '용서의 계율' 임을, 즉 이웃에 대한 용서가 하느님의 죄 사함을 얻는 것임을 다양한 논지를 통해서 제시하려 한 것도 그 한 예로 볼 수 있을 것이다. 그러나 그가 말하는 '용서의 계율'도 지나치게 인간적인 의미로 해석될 수 있다는 사실이 어느 시점에 이르러서 드러나고 만다. 또한 그는 제반 문헌들을 단지 자신의 일상적인 경험에 입각해 해석함으로써 단순화되고 왜곡된 우주론을 추출하기도 했다. 신성이 세계를 창조했다는 교의를 거부하고 괴이해 보이는 요소들 (치즈, 그리고 그 다음의 필연적인 귀결로서의 벌레와 천사)을 반복적으로 말하고 있는 것이다.

사유의 혼란과 쓰기 능력의 결여

메노키오의 자유롭고 비판적인 시각은 그의 생각 속에 결함과 비약을 가져오기도 했다. 그것은 영혼(l'âme/soul)에 대한 그의 혼동에서 엿보인다. 메노키오는 "인간 내부에 공기·불·흙·물이 존재하며, 따라서 공기·불·흙·물이 하느님."이라고 주장했다. 이에 따라 육체의 작용과 구별되는 영혼의 불멸성을 인정하지 않았다. 다른 한편 그는 "사람으로부터 분리되어 사람을 지탱시켜 주고 다스리는 불멸하는 정신 혹은 영(l' esprit/spirit)의 존재에 대해서는 확고한 입장을 취한다. 진즈부르그는 영혼과 영에 대한 메노키오의 생각의 실마리를 그의 독서 목록 중 하나인 《연대기 보유》 속에서 발견한다. 문제는 이 책에서는 사멸하는 영혼과 불멸하는 정신을 구분한 흔적이 전혀 보이지 않는데, 메노키오는 양자를 구분했다는 것이다. 그렇지만 메노키오는 때로는 영혼과 영을 명확하게 구분하고 또 때로는 일치시키는 발언을 하기도 한다. 진즈부르그는 메노키오에게서 보이는 이러한 사유의 비약이 이루어지는 과정, 즉 매우 길고 개연성을 지니는 지적 영향력의 연쇄를 상상력을 동원해서 추정하고 있다 이리하여 진즈부르그는 메노키오가 농민들이 신비주의적으로 추구하는 특유의 '신세계'에 대한 갈망을 고려하면서 '영혼'과 '정신' 사이의 모호한 대립을 단언하고 그것을 통해 집요하게 초지상적인 삶을 상상한 것으로 짐작한다. 메노키오는 '정신'의 개념을 사회의 근본적인 변혁을 함축하는 사회적인 개념으로 변천시켰다는 것이다.

주목해 볼 것은 이러한 비약과 관련된 메노키오의 사유, 그리고 좀 더 광범위하게는 그 근저를 이루고 있는 민중적인 구전문화에 내포된 결함이다. 심문관에게 발송된 메노키오의 편지를 통해 우리는 구전문화의 한 측면(메노키오는 글을 쓰는 데 아주 익숙하지는 못했다. 반면 그는 써진 글을 읽는 데는 대단히 뛰어났다)에 주목하게 된다. 이와 같은 지적 능력의 불일치로 메노키오는 자신의 생각을 충분히 반추해 논리적인 일관성을 기하는 데에는 미흡했다. 특히 종교 법정에서 자신의 사유를 표현하는 데에도 많은 어려움을 겪었다. 메노키오는 자신의 관념과 심문관의 관념 사이에서 보이는 차이를 하나하나 명백하게 분간할 수 있었다. 또한 그의 언설과 주장은 불가피하게 종교적인 성격을 띨 수밖에 없는 내용이었다. 하지만 그는 심문관에게 자신의 입장을 적절하게 설명할 수 있는 용어를 찾는 데 어려움을 겪었다. 심문관의 질문 앞에서 그의 생각은 혼란스러워졌고 이는 심문관에게 그를 단죄할 수 있는 빌미를 제공했다. 더구나 주위의 권유로 자신이 전혀 공감하지 않았던 교회의 정통 교리를 방패막이로 이용하는 과정에서 스스로 모순과 혼란을 가중시키고 엄청난 미로에 빠져들고 만다.

메노키오를 통해서 본 시대의 문화상 : 이교도적 사상과 농민 세계의 만남

메노키오의 전유를 통한 책읽기는 문화 투쟁의 일환으로 간주될 수도 있을 것이다. 메노키오는 인쇄된 문헌과 조우하면서 이전까지 문자, 읽기·글쓰기 문화를 특권으로 독점하고 있던 부유한 상류층에 맞섰고 동시에 상류층의 문화를 과감하게 전유했다. 그가 '가난한 사람들에 대한 배신'[1]을 고발하기 위한 적절한 용어들을 찾아내고자 했으리라는 것을 심작해 볼 수 있다. 이런 점에서 메노키오의 지식 및 문화 개념에는 힘과 위계의 의미가 함축되어 있다. 이는 유일하게 메노키오의 말을 믿고 추종했던 문맹의 목수 멜키오레 제르바스와의 대화에서조차 나타난다. 지식을 설파하는 메노키오와 읽고 쓰고 토론할 능력이 없기 때문에 맹목적인 추종자가 된 멜키오레 사이에

1
이를테면 '법정에서 자신이 알아들을 수 없는 라틴어로 말하는 것'과 같은 행위들.

는 일종의 위계가 존재했던 것이다.

메노키오와 같은 시기에 이단으로 몰려 화형당한
파계 성직자 브루노.

진즈부르그는 메노키오가 농민적 구비전통에 입각한 인문주의적인 엘리트문화를 독자적이고 능동적으로 소화해 냈다면서, 그것은 급진적인 사회변혁에 대한 희구에서 비롯됐다고 보았다. 자연의 리듬에 결속된 농민들의 종교는 기독교 시대 이전부터 끈질긴 생명력을 바탕으로 지속됐다. 또한 유럽 농촌에는 이러한 농민의 물질주의적인 종교관이 반영된 구전적 전통이 널리 확산되어 있었다. 진즈부르그는 이 농민적인 전통이 인문주의적인 이교도들의 사유와 접하면서 적극적인 전유 작업을 이끌어 냈을 것이라고 추정한다. 구전의 민중문화가 당시 가장 세련되고 진보적인 고급문화와 교류하고 결합될 수 있었던 가능성을 추정한 셈이다.

실제로 메노키오를 그와 유사한 몇몇 동시대인들과 비교해 보면, 당시 글쓰기 문화와의 접점에 위치한 구전문화의 공통점을 발견할 수 있다. 이들은 수백 킬로미터씩 격리되어 서로 면식이 없었음에도 불구하고 같은 언어를 사용하고 세대를 거듭해 구전되어 온 전통, 신화 그리고 수많은 열망 등 같은 문화 속에서 호흡하고 있었다.

메노키오의 재판이 있기 약 20여 년 전 한 촌부는 스콜리오라는 가명으로 필사본 형태의 시집 《세텐나리오》를 통해서 가톨릭 사제가 행하는 모든 성사의 효력을 부인하며, 지상의 낙원을 꿈꾸는 자신의 비전을 제시했다. 종교적이고 도덕적인 의미가 풍부하게 담겨 있는 이 시집에서는 단테의 《신곡》과 《코란》의 영향을 볼 수 있다. 스콜리오의 예언과 메노키오의 이야기는 서로 유사한데, 이는 공동의 출처, 즉 단테의 《신곡》과 《코란》만으로는 충분히 설명되지 않는다. 오히려 세대를 거듭하면서 구전된 전통, 신화 그리고 새 세상에 대한 열망이라는 공통된 부분이 결정적인 요인이라 할 수 있다. 즉 스콜리오가 꿈꾸던 사회 역시 많은 농민들이 갈구하던 바와 같은, 유토피아적인 사회였던 것이다. 또 한 명의 방앗간 주인으로서 '내연의 처를 가진 루터파의 신도'로 낙인찍힌 '비계덩어리' 피기노는 스콜리오보다 메노키오와 더 흡사한 인물로 볼 수 있다. 그는 성사와 강론, 불멸하는 영혼의 존재에 대해서도 부정했으며 천국에 대한 논의를 불가능하다고 치부했다.

물론 이들은 메노키오와 차이점을 보이기도 한다. 메노키오는 그의 상층 지배자들과 대화하는 데 적극적이었다. 반면 스콜리오는 도시 문화를 도덕적으로 비난하면서 평등하고 가부장적인 사회를 꿈꾸는 데 전념하는 등 더욱 폐쇄적인 태도를 보였다. 저명하고 교양 있는 사회계층과 보다 긴밀한 관계를 보유했던 피기노는 지배 이데올로기에 굴복당한 사람이었다. 그러나 메노키오는 첫 번째 소송으로부터 방면된 이후의 고립 상태와 경제적인 어려움에도 불구하고 생애 마지막 날까지 자신의 신념에 확고하게 뿌리를 내리고 있었으며, 신앙과 관련한 문제들에 관해 지칠 줄 모르는 호기심을 보였다. 피기노가 심문 과정에서 과도기적인 천

국에 대해 언급함으로써 어려움을 통과했던 반면, 메노키오는 그를 죽음
으로까지 밀어 넣은 올가미 속에 스스로 몸을 던졌다.

메노키오의 사건에서 또 하나 눈여겨볼 것은 당시 교황 클레멘스
8세가 메노키오의 조속한 처형을 촉구할 정도로 예외적인 관심과 압력
을 보였다는 것이다. 한편 이즈음에 전직 수도사인 조르다노 브루노에
대한 이단 재판이 끝나 가고 있었다. 이것은 트렌토 공의회에서 공포
된 교의를 관철시키기 위해 가톨릭 교권이 여러 해에 걸쳐서 벌여 왔
던 이중적인 전쟁, 즉 사회 상층부와 사회 하층부를 동시에 겨냥하는
전쟁을 상징하는 우연의 일치였다.

메노키오의 역사적 의의

메노키오의 사례는 인쇄술의 발명으로 식자층의 지적인 독점이 종식되
고, 종교개혁으로 교회의 독점적인 종교적 권위가 종식됨에 따라 민중문
화가 자체의 기반으로 상류층의 문화를 수용하고 소화할 수 있었던 상황
에 기인한다. 따라서 메노키오의 문화 세계는 혁신에 대한 열망, 종교 내
부의 부패에 대한 비난, 관용에 대한 고찰 등 16세기 고급문화를 이루었
던 요소 중 일부를 내포하는 근대적인 성향을 보인다. 그러나 민중문화
와 상류층의 문화가 일치될 수 있는 가능성은 마르틴 루터의 농민층 비
난, 가톨릭 종교개혁, 절대주의의 가부장적인 교화라는 제반 반격 속에
서 일찍이 차단되었고, 메노키오도 처형되면서 역사의 파편이 되고 말았

다. 그럼에도 그의 사례는 우리 자신이 그 희생자이기도 한 역사의 손상 행위를 상기시키고 해방의 전망을 제시한다.

Zoom-in

메노키오의 우주관

저는 이렇게 말했죠. 제가 생각하고 믿는 바에 따르면, 흙·공기·물 그리고 불, 이 모든 것은 혼동 그 자체입니다. 이 모든 것이 함께 하나의 큰 덩어리를 형성하는데 이는 마치 우유에서 치즈가 만들어지고 그 속에서 구더기가 생겨나는 것과 같습니다. 이 구더기들은 천사들입니다. 한 지고지선한 존재는 이들이 하느님과 천사이기를 원하였고, 그 수많은 천사들 중에는 같은 시간대에 그 큰 덩어리에서 만들어진 신도 있었지요. 그는 네 명의 부하, 다시 말해서 루시퍼, 미카엘, 가브리엘, 라파엘과 함께 주 하느님이 되었습니다. 그러나 루시퍼는 절대신인 하느님과 동등해지려고 하였습니다. 이 오만함 때문에 하느님은 그를 추종하는 무리와 함께 하늘에서 추방하였습니다. 그리고 하느님은 추방된 천사들을 대신하여 아담과 이브, 그리고 많은 사람들을 창조했습니다. 이 무리들이 하느님의 계명을 듣지 않자, 그의 아들을 보냈는데 유대인들이 그를 붙잡아 십자가에 못 박았습니다. …저는 스스로 자신을 십자가에 못 박히도록 내버려 두었고 십자가에 못 박힌 그리스도가 하느님의 자녀들 중의 한 명이라고 분명히 말하였습니다. 왜냐하면 우린 모두 하느님의 자녀들이고 십자가에 못 박혀 죽은 그도 우리와 같은 인간이었기 때문입니다. 그러나 그는 교황이 그렇듯이, 우리와 같은 인간이면서도 더 숭고한 위엄을 갖추고 있으며 십자가에 못 박힌 그는 성 요셉과 성모 마리아 사이에서 태어났습니다.

— 카를로 진즈부르그, 김정하·유제분 옮김, 《치즈와 구더기》, 문학과지성사, 2001, 75~76쪽.

르네상스,
종교개혁,
그리고 민중문화

전반적으로 르네상스 문화는 남성 중심적이고 비민주적인 엘리트의 문화였다. 소수의 교양 집단과 다수 대중의 간격은 여전히 넓었다. 민중은 예술적 관심보다는 종교적이고 향토애적 관심에서 종교 축제에 열의를 보였다. 이에 비해서 종교개혁은 전통적인 민중문화의 면모를 크게 변화시켰다. 16세기까지 가톨릭교회는 상당한 정도로 민중의 자치를 허용했으며, 민중은 이교적이고 집단적 신앙 행위에 입각해 관대함, 자발성, 무질서 등 그 나름의 전통적인 문화와 윤리 체계를 보유하고 있었다. 그러나 종교개혁의 소용돌이 속에서 국왕과 교회는 근면, 엄숙, 정숙, 순종, 검약, 이성, 자제 등 기존의 민중문화의 도덕률과는 전혀 다른 새로운 윤리를 민중에게 부과했다.

　　종교개혁 시기에는 종교적이고 정치적인 분쟁 뿐 아니라 급격한 사회 · 정치 · 경제의 변화 속에서 극도의 불안정과 위기의 양상을 보였다. 중세 말부터 강화되던 왕권은 제반 질서를 확립하여 사회적 혼란을 진정시키려는 끈질긴 시도를 했고 이런 맥락에서 민중문화를 통제하고 개혁하려는 움직임을 보인다. 가톨릭과 개신교의 각 종파는 절대군주의 파트너가 되었다. 이러한 현상은 특히 가톨릭교회와 루터파, 영국 국교회에서 더욱 두드러졌다. 반면 칼뱅파는 부르주아 혹은 중산층이나 소귀족 집단에게 수용되면서 어느 정도 절대주의 체제에 적대적인 성격도 띠었다. 하지만 집권 집단과 결합하는 경우에는 가장 치밀하고 조직적으로 통제하는 모습을 보였다.

　　교회는 대중의 교화를 위해 마술을 악의 등가물로 설정하고 이용했다. 마녀사냥의 관행은 중세에도 없지 않았지만 종교개혁기에 절정을 이루었다. 경제 침체, 물가 상승 및 가난에 시달리던 민중의 사회적 스트레스는 빈번하게 폭력으로 분출되기도 했다. 독일, 스위스, 네덜란드, 영국, 프랑스 등지에서 성행했던 마녀사냥도 이러한 민중적 폭력의 한 사례라 할 것이다. 늙고 가난하고 외로운 여성들은 오랫동안 주민들의 의혹과 불신, 그리고 경멸의 대상이 되어 왔는데, 어려운 시절 촌락 전체의 위기의식이 이들 사회적으로 가장 무력하고 소외되었던 사람들을 대상으로 분출되었던 것이다. 여기에는 근세 초의 여성관이 크게 작용하기도 했다. 여성은 생리적으로 난잡하고, 저열할 뿐 아니라 외부 세계, 특히 남성을 지배하려는 성향을 갖고 있다는 것이다. 여기서 사람들을 혼란시켜서 사회를 혼란에 빠뜨리는 사악한 마녀라는 개념이 등장한다. 국가와 교회는 기왕에 존재했던 마녀사냥을 강화하여 농촌 지역을 통합하는 성과를 거두기도 했다. 민중문화와 엘리트문화 사이에 폭력을 동반한 일종의 문화적 교류와 타협이 이루어졌던 것이다.

1648년 베스트팔렌 조약으로 종교 문제를 해결한 세속 권력은 민중에게 보다 더 세속적이고 체계적이며 합리적이지만 또한 일방적인 방식으로 문화적 강요를 부과한다. 그 양상은 지역과 종교에 따라 차이를 보이기도 했다. 신교 지역은 보다 적극적으로 개혁을 강요했다. 트렌트 공회 이후 가톨릭은 신교 못지않게 혁신적이고 억압적이었으나 경우에 따라 민중적 제식을 용인하고 수용하기도 했다. 결과적으로 가톨릭 지역에서 과거와의 단절은 덜 급격했지만 개인과 집단에 대한 통제에서는 보다 효과적이었다고 한다. 가톨릭교회는 대략 1700년경에는 적어도 표면상으로는 민중에게 권력에 대한 복종을 확보하는 데 성공할 수 있었다. 반면 세속화는 신교 지역에서 더 급속하게 전개되었다.

민중은 대체로 지배집단의 가치 모델을 수용했던 것 같다. 종교와 축제는 민중의 자율성이 보다 오래 지속되었던 분야였지만 기독교가 민중의 생활에 보다 깊이 뿌리내리면서 이교적인 형태의 축제 양상은 규제되었다. 그러나 민중은 빈곤, 불의, 실업, 과세, 노역 등 기존 사회질서로부터 비롯하는 고통에 대하여 다양한 방식으로 항의하기도 했다. 특히 축제는 일상으로부터의 일탈과 휴식 등의 긴장완화를 통한 사회통제의 기능도 보유했지만 동시에 기존의 사회, 정치, 종교적 질서에 대해 도전하는 기회로 비화되기도 했다. 실제로 소요나 민란이 주요 축제에 맞추어 일어나기도 했다. 민중 폭력은 결코 무의식적으로 행해진 것이 아니라 나름의 구조와 정당성, 기회와 원칙 등에 대한 감각을 동반했다

종교개혁의 시기를 포함해 16세기부터 18세기에 이르는 시기에는 여성의 예속화도 본격화되었다. 이는 국가체제의 수립과 상업 자본주의의 발전에 따르는 가부장제도와 사유재산제, 혈통의 제도화, 그리고 인간 자율성의 억압을 동반한 현상이었다. 가톨릭과 개신교는 성 역할의 변화에 기여했다. 부부 관계와 가족생활을 중요시했던 개신교적 모델은 성차별을 배제하고 여성에게 보다 바람직한 상황을 제시하기도 했지만, 또 한편 모든 영역에서 남성과의 동반을 강조하여 여성의 독자적 주체성과 조직을 제거함으로써 종속화 경향을 강화하기도 했다.

메네트라

18세기 프랑스 파리 장인의 세계

자크 루이 메네트라 Jacques-Louis Menetra (1738 ~ 1803?)

메네트라의 일대기

프랑스 파리의 유리 작업장 주장master인 자크 메네트라와 마리-안느 마르쏘 사이에서 1738년 태어난 자끄-루이 메네트라는 그해 7월 13일 생제르맹 록스루아 교회에서 영세를 받았다. 출생 후 첫 1년간은 당시 파리 시민들의 관행대로 성문 밖 유모에게 양육되었다. 그의 어머니는 그가 두 살이 채 되기 전에 사망했다. 어느 날 유모가 그에게 구걸시키는 현장을 목격한 그의 아버지와 외할머니는 그를 파리로 데려왔고 그 후 열한 살까지 외조모와 함께 지냈다. 메네트라의 외할머니는 유리 장인의 미망인으로서 유리 장인을 아들과 사위로 두기도 했다. 그녀는 이후 메네트라의 영원한 후원자로서 사랑과 조언을 아끼지 않으면서 그의 성격과 정서에 안정된 기반을 마련해 주었고 심지어 메네트라가 직업적으로 독립하는 데 필요한 주장 자격 매입에도 재정적 도움을 주었다.

메네트라는 외할머니의 자애로운 보살핌과 아버지의 욕설 속에서 스스로의 성격과 감수성을 형성해 나가고 인생을 헤쳐 나가는 지혜와 교활함도 배웠다. 열한 살이 지난 메네트라는, 이미 재혼해서 유리 장인의 일을 배우고 있던 아버지에게로 갔지만 아버지의 난폭한 주먹질과 맞닥뜨려야 했고, 이후 세느 강 다리 밑에서 지내는 날이 많았다. 아버지는 갈수록 더욱 난폭해 갔으며, 더구나 전처의 자식들을 사랑해 주었던 새아내를 또다시 잃으면서 술을 마시기 시작했다. 아들은 아버지를 떠나 오래 불화하다가 아버지의 임종을 맞이하여 화해했다.

메네트라는 1757년 3월 29일 열여덟 살의 나이에 프랑스 편력을 시작해 직업적 수련을 쌓는 동시에 자신만만한 청춘의 정열을 만끽한다. 그는 오를레앙, 앙주, 부르타뉴, 보르도, 기이엔느, 아헨, 오흐, 뚤루즈, 오-랑그독, 몽펠리에, 프로방스, 엑스, 님므, 부르고뉴, 리옹 등지를 거쳐서 1764년 여름에 파리로 귀환한 것으로 보인다. 일기를 쓰기 시작한 것으로 확인되는 1764년 8월 9일은 파리에서의 정착 시기와 일치한다.

1765년 6월, 스물여섯 살의 메네트라는 생드니 거리의 공증인 앞에서 2300리브르livres라는 충분한 지참금으로 작업장 개설을 지원해 준, 농촌 출신의 마리-엘리자베스와 결혼한다. 그는 1767년 5월 9일에 마리-마들렌느라는 이름으로 영세를 받은 딸 이외에도 아들을 한 명 더 두고 있었다. 그의 이름은 1769년에 작성된 상업 연감에도 등장했으며 1771년 11월 5일에 거래상의 지불 오류로 경찰에 출두한 기록도 남아 있다. 또한 1771년 6월에 플라트리에르 거리에 있는 루소Jean-Jacques Rousseau의 집에서 공사를 하던 중 이 사상가와 만나기도 했다. 1776년에는 동업조합 대표인 마르소-오랑과의 분쟁과 관련된 여러 시편들을 저술했다. 이는 당시 재무총감이던 튀르고가 자유주의 경제정책을 위해 동업조합을 잠시 해체하기 바로 직전이었다. 메네트라는 1778년 2월 5일자로 신고된 그의 숙부의 파산에 대해서도 길게 서술하고 있다.

프랑스혁명은 그의 나이 쉰한 살에 일어났다. 왕정주의에 비교적 충실했던 그는 공화주의로 방향을 선회해서 실제 혁명 활동에도 참여했다. 그러나 결국 나폴레옹주의자로 정착해, 혁명가 집단의 과도함과 과격함을 비판하기도 한다. 공식적인 기록에 나타나는 마지막 자취는 공화력 11년(1803) 12월 20일에 거행된 딸의 결혼식이었으며, 그 이후 그는 역사의 장으로부터 사라진다.

18세기 파리

부르봉 왕조 정착 이후 파리는 계속 팽창해 갔다. 17세기 말, 파리 성벽들은 파괴되고 큰 거리들로 대체되었으며 성문 밖 동네들, 즉 포부르에 주민들의 수가 증대했다. 공터와 채원 같은 빈 공간은 점점 사라져 갔다.

18세기에 들어서 프랑스 왕성은 팽창하고 있는 파리를 새로운 도시로 정비하고 구역과 거리를 조직했다. 이전까지 파리는 좁고 구불구불한 골목에 마구 층수를 올린 건물들이 무질서하게 늘어선 중세적인 도시였으며 곳곳에서 치솟는 불길이 도시를 위협하기도 했다. 루이 16세는 도로의 폭과 건물의 높이를 고정시키고 소방대와 유사한 기구를 설치해 파리의 화재를 진압했다. 건물에는 번지가 매겨졌으며, 거리는 밤에도 환하게 빛났다.

절대왕정은 의식적으로 프랑스 내에서의 파리의 행정적·상업적·지적 우위를 강화했다. 이리하여 파리는 명실상부한 프랑스 정치·행정·경제의 수도였을 뿐 아니라 지성과 예술에 있어서도 유럽의 중심지로 자리 잡아 갔다. 18세기에 새롭게 형성된 상류 주거 구역에 위치한 대귀족과 부유한 부르주아의 살롱에는 당대의 유명 지식인, 문인, 사상가들이 모여 독서를 하고 도덕과 음악·신학·수학에 대해서 토론했다. 카페에서 커피를 즐기던 문인들의 담소는 때때로 격렬한 현실 비판으로 이어졌다. 상류층의 생활문화는 사회적으로 확산되어 갔고, 이에 따라 파리 민중의 삶의 양상도 변화해 갔다. 식생활이 다소 개선되었으며 침대와 난로 등 가구와 의복도 화려해졌다.

그러나 파리는 여전히 통제하기 어려운 도시였다. 60만에 이르는

1740년 경의 루브르.

1757년 파리에서 행해진 매춘 여성 소탕 정책.

파리 주민들 대부분의 삶은 여전히 힘들었다. 거지와 날품팔이 노동자 등 빈민의 수가 10만을 헤아리는 가운데 작은 경제적 위기에도 실업이 속출했으며, 빵값은 천정부지로 치솟았다. 특히 흉작이 계속되던 1770년 이후, 상황은 더욱 심각해졌다. 빈곤에 더해 소외와 병리 현상이 만연해 갔다. 진창과 오물, 쓰레기로 뒤덮인 거리를 창녀들이 배회하고 다녔다. 어려운 중에도 각 가정은 자녀들을 잘 키우기 위해 노력했지만 낭비와 방탕, 도박과 범죄, 파산 등에 그대로 노출되어 있었다. 가장 큰 문제는 역시 식량 보급 문제였다. 식량이 부족하다는 소리만 들려도 폭동이 일어났다. 1세기 전부터 왕은 조직된 경찰을 이용해 도시의 해이와 무질서를 엄격하게 통제하고자 했으며 정기적으로 식량을 제공하는 데 주의를 기울였다.

팽창이라는 통제되는 무질서, 그리고 혁명이라는 통제되지 않는 질서를 경험한 18세기의 파리 민중 사회는 항상 심상치 않은 상황이 벌어지는 무대였다. 빈곤과 사고, 범죄는 비일비재했고 사실만큼이나 상상력과 소문이 집단행동의 중요한 요인이 되기도 했다. 일례로 메네트라는 어린 시절에 아이들을 잡아다가 그 피로 병에 걸린 공작부인을 목욕시킨다는 소문을 듣는다. 사람들은 극도의 공포심에 사로잡혀서 경찰서의 유리창을 다 부수었고 몇몇 불행한 사람들을 속죄양으로 삼아 구타하고 불태워서 그레브 광장에 매달았다.

그럼에도 당시 파리 민중은 경제적 부와 지성의 축적이라는 비범한 현상을 경험하고 있었다. 속도를 더해가는 물질적 삶의 변화를 누구나 실감하는 가운데 상류사회에서 차지하는 전통의 자리는 축소되었다. 반면 변화화는 사회 속에서 시간의 속도감은 보다 높아져 갔다. 기존 질서가 무너져 가는 가운데 개인의 해방 가능성도 보다 넓어져 갔다. 그렇지만 하층 계급에서 제반 변화들은 한계상황을 초래하기도 했다. 즉 당시 사회제도를 구성하는 요인들과는 다른 요인들이 등장하면서 사회적인 혼란과 갈등을 심화시켰다. 예컨대 중세 시대 이래 지속되었던 길드제가 해체되는 양상을 보였다. 즉 도제로부터 직인을 거쳐 길드 심사를 통해 그 숙련성을 인정받아 작업장의 주인으로 독립하는 과정 자체가 흔들렸다. 메네트라의 경우에도 길드의 심사가 아니라 주장 자격의 매입을 통해서 작업장 주인이 되었다. 이에 따라 동료들 상호간의 공존보다는 자기 이익을 더 중요하게 여기게 됐다. 법전에서 중시되던 사회적 위계는 일상적으로 교란되었으며, 신분사회가 계급사회로 변화되는 모습을 보이는 가운데 혁명의 기운이 싹트고 있었다.

요컨대 18세기의 파리는 비참과 발전을 동시에 경험하고 있었다. 민중은 행복과 불행, 성공과 실패의 교차라는 공통된 운명에 놓여 있었던 것이다.

메네트라의 일기가 보여 주는 것

메네트라는 파리의 세느 강 우안과, 성문 외곽 지역, 강가, 특히 퐁네프의 다리를 중심으로 어린 시절을 보낸다. 결혼 후 쁘띠-리옹 거리에서 작업장을 개설하고 파베 거리에 두 번째 작업장을 연다. 혁명 이후에는 연금 생활자로서 룩셈부르그 구역에 정착한다. 그의 삶의 배경을 이루는 민중적 환경은 가정, 작업장, 술집 등 세 범주로 구분해 볼 수 있다.

메네트라의 일기는 18세기 파리 민중 집단의 생활 양태와 문화를 여실히 보여 주고 있다. 우선 그는 근대성의 산물인 거대 수도 파리에서, 그것도 파리 인구의 3/4을 차지하는 민중이 처해 있던 공간과 환경 속에서 성장하고 생활했으며, 그에 대한 스스로의 이해와 감각을 갖고 있었다.

메네트라의 삶 역시 구체제 인구통계나 표준적인 상퀼로트(프랑스혁명 당시 혁명적인 민중 세력)의 삶에 들어맞는다. 그는 1738년에 태어나서 직인으로서 프랑스 전역을 편력하고 이후 파리의 장인으로서 자신의 작업장을 열고 가정을 이루었다. 스물여섯 살에 결혼해서 4명의 자녀를 낳았으나 그중 둘은 일찍 죽었다. 육체노동을 하였으나 독립된 장인으로

메네트라가 즐겨 찾았던 18세기 퐁네프의 모습

식구들을 부양할 수 있을 만큼 충분히 벌었으며 혁명이라는 대사건을 경험하면서 투사의 면모를 보였지만 결국 자코뱅주의(급진적 혁명 노선)를 포기하고 나폴레옹 지지자가 된다.

메네트라의 일기가 당시 파리의 민중문화를 조망할 수 있는 가능성을 제공해 주는 것도 당연한 일이다. 루이 15세의 치세로부터 보나파르트의 등장에까지 이르는 그의 삶의 여정은 미약하고 가난한 사람들에게 주어졌던 역사적 상황 혹은 운명을 공유해 나갔던 과정을 보여 준다. 한편으로는 다소 문학적으로 뒤틀리게 혹은 상투적으로 표현된 메네트라의 일상적인 삶의 차원, 즉 그의 삶의 기록에는 그가 속했던 사회의 특색이 각인되어 있다. 이를테면 그 사회에서 공유되던 관례와 개인 사이에 존재하는 간극, 사회의 전체적인 국면 다시 말해서 그 문화가 한 개인에게서 통째로 체현되는 방식 등이 나타나고 있는 것이다. 각자 스스로의 방식으로 삶의 규범을 구성해 갔던 민중문화의 양상이 있는 그대로 드러나 있으며, 파리 민중이 전체적으로 공유하고 있었던 집단적 심성(마음가짐 내지 정신 태세)과 계급성의 관점을 통해 그 시대의 역사를 다시 볼 수 있도록 해주는 것이다.

메네트라의 사랑

메네트라의 자서전에서는 스스로 가장 행복한 인생의 시기로 간주하는 편력 시절의 이야기가 대부분을 차지하고 있다. 특히 끊임없는 성적 쾌락의 추구는 주요 주제 중 하나다. 여기서 우리는 18세기 프랑스 사회의 남녀 간의 생물학적인 성과 사회화된 성이 혁명을 불러온 사회적 긴장을 이해하는 중요한 요소임을 알 수 있다.

메네트라는 여행의 지리학적인 순서에 따라 일련의 유혹 과정을 기술하고 있다. 방돔의 통통한 과부, 투르의 마구점 주인의 아내, 앙제의 하녀, 아헨의 수녀들, 리옹의 숙녀를 사처하는 귀머거리 유부녀. 이리하여 결혼 전에는 52명, 결혼 후에는 12명의 여성들과 함께했으며, 매춘부들과의 관계는 셀 수도 없었다. 메네트라의 여성들 중 5명은 상류층이었으며 3명은 농촌 여성이었다. 6명은 하녀들이었으며, 그 나머지는 유부녀, 미망인 혹은 그의 고용주나 작업장 주인들의 누이들이었다. 그가 벌인 싸움의 상당한 부분도 여자 혹은 섹스와 연관되어 있다.

귀족들이 육체적인 가치에 조심스럽고 민감하게 반응하면서 섬세한 성적 향락을 추구했던 반면 메네트라는 거침없이 육욕적인 사랑을 탐닉한다. 자발적이고 활기 있는 물질주의에 근거한 민중적인 성애를 보여 주는 것이다. 그의 사랑은 솔직하다 못해 요란스럽고 끔찍하기까지 했다. 메네트라와 그의 친구는 파리 외곽의 숲 속에서 애인과 사랑을 나누고 있던 처녀를 윤간했으며 동료와 더불어 한 매춘부를 함께 나누며 온 밤을 지새우기도 했다.

이러한 행각은 단조로운 노동, 젊음의 불같은 충동, 우울한 가정생활 등의 일상적인 권태와 염려로부터 벗어나려는 일종의 도피적 전략으로서의 성격도 지니고 있다. 또한 당시의 엄격한 가톨릭적인 규제에서 벗어나 점차 자유로워지고 있는 풍속의 양태를 보여 준다. 지극한 자유분방함은 종종 절박한 위기를 초래하기도 하지만 이 요령 좋은 바람둥이는 번번이 궁지를 모면한다. 그렇다고 해서 메네트라의 여성 편력이 당대의 관행에서 크게 벗어났던 것은 아니다. 그는 당시의 민중적인 전통과 관습이 허용하는 틀 안에서 한껏 쾌락을 누렸다.

여기서 중요한 의미는 여성이 남성의 사회적 안정을 위해 일정한 역할을 수행하고 있었던 당시 장인 혹은 직인 사회의 상황을 메네트라의 사랑이 반영하고 있다는 것이다. 당시 결혼은 마음의 열정과 현실적 이해가 양립되기 전에는 불가능했다. 장인 세계에서의 사회적 안정은 장인 집안 딸과 결혼함으로써 생기는 지참금을 통해 얻을 수 있었다. 메네트라의 약혼녀는 2,300리브르라는 충분한 지참금으로 약혼자의 작업장 개설을 지원해 주었으며, 메네트라 역시 생애를 통해 모은 재산 중 일부를 자신의 딸이 제과 장인과 결혼할 때 지참금으로 내놓았다. 이러한 안정을 얻기 전까지 메네트라와 같은 젊은이들은 자유롭게 즐겼지만 그에 따르는 고통이나 책임을 감수할 생각은 전혀 없었다. 이들은 실컷 즐기다가 여자의 치마 밑으로 불룩한 혹이 솟아오르는 순간 주저 없이 줄행랑을 치곤 했다.

이들에게도 범해서는 안 될 금기가 있었는데, 그것은 친구의 아내를 유혹하는 것이었다. 그러나 이 역시 빈번하게 파기되면서 질병과 처벌, 때로는 죽음까지 초래했다. 여기에는 계급투쟁의 의미도 내포되어 있었다. 메네트라와 그의 동료들은 귀족, 성직자, 경비원, 혹은 그보다 더 우월한 지위에 있어서 함께할 수 없다고 생각되는 사람들을 겨냥하여 조롱한 것이다. 주인의 아내를 간통의 늪에 빠지게 하는 것이야말로 그들의 재미있는 장난거리 중 하나였다. 오흐에서 메네트라는 '부르주아' (주인)의 부인에게 성병을 옮기고 그녀는 그것을 다시 자신의 남편에게 옮긴다. 사랑만큼이나 민간요법에도 밝았던 이 젊은이는 부부를 치료해 주고 그들의 축복 속에서 도시를 떠난다. 한편으로 이들의 장난에는 사회적 혹은 경제적 상승의 의미도 내포되어 있었다. 다른 모든 업종에서와 마찬가지로 유리 장인의 업종에서도 주인의 수는 제한되어 있었고, 이는 미망인과의 재혼을 통해 승계될 수도 있었던 것이다.

결혼 이후 메네트라는 아내를 사랑했지만 그 감정은 자신의 아버지와 마찬가지로 서로 으르렁거리고 지낸 자식들에 대한 감정에는 미치지 못했다. 그의 아내 역시 알뜰한 경제 감각으로 작업장을 키워 나갔지만 가정사와 경제 문제를 둘러싸고 남편과 주도권 싸움을 벌이면서 불화를 겪었다. 메네트라는 아내에게 권태를 느끼고 다시 한눈을 팔면서 결혼 이전의 동거 필요성이라는 획기적인 결혼관을 제안하기도 한다.

민중적 글쓰기로서의 메네트라 일기의 성격

메네트라는 결혼 이후 40년에 이르는 날들을 일상적인 단조로움 속에서 보내지만 일기를 써나가면서 30대 이전의 불같던 날들을 아쉬움 속에 회상한다. 그의 일기는 1764년 8월 9일부터 시작하여 공화력 11년, 즉 1803년 1월 25일에 끝난다. 이 요령 좋고 철저한 파리 장인은 일단 인생의 다양한 시기에 쓴 글들을 보존했다가 혁명기에 다시 필사하고 정리했다.

메네트라는 민중으로서 글을 남긴 다소 예외적인 인물이다. 그렇다면 메네트라의 글은 민중적 글쓰기에 있어서 얼마나 전형적인 의미를 띨수 있었을까? 도시 장인으로서는 평범하다 할 수 없는 집필이란 행위는 상당한 노력과 희생을 요한다. 종이와 잉크를 구입하기 위해 재정적 지출을 감수해야 하며 글을 써나가는 물리적인 수고를 해야 했다. 또한 집이나 술집 혹은 거리에서 즐기고 담소하면서 누리는 일상적인 여가도 어느 정도는 포기해야 했다. 무엇보다 그의 환경에서는 쉽게 발견하기 어려운 내면화의 자질과 독자적인 처신 역시 필요했다.

이러한 점들을 생각해 볼 때 민중적 인물인 메네트라의 자서전 집필은 다소 엉뚱한 면모를 지니고 있다. 그는 자신이 소속된 집단의 사회·문화적인 특수성에 기대어 이러한 당혹성을 정당화하고 있다. 즉 메네트라는 자서전을 쓰면서 당시 식자들 사이에 일반화되었던 방식과 태도를 취하지 않았고, 이를 통해 자신이 통상의 작가들과는 다른 세계로부터 온 사람임을 분명히 했다.

먼저 그의 글은 부조리와 조롱으로 가득 차 있다. 젊은이의 변덕스럽고 엉뚱한 불장난, 하찮은 객소리, 약점의 고의적인 노출, 상습적인 잘난 체와 허풍은 범속함에서 벗어나지 못하던 메네트라라는 인물의 인간적인 깊이와 폭을 드러낸다. 그런데 이런 실없는 장난이 그의 일기의 중심이 되고 있다. 이 모든 장난에서 그는 항상 자신에게 유리한 방향으로 상황을 유도할 줄 아는 사람으로 묘사된다. 모든 처녀들을 유혹했으며 무료로 밤을 즐긴 파리의 일류 사창가에서는 아침까지 대접받았다. 싸움에서는 이기고 물에 빠진 아이들을 건져 냈으며, 화재를 진압하고 시골 사람들과 성직자들을 숱하게 골렸다. 심지어 복권에 당첨되어 그 수입으로 친구들과 함께 파리의 가장 좋은 술집과 유흥가에서 즐기기도 했다.

그러나 메네트라가 사용한 어휘를 보면 그가 자신과 다소 이질적인 문화를 접하고 있었음을 알 수 있다. 당시 파리에는 1,200명 정도를 수용할 수 있는 약 500여 개의 사립 초등학교가 있었으며 젊은 남성의 약 3/4이 문자 해독 능력이 있었다고 한다. 메네트라 역시 어린 시절에 생-또스타쉬 교회의 부속학교에서 읽고 쓰고 셈하고 노래하는 것을 배웠다. 그는 영리한 학생으로서 성가대에 뽑혔으며 장학금까지 받았다. 원했다면 상급학교에 진학해 문인의 꿈을 꾸어 볼 수도 있었을 것이다.

메네트라는 단호히 장인의 삶을 택했지만 그 이후에도 읽기와 쓰기는 삶의 일부가 되고 있다. 특히 거래와 계약 등 직업 활동에 충분히 활용되었다. 뿐만 아니라 여행에 나설 때는 가방 속에 책을 휴대하곤 했으며 도시에 머물 때는 동료들과 더불어 노래나 장난기 섞인 짧은 글들을 짓고 항상 편지를 썼다. 종종 볼테르, 퐁트넬, 루소 등의 작품을 인용하는 등 대중화된 사상 서적과 다양한 종류의 저작에 접하고 있었던 흔적을 보이기도 한다. 실제로 민중의 세계와 문인의 세계가 격리되기만 했던 것은 아니다. 메네트라는 파리로 돌아와서도 매일 저녁 거리의 연극을 보거나 통속 코미디 작가 및 배우들과 어울려 술을 마셨다. 심지어 1771년에는 루소와 직접 만나 친교를 나누기도 했다.

문학과 문자가 문화의 일부를 이루었던 메네트라의 일상에 비추어 볼 때 자서전을 쓰고자 했던 그의 충동이 그렇게 황당한 것만은 아니었음을 알 수 있다. 게다가 그는 민중을 통제하고 도덕화하려는 지배층의 조작을 재빨리 감지할 만큼 눈치 있는 인물이었다. 따라서 그의 일기는 보다 자유롭게 자신과 자신의 계급에 충실하려는 태도를 보여 준다. 스스로 자서전을 과소평가하고 심지어는 방기하는 듯한 태도를 보인 것이 그 일례라 할 것이다. '품위 없는 남작가의 너절한 넝마덩어리'인 자신의 글을 모두 불태워 없애 버리고 싶다고 입버릇처럼 되뇌이는 것이다. 그러나 그는 쓰고자 하는 자신의 의지를 끈질기게 지속시켰다. 지배 계층과 상당히 다른 글쓰기 태도에도 불구하고 후세와의 세대 간 교류에 대한 희구는 마찬가지 모습으로 나타난다. 이는 어떠한 상황에도 불구하고 자신의 정체성을 유지하려는 민중의 능력을 단언하는 방식으로도 파악될 수 있을 것이다.

메네트라의 글에는 계급적인 자의식이 숨김없이 드러나 있다. 그의 글은 읽기 쉽고 서체가 일정하며 어떠한 구두점도 남기지 않은 채, 소리 나는 대로 중단 없이 자유롭게 씌어 있다. 이는 당시 일상적이고 실용적으로 사용되던 글쓰기 방식이었는데, 한편으로는 그가 즐겨 관람했던 연극의 대사를 연상시키기도 한다. 즉 청중을 겨냥해서 문법적 정확성에 구애받지 않고 영감이 떠오르는 대로 보다 대담하고 긴 호흡으로 말하는 듯한 글이었다. 게다가 그는 맞춤법의 오류를 얼마든지 교정할 수 있을 만큼 영리하고 문법적 지식을 갖추었지만, 고의적인 서투름, 소

프랑스혁명에 큰 영향을 미친 철학자 루소. 그는 메네트라와 여러 가지 유사한 점이 있었지만 동시에 지극히 대조되는 측면도 있었다.

탈한 문체 등 스스로의 방식을 택했다. 즉 지배층의 글쓰기 문화에 동화되는 것을 거부하고, 자신의 이야기를 자신의 방식으로 풀어 나가면서 본모습을 지키고자 한 것이다.

지배층 혹은 식자층과 자신을 구분하려는 태도는 단지 글쓰기에만 그친 것이 아니라 그의 윤리적인 자세에서도 나타난다. 이는 루소의 《고백록》이나 잠므리-뒤발의 《회상록》과 같이 18세기 민중적인 기원을 가진 다른 자서전들과의 비교를 통해서도 나타난다. 앞의 두 사람은 스스로의 민중적인 기원과 새로이 진출한 상류사회 사이의 상이함으로 말미암은 분열의 양상(루소에게서는 죄의식으로, 잠므리-뒤발에게서는 사회적인 서출이라는 감각으로 나타났다)을 보였다. 반면 메네트라는 그들과는 전혀 다른

분위기로 개인과 사회의 관계를 묘사하고 있다. 예를 들어 메네트라와 루소는 여러 가지 면에서 유사했지만 동시에 지극히 대조되는 측면을 보인다. 그들 모두 태생이 미천했으며 어려서 어머니를 여의었다. 아버지와의 관계가 원만하지 않았으며 유년시절을 거리에서 보냈고 편력의 경험이 있다. 그리고 모두 고백하는 글을 남겼다. 물론 메네트라는 한미한 채로 남아 있었지만 루소는 파리 사회의 상층부로 진입했다. 루소가 죄의식과 자기 분열로 허우적거렸던 반면 메네트라는 큰소리를 뻥뻥 쳤다. 그 역시 사생아를 두었지만 그것을 자랑스럽게 생각했다. 두말할 나위 없이 여자들의 유혹에 약했던 이 호남아는 루소처럼 쭈뼛거리지 않고 즉각 매음굴로 달려갔다. 주변 사람들과의 관계에서도 항상 주도권을 행사하면서 피해 의식과 과대망상증 따위에는 시달리지 않았다. 메네트라의 자서전은 허풍과 활기로 가득 차 있다. 마치 민중의 솔직한 일상 언어로 다시 쓰인 루소의 《고백록》을 대하는 듯하다. 이런 점에서 그의 일기는 역사를 아래로부터 새롭게 볼 수 있게 해준다. 당대의 도덕적인 관찰자들, 의사들, 여행객들의 증언에 존재하는 빈틈을 보충해 주는 것이다.

집필의 진실성과 민중문화의 복원

메네트라는 미래에 대한 걱정이 현재의 즐거움을 압도하고 육체가 점차 쇠락해 가는 인생의 내리막길에서 아버지로부터 절연당하고 동료들로부터 배신당했으며 아내에게 버림받고 아들로부터는 유기당했다고 실토한다. 으스대면서 스스로를 과시하고자 했던 18세기 전형적인 남자의 모습과는 배치되는 작고 약하고 외로운 모습이다. 무엇보다도 그는 "오로지 쾌락만을 위해서 사랑했지, 우정을 위해서 사랑한 것은 아니"라고 고백하면서 스스로에게 조롱의 화살을 겨눈다. 이처럼 메네트라는 자신이 살아온 인생 전체를 전혀 달라질 수 없었던 기정사실로 간주하여 연민도 죄의식도 없이 서술하면서 한바탕 웃음으로 내려친다.

그런데 문제는 그의 일기 중 상당 부분이 허위와 허풍으로 채워져 있다는 데 있다. 메네트라가 자서전에서 목격담 내지 경험담으로 제시한 내용은 오히려 그의 소망 혹은 허풍이거나 〈데카메론〉 등 기존의 문학작품, 당시 떠돌던 음담패설류의 문헌, 그리고 길거리의 어릿광대로부터 듣거나 떠돌던 소문 등으로부터 취한 이야기들이었다. 그러나 18세기적인 희구를 판타지로 재구성한 그의 예술적 능력과 수사학은 의미심장하다. 특히 뛰어난 이야기꾼이며 탁월한 바람둥이로서의 메네트라 자신이 지극히 친숙해 있던 민중문화와 민중적인 정신 상태에 내포된 범죄성 등 무시무시한 요소를 잘 반영하고 있다는 점에서 주목할 필요가 있겠다. 이야기의 소재를 제공한 당시의 민중적인 문학작품들은 그가 여행 중 일상으로 대하던 것과 비슷한 사건들을 이미 적절히 그려 내고 있었던 것이다.

프랑스혁명과 민중의 세계

메네트라의 세계는 이렇게 있는 그대로의 인간의 모습으로 가득 차 있음에도 현재로서는 도저히 상상하기 어려운 폭력과 죽음이 난무해 여전히 괴이하고 불가해한 모습을 보인다. 그는 매일 죽음을 접했으며, 그의 세계에서 먹고 마시고 노는 행위는 마치 중요한 의례 행위와 같은 성격을 띠고 나타난다. 무엇보다도 메네트라의 세계는 그가 속해 있던 제3신분 내의 주변 집단인 장인들의 경제·문화적 의식을 반영한다. 그들의 직업 문화에서 교회보다 훨씬 중요한 술집은 동업조합의 상부상조의 연대감을 위한 형제애적인 분위기를 제공해 주기도 한다. 그들은 또한 현대의 노동자들처럼 시간과 돈을 계산했던 것이 아니라 프랑스 편력 길에서 체화한 '구속 없는 자유' '즐거움 속에서 이루는 평등'과 형제애라는 상퀼로트의 가치를 추구했다.

이들의 형제애는 공동생활을 위한 다분히 실용적인 필요성으로 말미암은 것이기도 했다. 따라서 이 유대는 영원불변한 것이라기보다는 시대와 상황에 따라 유동적이고 변질되는 양상을 보였다. 프랑스 편력 중 동업조합 조직의 보호를 받고 동료 직인들과 의식적일 정도로 공고하게 결속했던 메네트라는 독립적인 작업장을 개설한 이후 지나치게 간섭적이라고 여겨졌던 동업조합과 거리를 두기 시작했다. 메네트라에게 있어서 작업의 자유는 근본적인 독립과 동일한 의미로 간주되었으며, 급료나 노동시간보다는 처신과 이동의 자유가 더욱 중요했다. 구체적으로 메네트라는 작업 방식 및 문화와 관련해 변화를 억압하려는 경향을 내포하고 있던 장인적인 경제체제와 전통 및 규제, 그리고 시대적 변화가 몰고 온 근대성 사이의 간극을 경험한다. 개선된 유리 제조 기술과 자본주의적 태도를 도입하다가 동업조합과 충돌을 빚는 것이다. 그 하나의 예가 동업조

문란한 성직자를 다룬 《데카메론》의 한 장면을 묘사한 그림. 메네트라의 일기 중 많은 부분은 《데카메론》 같은 문학작품이나 떠돌던 소문에 의한 것이 많았다.

합의 금지 사항을 어기면서까지 두 번째 작업장을 개설한 것이다. 그러나 이때에 이르러 동업조합의 규제는 이미 유명무실해져 있었고 1776년 주장 제도가 폐지되었을 때 메네트라는 적극 환영하는 태도를 보인다.

정치적으로 볼 때 그의 행적은 다소 경박한 측면을 보이기도 한다. 혁명 앞에서 그의 서술은 일관성과 논리를 잃어 간다. 물론 시대의 변화에 편승하는 가벼움과 자신의 과거 행적에 대한 책임을 회피하려는 교활한 태도도 엿보인다. 그의 자코뱅주의와 공민 정신은 단지 맹종에 지나지 않았다. 이러한 정치적 여정 역시 그의 읽기 및 쓰기 작업, 그리고 장인 의식과 아주 무관한 것 같지는 않다. 메네트라의 혁명에 대한 설명은 상퀼로트로서 거리에서 목격한, 다소 피상적이고 굴절된 것이다. 공포정치기에 등장하는 것도 로베스피에르가 아니라 민중이다. 당파의 구분은 이웃 간의 반목으로 변질되고 정치는 원한의 청산으로 전락해 버린 것으로 묘사된다. 메네트라가 경험하고 묘사한 민중혁명은 합리주의와 자연법사상 등 계몽주의에 힘입었다기보다는 구체제하에서 그가 내면화시킨

원리들 중 일부, 즉 장인들 사이에 존재한 동료로서의 연대감과 같은 다소 원초적인 감정으로부터 유래한 것으로 보인다.

자서전을 통해서 메네트라의 이미지는 인생을 잘 살았던 사람으로 나타난다. 그는 스스로 한 번도 궁지나 배고픔을 경험한 적이 없다고 밝힌다. 그러나 생활 근거를 잃고 야반도주하듯이 도시를 떠나면서 가족들끼리도 뿔뿔이 흩어지는 이웃들의 예는 그 역시 이러한 위험으로부터 완전히 무방비 상태에 놓여 있지는 않았음을 암시한다. 실제로 그의 숙부도 파산했으며 그 역시 말년에 이르러 재산을 끝까지 지키지 못해 간신히 먹고 살 만큼만 남겼다고 기술했다.

메네트라는 나폴레옹에게서 조국을 구하고 종교적 관용을 보장해 줄 지도자로서의 모습을 보았다. 이는 그의 정치적인 경험의 한계를 보여 주는 것이다. 그와 동시에 당시 종교적 관행에 대해서 무관심하고 냉소적이면서도 어린 시절에 받은 종교 교육의 배경을 완전히 떨쳐 버리지 못하는 모습을 의미하기도 한다. 이처럼 그는 희망할 줄 알면서, 의심할 줄도 알았지만 정치적인 안목은 부족했다. 그러나 스스로 본질적인 것으로 간주했던 자유를 거부할 수 없었다. 이런 점에서 그는 민중의 즉자적이고 자연발생적인 태도와 신중한 숙고를 통한 결단이라는 문화적인 반추 사이의 중간 지점쯤에 위치한 것으로 보인다.

Zoom-in

메네트라의 글

나의 정신에게

나의 정신아 네 모든 난필의 첫머리에서부터 볼 짱 다 봤다.

이것은 하나의 서문 혹은 적어도

몇몇 관리들이나 최소한 어떤 국가 수장에게

겸손하게 동의를 구하면서

봉헌된 하나의 헌정은 될 수 있을 것이다.

그리고 허장된 소리를 떠벌려 대면서

나의 정신 너는 네 조상들에 대해서도 이야기하고

그리고 네 글을 통해서 그들에 대해서 알리려 하겠지.

그리고 그 모든 사내다운 기사들로부터 너의 기원을

적어도 32개의 구역으로부터 너의 고귀함을 끌어다 대겠지.

네 자식들과 자손들이 최초의 조상을 영광스러워 할 테니까 말야.

그렇지만 네가 서민 계급으로부터 스스로 벗어나려는

나로서는 생각지도 못하는 일을 하려 한다면

네가 쓴 모든 글들이 불에 던져지기를 바라렴.

내 정신아 너는 인간이 영광스럽게 태어났다는 것을 알아야 해.

그들은 지극히 타당하게도 네 글에 철자법도 없고 구두점도 없다는 것을
더구나 모음도 자음도 없으며 온통 빈틈투성이라는 것을 발견할 것이다.
내 정신아 그들은 네가 아주 형편없는 남작가라고 말할 것이다.
너의 약점과 오류와 과오를 드러냈다고 말할 것이다.
네 쓰레기 같은 글들이 정오표로 가득 차 있는 것을 보아라.
내 말을 믿고 모든 것을 파기하고 그 모든 넝마더미들을 태워 버려라.
이것이 메네트라의 생각이다.

　　　　　　 – 메네트라, 1764년에 나를 위해 쓴 내 삶의 일기Journal de ma vie

Jacques-Louis Ménétra compagnon vitrier du XVIIIe siecle, Journal de ma vie, Presenté par

Daniel Roche, 1982, 29~30쪽.

루소와의 만남

나는 플라트리에르 거리에 있는 벨가르드 부인 소유의 가구가 갖추어진 쌩–테스프리
숙소에서 일을 했다. 나를 찾아온 사람은 나와 함께 이 숙소의 2층 뒤편으로 가서 칸막
이가 된 작은 방을 도배해 달라고 말했다. 나는 실내복을 입고 털모자를 쓴 남자를 보
았다. … 나의 출신 지역을 묻는 그 남자에게 나는 파리라고 말했다. 나에게서 파리 악
센트를 전혀 느낄 수 없다는 그에게 나는 프랑스 편력을 하였고 리옹을 거쳐서 왔노라
고 말했다. …그는 나에게 반한 것 같았다. …집주인 여자는 그가 루소 선생이며 그가
테레즈라고 부르는 그 커다란 여자가 그의 부인이라는 등등의 이야기를 해주었다.

　　　… 어느 일요일 저녁 식사 후 우리 집 문 앞에 앉아 있노라니 루소 선생이 지나가

는 것이 보였다. 그는 정답게 내 손을 쥐면서 이곳이 나의 거처인지에 대해서 물었다. 나는 그에게 우리 집을 보여 주었다. 그는 내게 산책 갈 의향이 있는지 물었고 나 역시 나가고 싶다고 말했다. 걸음의 방향을 어디로 하고 싶냐는 그의 물음에 나는 상제리제에 가서 탁구 경기를 보고 싶다고 대답했다. 내가 원한다면 같이 가겠노라는 그의 호의를 나 역시 받아들였다. 이 사람은 나무들을 이 구석 저 구석 살펴보면서 생각에 잠긴 채 이리저리 조사하고 내게는 별 말을 건네지 않았다.

다음에 우리가 지난번에 들렀던 카페에 들어갔을 때 여주인은 온갖 공손함을 동원해서 우리를 거절했다. … 나는 급히 이유를 물었다. 지난 일요일에 루소 선생이 장기 두는 것을 보려고 몰려온 사람들이 올라서는 바람에 대리석 테이블이 몇 개나 부서졌다는 것이다.

… 나는 가끔 그를 보러 갔다. 그는 악보 필사를 흥겨워했다. 그를 만나러 들어갔던 어느 날 그의 부인은 대단히 화가 나서 루소 선생이 오를레앙 공작이 그에게 보낸 지갑을 거절했으며 오히려 지갑을 열어 그 안의 돈을 공작의 하인에게 주고 지갑은 다시 되돌려 주었을 뿐 아니라 "선생, 내가 각하께 제출한 작업은 이만한 금액의 가치가 없습니다, 심지어 당신께 제출할 영예를 누릴 만한 가치조차 없는 작업입니다."라고 말하면서 실컷 관대한 체를 한 것에 대해서 수다를 떨었다. 아저씨, 이것이 바로 루소 선생의 그 훌륭한 관대함이랍니다 … 그는 그런 어리석은 이야길랑은 듣지 말라고 밀했나.

—위의 책, 218~221쪽

절대주의,
계몽주의, 혁명
그리고 민중문화

루이 14세는 군주 개인에게 집중된 절대 권력을 신성화한 것으로 표상하기 위해 특유의 궁정 문화를 조성했다. 왕은 자신의 궁정을 마치 사회의 축소판처럼 형성해서, 그곳에서의 예절을 모든 사회적 행위와 처신의 기준으로 삼았다. 궁정에 드나드는 귀족들은 왕 앞에 승복해, 왕이 부과한 예의를 철저히 지켰고, 귀족의 신분으로 상승하고자 초조해하던 부르주아들이 이를 모방했다. 요컨대 군주는 이러한 '문명화 과정'을 통해 사적인 폭력의 경향을 한편으로는 완화하고, 또 한편으로는 독점적으로 관리하고 통제해 내면서 사회의 기강을 잡아 갔다.

궁정 중심의 엘리트문화는 사회 말단에까지 확산되었던 가부장제를 통해 기존의 민중문화를 규제하고 종속시켜 나간다. 민중문화는 국가가 주도하는 엘리트문화 앞에서 자율성을 상실해 갔다. 민중의 반발이 아주 없지는 않았지만 그다지 강력하지도 않았다. 종교개혁 시기와 마찬가지로 민중은 독자적인 전망을 보유하지 못했다. 민중 혹은 대중은 물질적인 측면에서든, 정신적인 측면에서든 엘리트의 문화를 모방해 갔다. 특히 프랑스에는 이러한 현상이 두드러져서 서민들도 상류층이 쓰던 가구를 들여놓고, 그들이 입던 헌 옷과 그들이 남긴 음식을 구입하기도 했다.

동시에 민중의 문자 해독률도 증가해 갔다. 교회는 아동교육에 대한 주도권을 장악하고자 교구 부속학교를 설립해서, 읽고 쓰는 초보적인 교육을 시켰다. 독서 행위는 농민층보다는 도시 수공업자층에서, 그리고 여성보다는 남성들에게서 보다 활발하게 나타났다. 그렇지만 민중의 독서 양태가 독자적인 영역을 확보하지는 못한 것으로 보인다. 읽는 서적의 종류에 있어서나, 혹은 읽는 방식에 있어서나 엘리트 집단과 확연히 구분되지 않았던 것이다. 또한 이들의 독서가 기존 체제에 대한 비판과 반대로 이어진 것으로 보기도 어렵다. 독자층은 양적으로 성장했지만 민중은 주로 대중적인 종교 서적에 집착했다.

엘리트문화에 의한 민중문화의 통합은 그것을 주도했던 절대주의 체제가 와해되어 가면서 유지되기 어려워졌다. 이것이 바로 18세기 프랑스 사회에 나타난 현상이었다. 특히 가톨릭으로부터의 이탈이라 할 수 있는 세속화 현상이 두드러지게 나타났다. 이는 절대주의 체제에 의한 문화적 통합 과정이 불완전했음을 반증하는 사례일 수도 있고, 절대주의 체제의 누수 현상과 함께 그 동반자인 가톨릭교회의 위상도 동반 저하했음을 보여 주는 현상일 수도 있다. 왕의 신성성에 대한 표상 체계도 점차 와해되고 정부가 통제하기 어려울 정도로 격렬한 민중적 폭력이 분출되었다.

이런 점에서 프랑스혁명의 요인들은 오래전부터 싹튼 것으로 볼 수도 있다. 혁명이 분출하면서 민중문화적인 관행에 따른 소요의 양상이 나타났다. 예를 들면 1789년 10월, 파리 여성들은 주도적으로 베르사유에 있는 '빵집 주인과 그 마누라' 곧 왕의 일가를 파리로 데려오는 행진을 한다. 또한 기존 교회의 제도와 조직을 자발적으로 파괴하려는 비기독교화의 움직임에서도 민중적 폭력의 관행이 발견된다.

혁명정부는 곧 민중적 폭력과 문화를 규제하고자 한다. 여기서 프랑스 혹은 자유와 공화정을 상징하는 '마리안느'라는 여성의 이미지가 등장하기도 하고, 민중을 상징하는 헤라클레스, 이상과 덕, 애국심 등이 종합적으로 집결된 '최고 존재' 등의 표상이 나타났으며, 새로운 혁명 축제가 조직되기도 했다. 이러한 시도는 혁명과 공화정에 합당한 새로운 문화를 정립하려 한 '문화혁명'의 한 측면으로 볼 수도 있겠지만, 분명한 것은 엘리트들이 민중문화를 통제해 나가려 했다는 점이다.

시팅불
19세기 후반 미국 인디언의 행로

시팅불Sitting Bull(1831 ~ 1890)

미국의 서부 개척과 인디언

남북전쟁이 일어나기 전까지 미국의 서부 개척은 내륙 중앙부의 네브래스카와 캔자스 지역, 남서부 지역의 텍사스, 태평양 연안의 캘리포니아와 오리건 일부 지역에 머물러 있었다. 이들 지역의 중간에 자리 잡은 대평원 지역과 로키 산맥 일대의 고원지대는 전혀 개척이 되지 않고 있었다. 그러나 남북전쟁 이후 인디언과 멕시코인들의 땅이었던 이 서부 지역은 차츰 미국인들에게 정복되어 대략 19세기 말에는 개척이 완료되기에 이르렀다. 그리고 이러한 개척을 훨씬 쉽게 만들어 준 것은 대륙횡단철도 건설과 연방정부의 국유지 매각 정책이었고 서부 개척에 앞장선 사람들은 바로 광부, 카우보이, 농민이었다.

대륙횡단철도는 본래 남북전쟁 이전부터 서부 진출을 위해 건설의 필요성이 제기되었다. 그러나 남북전쟁이 일어나 건설이 지연되다가 전쟁 기간 중 중앙부를 지나는 철도를 건설하기로 결정했다. 이에 따라 네브래스카주의 오마하를 출발점으로 하여 유니언 퍼시픽 철도 회사가 서쪽으로 건설을 해나가고, 캘리포니아주의 새크라멘토를 출발점으로 하여 센트럴 퍼시픽 철도 회사가 동쪽으로 건설을 하기 시작했다. 인디언의 습격을 받기도 하고 험준한 산악지대를 통과해야 하는 등 많은 어려움이 있었지만 1869년 봄 유타의 솔트레이크 인근의 프로몬트리 포인트에서 두 회사의 철로가 서로 연결됨으로써 대륙횡단철도가 완성되기에 이르렀다. 또한 뒤를 이어 북부선으로 노던 퍼시픽 철도와 남부선으로 산타페 철도가 건설됨으로써 이제 미국은 서부 지역의 동서남북을 잇는 간선 철도망을 갖추게 되었고 서부로의 이주가 한층 용이해지게 되었다. 이와 더불어 국내 자원의 개발과 시장의 확대가 이루어지면서 미국 경제는 더욱 발전하게 되었다.

1869년 미국 대륙횡단철도 개통식.

연방정부는 대륙횡단철도 건설을 시작하면서 동시에 자영농지법을 제정해 서부로의 이주를 권장했다. 이 법은 이주민이 5년간 거주하며 농사를 지으면 싼값에 160에이커의 땅을 살 수 있도록 해주는 것이었다. 그러나 160에이커의 토지로는 건조한 대평원 지역에서 방목이나 농업을 하기가 힘들었기 때문에 1870년대에 토지와 관련한 새로운 법들을 제정해 궁극적으로 정착민들이 대개 1,280에이커 정도의 드넓은 땅을 값싸게 살 수 있도록 했다. 그러나 일부 주민들과 대토지 회사들은 이 법의 약점을 이용해 속임수를 써서 훨씬 더 많은 토지를 차지하기도 했다. 그럼에도 불구하고 연방정부가 행한 싼값의 토지 매각 정책은 많은 사람들을 대서부로 이주하게 했다.

19세기 후반, 수많은 미국 백인들이 대서부에 정착했지만, 그곳이 사람이 살지 않는 비어 있는 땅이었던 것은 아니다. 남북전쟁이 일어날 무렵만 해도 미국에는 약 30만 명의 인디언이 있었고 그중 약 20만 명이 대평원에 살고 있었다.

대평원 지역 인디언들은 여러 가지 다른 유형의 문명을 발달시켰다. 남서부의 푸에블로^{Pueblo} 인디언들은 옥수수를 경작하고 아도비라고 부르는 흙벽돌로 된 집과 마을을 건설했으며 정교한 관개시설을 갖추었다. 그러나 대평원 중부와 북부 지역에 살았던 수^{Sioux}, 블랙푸트^{Blackfoot}, 샤이엔^{Cheyenne}, 카이오와^{Kiowa}, 아파치^{Apache}, 코만치^{Comanche}, 크로우^{Craw}족과 같은 인디언들은 대체로 유목 생활을 했다. 이들은 에스파냐인들의 신대륙 정복 이후 아메리카에 널리 전파된 야생말을 길들여 주로 사냥을 하며 살았다. 이들의 주요 사냥 대상은 대평원 지역에 1천 5백만 마리 이상 살았던 들소 떼였다.

연방정부는 내무부 내에 인디언 사무국을 두어 서부 지역 인디언들을 관리하도록 했다. 이 인디언 사무국은 처음에는 인디언들과 조약을 맺어 각 부족의 토지 경계선을 정해 주고 그 안에서 사냥을 하며 자유롭게 살아가도록 했다. 이렇게 함으로써 연방정부는 인디언 부족 간의 전쟁을 막고 백인들이 서부로 진출하는 통로를 확보할 수 있었다.

그러나 남북전쟁 이후 백인들이 대평원 지역으로 몰려들게 되자 연방정부는 '인디언 보호구역Indian Reservation' 정책을 쓰기 시작했다. 이 정책은 인디언들에게 정부가 정한 일정한 구역에 들어가 살라고 강요하는 것이었다. 이에 따라 인디언들은 정부가 정한 대로 대평원 북부의 다코타와 남부의 오클라호마 보호구역에 들어가 살아야 했다. 그러나 이들 보호구역은 들소 사냥을 하며 살기에는 너무 비좁았고, 농사를 짓기에도 좋은 땅이 아니었다. 또한 사냥을 하며 살아오던 평원 인디언들에게 농사를 짓도록 강요한 것은 큰 무리가 따르는 일이었다. 더욱이 이 보호구역 정책을 실시할 인디언 사무국은 무능하고 부패했기 때문에 백인들이 인디언과의 조약을 무시하고 보호구역에 침범하는 것을 제대로 막지 못했다.

이러한 보호구역에서의 생활보다 평원 인디언들을 더욱 힘들게 만든 것은 바로 백인들이 자행하는 무자비한 들소 사냥과 살육이었다. 남북전쟁 이후에 동부에서 들소 가죽이 인기를 끌기 시작하자 백인들은 마구잡이로 들소를 사냥하기 시작했다. 더욱이 철도 회사들은 들소 떼가 철도의 운행을 방해한다는 이유로 전문 사냥꾼을 동원해 들소 떼를 닥치는 대로 죽였다. 그리하여 남북전쟁이 끝날 무렵 최소 1천 5백만 마리에 달했던 들소는 10년도 되지 않아 1천 마리도 남지 않을 정도로 거의 멸종 위기에 처하게 되었다. 사정이 이렇다 보니 들소를 주요 식량으로 삼았던 대평원 지역 인디언들의 생활은 이루 말할 수 없이 힘들어졌다. 이러한 백인들의 횡포에 저항한 대표적인 인물이 바로 시팅불이었다.

미국 서부에 살고 있던 인디언들

'앉아 있는 황소'라는 뜻의 시팅불은 수족 연합의 작은 부족이었던 헌크파파족 추장의 아들로 태어났다. 그가 태어난 해와 장소는 정확하지 않지만 대략 1831년에 오늘날 사우스다코타의 미주리 강 어귀에 있는 불헤드에서 태어난 것으로 추정된다. 시팅불과 같은 이름을 갖고 있던 아버지는 처음에 아들에게 '뛰어오르는 오소리Jumping Badger'라는 이름을 붙여 주었다. 그러나 헌크파파 인디언들은 이 아기를 '훙케스니Hunkesni', 즉 '느린 아이'라는 별명으로 불렀는데, 이것은 아이를 비하하기 위한 것이 아니었다. 인디언들에게 느리다는 것은 사려 깊고, 주의 깊으며, 약간 고집 센 성격을 의미했다.

본래 수족은 각각 자치권을 행사하면서 한 집단을 이루는 7개 부족으로 구성되어 있었고, 이들의 영토는 오늘날의 미네소타 주와 다코타 주에 걸쳐 광범위하게 펼쳐져 있었다. 그중 동쪽에 사는 부족들은 스스로를, 연맹을 뜻하는 '다코타'라고 불렀는데, 서쪽에 사는 부족들은 발음이 변화되어 '라코타'라고 불렀다. 일명 테톤Teton족이라고도 부르는 라코타족은 다시 7개 부족으로 세분되어, 오글라라^{Oglala}(자기들 것을 흩뜨리는 사람들), 브룰^{Brule}(불에 탄 넓적다리), 미니콘주^{Miniconjou}(수경 재배자), 투케틀^{Two Kettle}(두 개의 주전자), 산스아크^{Sans Arc}(화살이 없는), 헝크파파(둥그런 입구의 야영자), 블랙피트^{Blackfeet}(또는 시하사파^{Sihasapa})족이 있었다.

미국인들은 한때 이들 평원 인디언이 살았던 미시시피 강 서쪽에서 로키 산맥에 이르는 대평원 지역을 '미국의 대사막'이라고 부르며 쓸모없는 땅으로 여겼지만, 수천만 마리의 들소 떼가 있어서 평원 인디언들에게는 풍요로운 땅이었다. 인디언들에게 들소는 아무것도 버릴 것이 없는 중요한 짐승이었다. 들소 고기는 영양가 있는 훌륭한 주식이었고, 가죽으로는 의복, 티피(들소 가죽으로 만든 인디언들의 거주용 천막), 침구, 가구, 상자 등을 만들었으며, 힘줄은 활줄 뿐 아니라 밧줄, 실 등으로 이용되어 티피를 묶거나 바느질을 하고 모카신(인디언들이 신던 뒤축 없는 가죽신)을 만드는 데 요긴하게 사용되었다. 그리고 뼈는 여러 가지 도구와 그릇을 만드는 데 이용했다. 따라서 평원 지역의 인디언들은 이들 들소의 이동 경로를 따라 끊임없이 이동하면서 생활했다.

평원 인디언들에게 사냥만큼이나 중요한 것은 전쟁이었다. 헝크파파족의 경우 우호적인 북부의 샤이엔족과 아라파호^{Arapaho}족과 연합해 서쪽의 크로우족이나 북쪽의 아시니보인^{Assiniboine}족과 싸웠다. 이들은 주로 사냥터가 겹치는 경우에 전쟁을 했지만, 인디언들에게 부의 상징이었던 말을 도둑맞거나 가해자에 대한 복수를 할 때도 싸웠다. 때로는 특권과 지도력을 가져다주는 전투 영웅이 되기 위해서도 싸웠다.

'느린 아이', 인디언 전사가 되다

'느린 아이'가 용맹스런 인디언 전사로 인정받기 시작한 것은 열네 살 때인 1845년이었다. 어느 날 헌크파파 부족의 성인 전사 한 명이 크로우족의 말과 머리 가죽을 얻기 위해 전투부대를 조직했다. 전사 10명이 동참한 가운데, '느린 아이'는 어린 나이였음에도 불구하고 전투부대에 합류해 크로우족에게 첫 번째 타격을 가했다. 수족의 관습에서는 최후의 일격이 아니라 첫 번째 타격을 가한 사람이 전투에서 가장 용감한 사람으로 공적을 인정받고 칭찬을 받았다. '느린 아이'는 부족민으로부터 커다란 환영을 받았고, 아버지는 아들에게 진정한 전사로서 자신의 이름인 '타탕가–이요탕가Tatanka-Iyotanka', 즉 '시팅불'이라는 이름을 물려주었다.

시팅불은 모든 일에 최고가 되기 위해 노력했고 이를 바탕으로 가장 뛰어난 전사이자 사냥꾼으로 성장해 나갔다. 시팅불의 말타기는 완벽했으며, 특히 말 옆구리에 바짝 붙어서 몸을 은폐하는 능력이 뛰어났다. 그는 또 활과 화살, 도끼, 단검, 전투봉, 소총 등의 무기를 잘 다루었는데, 특히 창 다루는 솜씨가 탁월했다고 한다.

1850년대까지 수족 내 부족 단위 기구는 원시적인 형태로 존재했다. 예컨대 여러 무리가 부족 모임에 모이면 원로위원회가 정책을 토론하고 추장이나 간부가 채택된 정책을 집행하는 정도였다. 그러나 1851년 이후 '윗옷 입은 자' 제도 등으로 정치기구가 생겨나면서 전투기구도 등장했는데, 그것은 전투부대 추장을 두는 것이었다. 이와 더불어 부족 내의 경찰 제도라고 할 수 있는 '아키시타' 조직도 역할과 규모가 확대되었다.

대추장 복장을 갖춰 입은 시팅불.

시팅불은 그동안 그가 보여 준 전투 기록에 따라 전투부대 추장 자격이 합당하다고 인정되어, 1857년에 헌크파파 부족 전체의 전투 추장이 되었다.

시팅불은 전투 추장이 되기 1년 전인 1856년에 라코타족의 '위차샤 와칸 Wichasha Wakan'이 되었다. '위차샤'란 '남자'를 뜻하는 말이지만 '이해할 수 없는 신성한 권능'을 의미하는 '와칸'과 함께 쓰면 지혜, 지도력, 영성, 라코타족에게 가장 중요한 '신성한 의식을 수행하는 남자'라는 의미를 갖게 된다. 따라서 '위차샤 와칸'은 신성한 내용을 꿈에서 체험하거나 영적으로 강력한 의미가 담긴 환상을 접하는 몽상가이기도 했다. 시팅불은 '위차샤 와칸'이 되기 위해 '태양춤' 의식을 치르며 자기희생을 해야 했다.

수족 전체에게 가장 중요한 의식은 '태양춤'이었다. 이 태양춤은 벚나무 열매가 익는 달인 6월에 열려서 12일 동안 계속되는데, 이때는 라코타족 거의 모든 무리들이 한 장소에 모여 자연과 지하 세계, 영혼 세계를 통치하는 전지전능한 신인 태양 '위 Wi'를 찬양했다. 이 행사 기간 중 미래의 '위차샤 와칸'이 될 사람은 신성한 인간이 되기 위한 자기희생의 일환으로 단식하면서 지칠 때까지 태양을 보고 춤을 춘 다음, 두 팔에 10~200군데에 달하는 상처를 내고, 가슴이나 등의 근육 아래에 꼬챙이를 꽂은 채 공중에 매달려 살이 찢길 때까지 춤을 추면서 위대한 신비체 '와칸탕카'에게 부족민의 건강과 행복을 빌어야 했다. 이후 시팅불은 '위차샤 와칸'으로서 몇 차례 환영을 보게 되는데, 그중 가장 중요했던 것은 리틀빅혼 전투에 대한 예견이었다.

재앙이 다가오다

라코타족을 비롯한 북부 평원 인디언에게 재앙이 다가오기 시작한 것은 1850년대부터다. 1851년 9월 미국 정부는 대평원 지역의 모든 인디언 부족을 노스플래트 강가의 래러미 요새에 모이게 한 뒤 조약을 맺었다. 미국 정부는 멕시코 전쟁과 오리건 조약으로 영토를 새로이 획득하게 되자 인디언과의 관계를 분명히 해둘 필요를 느꼈던 것이다. 특히 캘리포니아에서 발견된 금광과 태평양 연안 북서부 지역의 기름진 땅을 찾아가는 '오리건 열풍'으로 인해 포장마차를 타고 서부로 진출하는 백인들의 숫자가 늘어나게 되자, 이들의 안전을 위한 조치가 필요해졌다. 래러미 요새의 협상 모임에는 수족, 샤이엔족, 아라파호족, 쇼손족, 크로우족, 아시니보인족, 아리카라족, 만단족, 히다차족이 참석했다.

　래러미 조약의 주목적은 미국과 모든 인디언 부족 간에 평화를 확립하고, 부족들 사이에서 전쟁이 일어나지 않도록 규제하는 것이었다. 이를 위해 연방정부는 인디언 영토 내에 도로를 개설하고 군대의 요새를 세우겠다고 했다. 대신 미국 정부는 백인의 도발 행위로부터 인디언을 보호해 주겠다는 약속을 했다. 이와 동시에 각 부족의 경계선도 확정했다. 미국 정부 관리들은 이로써 인디언과의 관계가 원만해질 것으로 기대했으나, 그것은 오산이었다. 대부분의 인디언들은 이 조약의 내용을 제대로 이해하지도 못했으며, 또 조약의 이행에 대한 의지도 확실하지 않았다. 한편 이 조약을 받아들일 것인가에 대해서도 인디언 부족 사이에 이견이 많았는데, 시팅불은 이 조약을 격렬하게 반대했다.

라코타족과 미군의 첫 전투는 1854년 이루어졌는데, 이것이 바로 '그래탄 대학살' 사건이었다. 이때 인디언 전사들에게 전멸당한 백인들은 이후 인디언에게 복수를 다짐했다. 그 결과 1855년 가을, 인디언들이 '미친곰Mad Bear'이라고 불리던 윌리엄 하니 대령은 브룰족의 마을을 공격해 87명의 인디언을 죽였다. 이로써 라코타족과 미군 간의 기나긴 전쟁이 시작되었다.

백인의 침략에 대항한 수족의 대규모 봉기는 1862년에 일어났다. 일명 산티Santee족이라고 불리는 다코타 수족은 1851년 조약을 통해 미네소타 보호구역에 거주하고 있었다. 그러나 미국 정부가 남북전쟁을 치르느라 식량 보급을 소홀히 하는 바람에 기아에 허덕이게 된 산티족은 1862년 8월 봉기를 일으켜 백인 정착민 약 600명을 살해했다. 미네소타 주 최초의 주지사가 된 헨리 시블리는 군대를 이끌고 산티족의 봉기를 진압했다. 봉기에 가담한 인디언 300명 이상이 사형선고를 받았고, 실제로 38명이 교수형을 당했다. 보호구역으로 되돌아간 산티족의 약 절반도 바로 그해 굶어 죽고 말았다.

이 사건은 미네소타로부터 불과 몇 백 킬로미터 떨어져 있는 라코타 수족에게도 커다란 영향을 끼쳤다. 백인의 군대를 피해 도망친 산티족이 다코타로 탈출해 라코타족에 합류했고, 미군이 이들을 추격해 왔기 때문이다. 1864년 7월 알프레드 설리 장군이 이끄는 미군은 킬디어 산 주위에서 2천 명의 병사와 12문의 대포를 동원해 약 100명의 라코타족을 사살하고 마을을 불태웠다. 시팅불이 언제 처음 미군과 전투를 치렀는지 확실치는 않지만, 아마도 이 킬디어 산 전투가 최초였을 것으로 추정된다.

라코타족이 미군과 다시 충돌하게 된 것은 보즈먼 통로^{Bozeman Trail} 때문이었다. 보즈먼 통로는 1864년 존 보즈먼이라는 사람이 몬태나의 금광과 플래트 강의 래러미 요새를 연결하는 지름길로 개척한 것이었다. 그러나 이 통로는 라코타족 오글라라 부족의 중요한 들소 사냥터를 가로질렀다. 더욱이 미군이 이 통로를 따라 리노·필 키어니·스미스 요새를 건설하자 오글라라족의 분노는 극에 달했다. 오글라라족의 용맹스런 전사 '붉은구름'과 '크레이지 호스'가 이끄는 인디언 전사들은 1866년 12월 21일 필 키어니 요새의 윌리엄 페터맨 대위와 군인 80명을 요새 밖으로 유인해 전멸시켰다. 백인들이 '페터맨 대학살'이라고 부르는 이 전투는 서부에서 미군이 거둔 대참패 중의 하나로 기록되었다.

이러한 일련의 사건 이후 미국 정부는 평원 인디언에 대한 정책을 바꾸어 그들과 평화협정을 맺기 위해 노력했다. 이것 역시 미봉책에 불과한 것이었지만, 어느 정도 성과를 거두어 1867년 10월, 남부 평원 인디언들은 캔자스 남부의 오클라호마 인디언 보호구역에 정착하게 되었다. 1868년 북부 평원 지역에 살던 라코타족은 1868년 래러미 요새에서 조약을 맺어 오늘날 사우스다코타 주의 절반가량을 차지하는 '대 수족 보호구역^{Great Sioux Reservation}' 으로 들어가기로 했다. 미국 정부는 보호구역에 들어가는 인디언들에게 농사짓는 법을 배울 때까지 식량과 의복을 제공해 주고 30년 동안 연금도 지급한다는 조건을 내걸었다. 이 조약은 만약 부족민 3/4이 보호구역의 토지를 팔기로 동의하지 않는다면, '풀이 자라고 물이 마르지 않는 한' 라코타족에게 속할 것이라고 약속했다. 또한 보호구역의 서쪽 땅을 '양도되지 않은 인디언 영토^{unceded Indian territry}' 라는 애매한 표현으로 남겨 놓으면서, 그곳에 들소 떼가 있는 한 라코타족은 사냥할 수 있는 권리를 갖는다고 명시했다.

'붉은구름' 을 비롯한 테톤 라코타족의 2/3 정도인 약 1만 7천 명이 이 조약에 동의하고 보호구역으로 들어갔다. 그러나 조상 대대로 들소 사냥에 의존하며 살아온 평원 인디언들에게 하루아침에 유목 생활을 버리고 정착 농업의 길로 들어서라고 하는 것은 생존을 포기하라고 하는 것이나 다름없었다. 더욱이 이 조약은 보호구역 내에서라도 미국 정부가 필요할 경우 철도나 도로를 건설할 수 있게 해놓았다.

누구보다도 용감하고 뛰어난 전사이자 사냥꾼인 시팅불은 도저히 래러미 조약을 받아들일 수 없었다. 그에게는 백인과의 조약이라는 것이 아무런 의미가 없었다. 시팅불은 보호구역으로 들어가기를 거부하고 기존의 생활방식을 고수하려는 부족민을 이끌었다. 그 사이 1869년 대륙횡단철도가 완성되자, 철도 회사는 1871년 대륙횡단철도의 지선으로서 노던퍼시픽 철도 노선의 건설을 계획하고 예비 조사에 나섰다. 이 철도는 시팅불의 본거지인 옐로우스톤 계곡을 지나갈 예정이었다. 1872년 8월 13일 시팅불과 크레이지 호스를 비롯한 라코타족 전사들이 크로우족을 상대로 전투를 계획하고 있을 때 철도 측량사를 호위한 미군이 다가왔고, 인디언 전사들은 전투를 벌여 이들을 저지했다. 그러나 남북전쟁의 영웅이었던 윌리엄 셔먼 장군은 철도 건설을 지원하기 위해 미주리 강 상류 지역까지 군대를 강화시킬 목적으로 제7기병대를 파견했다. 바로 이 기병대는 인디언들이 '긴 머리카락Long Hair'이라고 불렀던 조지 암스트롱 커스터 중령이 지휘하는 부대로서, 이들은 이미 샌드 크리크의 대학살에서 1백여 명의 여자와 어린아이를 무참하게 살해한 것으로 악명이 높았다. 그러나 노던 퍼시픽 철도의 건설은 인디언의 공격 때문이 아닌, 1873년에 닥친 공황으로 미주리 강 동쪽 비스마르크에서 중단되고 말았다.

그러자 이번에는 또 다른 사건이 백인과 인디언의 충돌을 불러일으켰다. 그것은 다름 아닌 '대 수족 보호구역' 내에 있는 파하사파, 즉 블랙힐즈에서 황금이 발견되었다는 소문이 나돌기 시작한 것이었다. 이 블랙힐즈는 수족이 신성한 곳으로 여기고 애착을 보이는 해발 1천 3백 미터의 언덕이었다. 당시 대통령 율리시즈 그랜트는 커스터에게 탐사대를 보내 과연 황금이 실제로 있는지 확인해 보라고 명령했다. 그는 제7 기병대와 보병, 인디언 정찰병, 지도 제작자, 과학자, 신문 기자 등을 이끌고 탐사에 나섰다.[1]

커스터의 탐사대가 금을 발견했다는 소식이 전해

1
커스터는 이 탐사에 백마를 탄 브라스 밴드 16명을 데려갔다고 한다. 이 밴드는 황금 탐사대에는 전혀 어울리는 팀이 아니었지만, 커스터는 밴드를 동반하는 것을 좋아했다고 한다. 유명한 반전 영화인 〈지옥의 묵시록〉에도 제7기병대의 후신인 미군 제7사단의 한 대령이 미군 폭격기가 베트콩을 향해 밀림 속으로 네이팜탄을 투하하고 베트콩의 총알이 빗발치듯이 쏟아지는 가운데 바그너의 음악을 틀어 놓고 해안에서 파도타기를 즐기는 장면이 나온다. 이는 커스터의 우스꽝스러운 짓거리를 현대적으로 풍자하고 있다고 할 수 있다.

19세기, 황금을 찾아
서부로 모여든 미국인들.

지자마자 공황으로 경제적 어려움을 겪던 수많은 백인들이 일확천금을
꿈꾸며 블랙힐즈로 몰려들었다. 1868년 조약으로 인해 블랙힐즈는 엄연
히 인디언의 땅이었기 때문에 미국 정부는 큰 고민에 빠졌다. 정부는 하
는 수 없이 군대를 시켜 백인 광부들이 블랙힐즈로 들어가는 것을 막았
으나, 목숨을 걸고 황금을 찾아 나서는 이들을 막기는 힘들었다. 결국 그
랜트 대통령을 비롯한 각료들은 필립 쉐리던 장군과 백악관에서 회동하
여 '대 수족 보호구역' 밖에 있는 모든 라코타족에게 블랙힐즈 문제에
대한 협상을 하겠다는 명분으로 1876년 1월 31일까지 보호구역의 관리
소로 집결할 것을 명령했다. 만약에 이날까지 보호구역으로 오지 않는
인디언은 '적대적인' 부족으로 취급해 군대가 정벌할 것이라는 통첩을
보냈다. 이것은 미국 정부가 명분을 만들어 굴복하지 않는 인디언 부족
을 말살시키겠다는 의도를 드러낸 것이었다.

이 무렵 시팅불과 헌크파파족은 옐로우스톤 유역에서 겨울을 나고 있었다. 12월 어느 날 미군의 전령이 시팅불에게 와서 미국 정부의 통첩을 전했다. 보호구역에 들어가지 않고 사냥하는 무리들로 남은 라코타족에게 이러한 전갈은 말도 안 되는 소리였다. 인디언은 겨울에는 거의 이동을 하지 않고 되도록 한군데 모여 대형 티피에서 추위를 피하는 것이 관습이었다. 더욱이 폭설이 쌓여 있는 한겨울에 장거리를 이동해 보호구역까지 간다는 것은 무모한 짓이었다. 따라서 그들은 전령을 통해 봄이 되면 가죽을 팔러 관리소나 요새로 갈 터이니 그때 가서 대화를 나누자는 전갈을 보냈다.

1월 31일이 지나도 보호구역에 들어오는 인디언 부족이 하나도 없자, 쉐리던 장군은 겨울임에도 불구하고 인디언을 토벌하고 마을을 불태울 계획을 세웠다. 그는 세 방향에서 시팅불을 비롯한 '적대적' 인디언을 공격할 작전을 수립했다.

이러한 백인들의 움직임을 통해 전쟁이 불가피하게 되었다는 것을 깨달은 시팅불은 부족 회의를 소집해 강력한 방어전을 전개할 것을 결의했다. 그리고 인근 지역의 인디언 겨울 캠프와 보호구역에 전령을 보내 자신의 캠프로 집결해 줄 것을 요청했다. 여름이 되기 전, 수천 명의 부족이 몰려들었고, 일부는 보호구역에서 오기도 했다. 이 모임에서 시팅불은 크레이지 호스의 확고한 지지와 모든 부족민의 추대를 통해 대추장으로서 총지휘를 맡게 되었다.

1876년 5월 17일, 커스터는 테리 장군 휘하의 제7기병대 연대 병력 전체를 이끌고 링컨 요새를 출발했다. 6월 21일 테리 장군은 기번 부대에 합류해 커스터와 함께 로즈버드에서 시팅불의 캠프를 초토화시킬 작전 계획을 세웠다. 커스터의 제7기병대는 24일까지 3일간 수색을 하며 인디언의 흔적을 찾았다. 마지막 날에는 기병대 대원들이 졸다가 말에서 떨어질 정도로 밤새 행군을 하며 리틀빅혼 계곡에서 20km 떨어진 곳에 도착했다. 커스터는 그날 그곳에서 휴식을 취하며 공격 준비를 가다듬으려 했으나, 인디언들이 자신들을 발견한 것 같다는 정보에 계획을 바꾸어 즉시 공격할 것을 명했다.

커스터는 휘하에 있는 600명의 병력을 네 그룹으로 나누어 한 그룹은 노새와 보급품을 지키게 하고 나머지 병력은 커스터, 마커스 르노, 프레드릭 벤틴 소령이 각각 150~250명으로 나누어 공격을 감행하기로 했다.

커스터는 전투가 시작되기 전부터 이미 몇 가지 실수를 저질렀다. 우선 그는 시팅불의 캠프에 모여 있던 인디언의 수를 과소평가했다. 전투 전에 정찰병이 제7기병대가 갖고 있는 총알보다 더 많은 수의 인디언이 있다고 보고했음에도 불구하고 커스터는 이를 무시했다. 실제로 샤이엔족을 포함한 라코타족의 캠프는 리틀빅혼 강을 따라 남북으로 거의 5km의 길이로 늘어서 있었고, 인디언 전사의 수도 제7기병대보다 3배나 많았다. 커스터는 병력을 집중시켜야 했음에도 불구하고 오히려 분산시킴으로써 부대 간 협공이 제대로 이루어지지도 못했다. 뿐만 아니라 출정 전에 테리 장군이 비록 구식이기는 하지만 개틀링 기관총을 몇 대 가지고 가라고 했지만, 커스터는 오히려 기동성이 떨어질 것을 우려해 테리의 권고를 묵살했다. 더욱이 커스터의 성급한 성격은 테리와 기번의 부대가 북쪽에 도달해 인디언의 퇴로를 차단할 때까지 기다리지 못하게 만들었다. 그러나 무엇보다 중요했던 것은 부녀자와 어린이가 함께 있는 캠프를 공격함으로써 인디언들이 가족을 지키기 위해 죽기 살기로 싸우게 만든 것이다.

이러한 커스터의 실책은 자신을 포함한 제7기병대 병력 210명의 전멸을 초래했다. 반면 인디언은 27명 정도가 전사한 것으로 추정되었다. 리틀빅혼 전투 패배는 당시 전 미국인들을 경악하게 만들었다. 미국인들은 남북전쟁에서 미국 최연소 장군의 자리에 올랐던 전쟁 영웅 커스터를 죽이고 막강한 미군을 전멸시킨 사악한 존재로 시팅불을 지목했다.

제7기병대의 전면은 백인들로 하여금 인디언에 대한 복수심을 불러일으켰다. 쉐리

리틀빅혼 전투에서 제7기병대에 맞서 누구보다도 용맹하게 싸웠던 크레이지 호스.

던 장군은 9천 명 이상의 병력을 거느리고 라코타족과 샤이엔족이 눈에 띄는 대로 공격을 가했다. 쉐리던 장군은 모든 인디언이 보호구역으로 들어가거나 그렇지 않으면 죽기를 바랐다. 급기야 크레이지 호스도 미군의 추격뿐 아니라 굶주림과 추위에 지쳐 1877년 오글라라족을 이끌고 로빈슨 요새로 가서 항복했다. 이에 시팅불은 300명의 헌크파파족을 이끌고 캐나다로 건너갔다.

시팅불의 캐나다 생활은 법적으로는 안전이 보장된 것이었지만, 사냥꾼으로서의 생계유지는 무척 힘들었다. 무한정 존재할 것만 같던 들소 떼가 백인들의 무차별 남획으로 1881년에 이르러서는 거의 사라질 지경에 처했다. 기아선상을 헤매게 된 헌크파파족은 점차 한 무리씩 시팅불을 떠나 미국의 인디언 보호구역으로 들어갔다. 1881년 7월 19일 시팅불도 결국 187명밖에 안 남은 부족민을 이끌고 몬태나의 부포드 요새에서 항복을 하고 말았다.

시팅불은 1883년 5월 10일, 2년의 포로 생활에서 풀려나 예이츠 요새로 돌아왔다. 그러나 시팅불은 이곳에서 이전과는 전혀 다른 새로운 삶을 받아들여야 한다는 사실을 깨달았다. 이 새로운 삶의 모델은 백인의 삶이었고, 어차피 백인의 강력한 통제하에 있었기 때문에 별다른 선택의 여지도 없었다.

이 무렵 미국 정부 내에서는 인디언에 대한 정책이 크게 바뀌고 있었다. 그것은 인디언을 '개인화'시켜서 부족의 권위와 공동체를 해체하고자 하는 것이었다. 이 정책에 따르면 인디언 각자에게 토지를 할당해 농사를 지으며 생활하도록 도와주고, 중서부 지역의 백인 농장주처럼 살도록 가르쳐 주며, 기독교인·'미국인'으로 만들어 국가에 충성을 바치고 나아가 미국 시민의 특권과 의무를 받아들이도록 해야 한다는 것이었다. 한마디로 인디언을 백인 사회에 동화시키고자 하는 정책이었다. 선바위 보호구역 관리인 제임스 맥로글린도 이 정책에 충실한 사람이었다.

이제 시팅불의 남은 생애는 이러한 동화 정책에 순응하느냐 아니면 저항하다가 크레이지 호스처럼 비명에 가느냐의 기로에 서 있는 것처럼 보였다.

1886년 버펄로 빌 코디와 〈와일드 웨스트 쇼〉에 출현했을 당시의 시팅불.

　최후까지 인디언의 생활 방식을 고수하려고 노력했던 시팅불은 생애 마지막 6년 동안은 오히려 백인들의 세상을 더 많이 돌아다녔다. 최초의 모험은 1883년 9월 비스마르크 시가 다코타 준주(準州)의 수도로 선정되었을 때, 이를 축하하는 행사에 참석한 것이었다. 맥로글린이 주선해서 시팅불은 인디언 대표단의 수장으로 생전 처음 기차를 타고 비스마르크를 방문했다. 두 번째 방문지는 1884년 3월에 미네소타 주의 주도인 세인트폴이었다. 시팅불은 이곳에서 신문사를 방문해 인쇄기와 전신기를 보고 감탄하기도 했다. 그해 6월에는 한 흥행사의 제안과 맥로글린의 설득으로 '대평원의 생활을 담은 쇼'를 공연하기 위해 부족 일행과 함께 뉴욕과 필라델피아를 여행하기도 했다. 이 공연이 계기가 되어 시팅불은 1885년 6월부터 1년간 유명한 '버펄로' 빌 코디가 이끄는 〈와일드 웨스트 쇼〉에서 함께 공연하기도 했다.

　1887년부터 인디언 보호구역에는 커다란 소용돌이가 몰려왔다. 그것은 헨리 도우즈 상원의원이 발의한 토지 분배법 때문이었다. 이 법의 연장선에서 1888년에 제정된 '수족 법안'은 '대 수족 보호구역'을 선바위와 샤이엔 강 등 6개의 보호구역으로 분리하고, 각 보호구역은 거주민 모두에게 토지를 할당하는 데 필요한 토지 총량을 배당받는다고 규정했다. 1888년 10월 모든 인디언 보호구역을 대표하는 추장 61명이 워싱턴을 방문했을 때, 시팅불도 참석해 반대 의사를 표시했다. 그러던 중 1889년 1월 1일 파이우트^{Paiute}족의 신성한 인간인 워보카라는 사람이 계시를 받았다. 그는 기독교의 메시야가 인디언이 되어 지상으로 다시 내려오고, 대평원에는 들소 떼가 다시 가득 찰 것이며, 모든 죽은 인디언은 다시 살아나 말을 타고 들소를 사냥하게 될 것이라고 예언했다. 워보카는 이때를 준비하기 위해서는 싸움이 아니라 춤을 추어야 한다고 주장했다. 사람들은 이 춤을 유령 춤^{Ghost Dance}이라고 불렀다. 워보카의 예언은 유령 춤과 더불어 대평원 부족들 사이에 널리 퍼져 나갔다.

시팅불이 이 예언과 유령 춤의 효력을 믿었는지는 분명치 않다. 다만 백인들은 보호구역의 인디언들이 유령 춤을 추는 모습을 보고 전쟁을 준비하기 위한 춤을 추는 것이 아닌가 하는 의심을 품었다. 언론과 맥로글린은 유령 춤과 관련해 시팅불을 비난했다. 맥로글린은 시팅불이 체포되기를 원했고, 군대로부터 체포 허가가 떨어지자 인디언 경찰을 동원해 그를 체포하고자 했다. 드디어 1890년 12월 15일 새벽, '황소머리'의 지휘로 43명의 인디언 경찰이 시팅불을 체포하기 위해 그의 통나무집으로 몰려들었다. 체포 과정에서 발생한 소란한 소리에 부족민이 몰려들었다. '곰잡이^{Catch-the-Bear}'를 비롯한 부족민들은 경찰에게 야유를 퍼부었다. 그런 가운데 경찰이 시팅불을 강제로 연행해 가려고 하자, 곰잡이가 윈체

스터 장총으로 황소머리를 쏘았다. 황소머리
는 쓰러지면서 권총으로 시팅불의 가슴을 명
중시켰다. 동시에 '빨간도끼'가 시팅불의 뒷
머리에 총알을 발사했다. 이어서 경찰과 부족
민 사이에 치열한 육탄전과 총격전이 벌어졌
다. 이후 기병대가 도착해 싸움은 끝이 났다.
이 과정에서 결국 시팅불과 그의 양아들 '까
마귀발'을 포함한 12명의 헌크파파족이 죽었
다. 체포 과정에서 생긴 우발적인 사고라고 할
수도 있겠지만, 시팅불은 자신이 그토록 목숨
걸고 지키려고 했던 동족의 손에 비극적인 죽
음을 당하고 말았던 것이다.

먼곳을 응시하고 있는 시팅불. 그는 죽는 순간까
지 평화가 회복되기를 바랐다.

　　백인들의 무차별적인 침략에 대항해 용
맹스럽게 투쟁한 인디언 추장들로 수족의 리틀 크로우, 샤이엔족의 크레
이지 호스, 네즈퍼스족의 조셉, 아파치족의 제로니모 등이 있었지만,
'수족의 대추장' 시팅불만큼 오랜 기간 일관되게 백인에게 굴복하지 않
고 용맹스럽게 투쟁한 인물도 드물 것이다. 앞서 살펴보았듯이 백인들은
시팅불을 리틀빅혼에서 커스터의 제7기병대를 전멸시킨 장본인으로 여
기고 두려움과 경외심을 동시에 느끼면서, 결국 그를 제거하고서야 마음
을 놓을 수 있었다. 그는 조상 대대로 살아 온 자신의 영토와 생활 방식
을 지키기 위해 백인에 맞서 싸웠고, 끝내 그것을 지키기 위해 순교자와
같은 죽음을 맞이했던 것이다.

Zoom-in

버펄로 빌의
〈와일드 웨스트 쇼〉
Buffalo Bill' s Wild West Show

19세기 후반 시팅불이 누비고 다녔던 미국 서부와 관련해서 빼놓을 수 없는 인물과 문화는 바로 '버펄로 빌' 코디와 그가 이끌었던 〈와일드 웨스트 쇼〉일 것이다. 본명이 윌리엄 프레드릭 코디(1846~1917)였던 버펄로 빌은 19세기 후반의 미국 서부 문화를 대표한 인물이라고 할 수 있다. 그는 미군 병사, 미군 정찰병, 모피 사냥꾼, 소몰이꾼, 콜로라도의 금 노다지꾼, 조랑말 속달우편 배달부, 마차 수송대장, 역마차 마부, 들소 사냥꾼, 호텔 경영자 등 미국의 서부 생활에서 해볼 수 있는 직업 거의 대부분을 두루 섭렵한 진정한 서부 사나이였다고 할 수 있다.

코디를 최초로 유명하게 만든 것은 그가 캔자스 퍼시픽 철도 회사와 들소 고기 공급 계약을 맺은 일이었다. 이를 위해 코디는 1867년에서 1868년 사이 8개월 동안 무려 4,860마리의 들소를 사냥함으로써 '버펄로 빌' 이라는 별명을 얻게 되었다. 하지만 그를 세계적으로 더욱 유명하게 만든 것은 바로 〈버펄로 빌의 와일드 웨스트 쇼〉였다. 그는 1872년 시카고에서 친구인 텍사스 잭 오모헌드로와 '대평원의 정찰병들The Scouts of the Prairie' 이라는 최초의 〈와일드 웨스트 쇼〉에 데뷔한 이후, 1883년에는 네브래스카 주의 노스플래트에서 직접 〈버펄로 빌의 와일드 웨스트 쇼〉를 창단함으로써 일약 세계인의 주목을 받게 되었다.

이 쇼에는 퇴역 미군 기병대원과 인디언뿐 아니라 전 세계에서 초빙한 기마 재주꾼들이 공연에 나섰다. 이들 중에는 터키인, 남미 카우보이, 아랍인, 몽골인, 그루지아인 등이 있었는데, 이들은 형형색색의 옷을 입고 각자 출신 지역에서 가져온 말을 타고 자신들의 장기를 선보였다. 뿐만 아니라 당대의 여성 명사수였던 애니 오클리도 남편인 프랭크 버틀러와 함께 출연해 백발백중의 사격 솜씨를 뽐냈다. 이 쇼는 또한 서부로 이주하는 백인 포장마차 행렬에 대한 인디언의 습격, 조랑말 속달우편 배달, 역마차 강도 등의 장면을 재현해 관객들로부터 박수갈채를 받았다. 이 쇼의 마지막 장면은 항상 버펄로 빌이 커스터로 분장하고 등장해 리틀빅혼의 전투를 재현하는 것이었다. 특히 커스터의 비장한 최후를 묘사함으로써 백인 관객들에게 커다란 호응을 얻었다. 본문에서 언급했던 것처럼 시팅불도 1885년부터 1년간 리틀빅혼 전투의 실제 주인공으로서 이 쇼에 출연했다.

〈버펄로 빌의 와일드 웨스트 쇼〉는 1887년에 영국 빅토리아 여왕 즉위 50주년을 맞아 5개월에 걸쳐 영국 순회공연을 했고, 1889년에는 유럽 순회공연에 나섰을 뿐 아니라 1893년에는 시카고에서 열린 세계 박람회장 인근에서 공연을 펼쳐 엄청난 인기몰이를 함으로써 세계적으로도 명성을 떨쳤다.

이후 미국 할리우드 서부 영화의 전성기라고 할 수 있는 1950년대와 60년대, 수많은 서부 영화에서 버펄로 빌의 활약이 단골 소재로 등장하기도 했다. 더욱이 〈와일드 웨스트 쇼〉에서 묘사되었던 한 장면, 즉 서부로 향하는 백인 이주민의 포장마차 대열에 인디언이 괴성을 지르며 습격을 가해 일촉즉발의 위기에 빠졌을 때, 어디선가 진군나팔을 불며 다가온 기병대가 이들을 구해 주는 장면은 오랫동안 헐리우드 서부 영화에 정형화된 공식으로 남아 있기도 했다. 하지만 실제 코디는 시팅불과의 우정에서도 알 수 있듯이 인디언과 여성의 권리에 대한 강력한 옹호자였다고 한다.

강주룡

일제강점기 식민지 노동자들의 삶과 투쟁

강주룡(1901 ~ 1931)

'체공녀' 강주룡

1931년 5월 29일 새벽, 평양 을밀대 지붕 위에서 한 여성이 고공 농성을 벌였다. 지금까지 알려지기로는 우리 노동자운동 역사에서 처음으로 벌어진 고공 농성 1인 시위였다. 주인공은 평원고무공장 노동자 파업 투쟁의 지도자 강주룡이었다. 신문에서는 강주룡을 '체공녀'라고 하면서 을밀대 농성을 '아직 조선 노동운동선상에서 보지 못하던 새 전술'이라고 평가했다. 강주룡의 을밀대 고공 농성은 당시 사람들의 눈길을 끌었고, 죽을 때까지도 그의 이름 앞에 을밀대가 붙어 다녔다.

그러나 우리가 강주룡에 대해 관심을 갖는 까닭은 을밀대 고공 농성 때문만이 아니다. 그는 31년 짧은 생을 사는 동안 잠시 무장 독립단체에도 참여했으며, 밑바닥에서 출발해 선진 노동자로, 노동조합 파업 투쟁의 지도자로, 그리고 1930년대 혁명적 노동조합운동의 활동가로 성장했다. 강주룡은 남성 중심의 가부장적 사회의 속박을 벗어나 당당한 여

성이자 노동자로 깨어났으며, 역사의 전면에 우뚝 서는 당당한 인간의
모습을 보여 준다.

세계 대공황의 파도에 휩쓸린 '고무공장 큰 아기'들

1929년 10월, 뉴욕 증권 시장의 주식값이 폭락했다. 은행이 문을 닫고
많은 기업이 쓰러졌다. 대규모 경제 공황이 세계를 휩쓸었다. 한쪽에는
상품이 산더미처럼 쌓여 썩어 가는데도 소비는 얼어붙고 공장에서 쫓겨
난 실업자들이 거리를 메웠다.

　　미국은 국가가 경제에 개입하는 뉴딜 정책을 펴면서 산업을 재건하
고 실업 문제를 해결하려 했다. 영국과 프랑스는 식민지와 식민지 모국
을 블록 경제로 묶는 방법을 채택했다. 후발 자본주의 국가인 독일과 이
탈리아의 파시즘 세력은 다른 나라를 침략해서 위기를 벗어나려 했다.

　　일본도 경제 공황에서 벗어날 수 없었다. 제1차 세계대전 동안 호황
을 누렸던 일본 경제는 전쟁이 끝나자 판매 시장을 잃어버리고, 불황에
서 벗어나지 못하고 있었다. 곧 이어 세계 대공황의 파고가 일본에도 밀
어닥쳤다. 상품 수출이 크게 줄고 공장이 줄지어 문을 닫았다. 실업자가
급격히 늘어났고 농업 공황도 심각했다. 실업자들이 도시에서 농촌으로
몰려들었다. 누에고치와 쌀값이 크게 떨어지는 가운데 지주들의 수탈이
더욱 심해졌다.

　　공황 때문에 위기에 몰린 일본 독점자본은 남아도는 자본을 투자할

1929년 미국에서 시작된 '대공황'은 전 세계를 휩쓸며 제2차 세계대전 발발에도 영향을 주었다.
사진은 대공황 초기 돈을 찾으려는 인파로 붐비는 미국의 한 은행.

새로운 시장이 필요했다. 이런 상황에서 일본 군부는 정변을 일으켜 정권을 틀어쥐고 대륙을 침략하려고 했다. 자본의 이해를 대변해서 만주와 중국을 새로운 자본 투자처이자 상품 시장으로 만들려는 것이었다. 1931년 만주에 주둔해 있던 일본군(관동군)은 일부러 남만주 철도를 파괴하고 이를 중국군이 도발했다고 우기면서 '만주사변'을 일으켰다. 일본은 만주를 점령해 '만주국'이라는 괴뢰 국가를 세우고 뒤에서 조종했다.

　　만주를 점령한 일본은 조선을 만주와 중국 대륙 침략을 위한 군수 공업 기지이자 병참기지로 만들려는 정책을 적극 추진했다. 한반도는 급속히 공업화되었다. 1930년대 초, 일본 제국주의는 자본의 과잉 투자와 과열 경쟁을 막기 위해 '중요산업통제법'과 '공장법'을 실시했다. 그러

1931년 만주를 침공한 일본군.

나 조선에는 이 법을 적용하지 않았다. 규제를 벗어나 조선에 진출한 일본 독점자본은 자유롭게 노동력을 착취하고 이윤을 높일 수 있었다. 일본 독점자본과 경쟁하여 살아남으려고 조선인 자본도 노동자들을 심하게 착취했다. 식민지의 대부분 노동자들은 턱없이 낮은 임금, 과도한 노동, 형편없는 노동조건에 시달려야 했다. 일본 제국주의 자본과 식민지 권력은 노동 통제 정책을 강화해 노동자와 노동단체를 탄압했다.

이러한 상황에서 노동자들, 특히 여성 노동자들은 먹고 살기가 더 어려워졌다. 식민지 시대 여성 노동자들의 평균임금은 조선인 남성 노동자들의 1/2, 일본인 남성 노동자들의 1/4 수준이었다. 이렇게 낮은 임금을 받으면서도 하루 15시간 이상 일해야 했다. 그뿐 아니라 인간 이하의 대접을 받으며 인신 구속, 폭행, 성희롱에 시달려야 했다.

여성 노동자들의 일터 가운데서도 일하기가 더 힘들고 임금도 낮았던 곳이 고무신발 공장이었다. 고무신발 공장에는 젊고 팔팔한 노동자들이 취업하기를 꺼려해서 당시 '늙은 노동자'로 분류되는 서른 살 전후의 기혼 여성들이 많았다. 집에 돌봐 줄 사람도 없고 맡길 곳도 없었기 때문에 대부분 아이들을 공장으로 데려왔다. 고무 냄새와 열기가 푹푹 찌는 작업장에서 아기에게 젖을 빨리며 일을 했다. 불량품이 생겼을 때는 노동자들이 벌금을 물어야 했다. 일을 감시하고 불량품을 판정하는 남자 감독관의 횡포와 성희롱도 끊이질 않았다.

〈고무공장 큰 아기〉라는 신민요는 바로 이러한 고무공장 여성 노동자들의 처지를 잘 드러내 주는 노래다.

이른 새벽 통근차 고동 소리에
고무공장 큰아기 벤또밥 싼다
하루 종일 쭈그리고 신발 붙일제
얼굴 예쁜 색시라야 예쁘게 붙인다나
감독 앞에 해죽해죽 아양이 밑천
고무공장 큰아기 세루치마는
감독 나리 사다 준 선물이라나

세계 공황이라는 파도는 식민지 조선에까지 밀려왔다. 소비재 산업인 고무신발 공장들도 손해가 컸다. 자본가들은 공황의 위기를 노동자들에게 떠넘겼다. 흔히 쓰던 수법을 모두 끌어들여 노동자들을 자르고, 임금을 깎고, 노동시간을 늘이고, 노동 강도를 높였다.

1930년 5월 고무공업 자본가들의 모임인 '전조선고무동업연합회'는 노동자들의 임금을 평균 10% 깎겠다고 발표했다. 8월 1일 '평양고무동업회'에선 한술 더 떠 임금을 17% 깎겠다고 평양고무직공조합에 알렸다.

평양고무직공조합은 '임금 인하 반대, 해고 반대' 등 20여 개 조항을 내걸고 파업에 들어갔다. 8월 7일 아침부터 5개 공장 1800여 명이 파업에 들어갔다. 6개 공장에서는 태업을 벌였다. 8월 11일에는 고급 기술 노동자를 포함한 기계공 3백여 명도 파업에 참가했다. 파업 노동자는 2000명을 넘어섰다. 평양고무공장 노동자들의 파업 투쟁은 9월 초까지 이어졌다.

파업에 참가한 노동자 가운데 2/3가 여성이었다. 여성 노동자들은 여성 노동자 방을 따로 만들어 여성 노동자들끼리 움직이는 파업본부를 만들어서 활동했다. 8월 10일 노동자대회에서는 임금 인하 반대와 해고 반대뿐 아니라 '산전 산후 3주간 휴양'과 '생활 보장' '수유 시간 자유' 같은 모성보호에 대한 요구를 전면에 내세우고 파업에 참여했다.

강주룡도 고무신발 공장 노동자로서 여성 노동자들이 겪는 고통을 함께 겪었으며, 1930년 평양고무공장 노동자 파업 투쟁에 참여해서 경험을 쌓았다.

평양의 노동자들에 앞서 1926년 5월 파업을 일으켰던 서울 경성방직 노동자들.

평원고무공장 노동자가 되어

1931년 5월 평양에 있는 평원고무공장 노동자 파업 투쟁 전까지 강주룡이 어떻게 살았는지 자세히 알기는 힘들다. 그해 6월 7일 잡지 《동광》의 기자 '무호정인'과 했던 인터뷰 내용을 통해 가까스로 이전 활동을 짐작할 수 있는 정도다.

강주룡이 을밀대에 올라갔을 때 신문에 실린 나이는 서른이었다. 우리 나이로 서른한 살이었다고 미뤄 보면 그가 태어난 해는 1901년으로 짐작된다. 평북 강계에서 태어나 열네 살 때까지 고향에서 살았다. 아버지가 사업에 실패해 서간도로 이사했다. 스무 살 때 통화현에 사는 최전빈과 결혼했다. 남편은 나이가 다섯 살이나 아래였다. 스물한 살 때 열여섯 살 된 남편과 같이 백광운의 독립군 부대에 들어가 6~7개월 활동했다. "거추장스럽고 귀찮으니 집에 가 있으라."는 남편의 말에 따라 시댁으로 돌아왔다. 5~6개월 지난 어느 날 남편이 위독하다는 기별을 받았다. 곧바로 달려갔으나 남편은 그날 밤 숨졌다. 시집에서는 '남편 죽인 년'이라고 의심해 중국 경찰에 고발했다. 강주룡은 경찰서에서 일주일 동안 단식하면서 무고함을 주장했다.

1924년 서간도에서 돌아와 사리원에서 1년쯤 살았다. 1926년 평양으로 옮겨 고무공장에 들어가 직공으로 일하기 시작했다. 친정 부모를 모시고, 어린 동생을 보살피며 집안을 꾸려 나가는 일은 그가 해야 할 몫이었다. 노동조합에 들어가 1930년 평양고무공장 노동자들의 파업 투쟁에 적극 참여했다.

강주룡의 활동이 세상에 널리 알려지게 된 것은 1931년 5월에 일어난 평양 평원고무공장 노동자 파업 투쟁 때부터다. 평양 선교리에 있는 평원고무공장은 회사들의 연합체인 평양고무공업동업회에도 들어가지 않았으나 제일 먼저 임금을 깎겠다고 나섰다. 5월 16일, 회사 측이 일방적으로 노동자들의 임금을 깎겠다고 알렸다. 여성 노동자들은 임금 인하를 반대하며 파업에 들어갔다. 고무공업동업회에 속한 다른 12개 고무공장에서도 평원고무공장의 싸움을 지켜보면서 임금을 깎을 계획을 세우고 있었다. 평원고무공장 노동자들의 투쟁은 다른 고무공장에서 일하는 2,300여 명 노동자들의 임금에도 영향을 미칠 문제였다.

5월 28일, 싸움을 시작한 지 12일이 지났다. 회사에서는 노동자들의 요구를 들어주려 하지 않았다. 평원 노동자들은 싸움의 강도를 높여 굶어 죽을 각오로 싸우겠다는 '아사 동맹'을 결의하고 단식투쟁에 들어갔다. 회사 측은 노동자 49명 전원을 해고하겠다고 협박하고, 한밤중에 경찰을 끌어들여 노동자들을 강제로 공장 밖으로 쫓아냈다.

을밀대에서 벌인 고공 농성

평원고무공장 노동자들 중에서도 선배이자 노동조합 간부였던 강주룡은 광목을 한 필 사서 한밤중에 을밀대를 찾아 올라갔다. 처음에는 죽음으로서 평원공장의 횡포와 자신들의 싸움을 세상 사람들에게 알리겠다고 결심했다. 벗나무 가지에 광목을 걸어 놓고 30여 년 살아온 과거를 되돌

을밀대 위의 강주룡. 당시 을밀대의
높이는 12미터였다.

아보았다. 죽기로 작정했는지라 더 이상 살겠다는 미련은 없었으나, '이 대로 죽는다면 많은 사람들이 내가 왜 죽었는지 제대로 알 수 있을까' '죽더라도 우리의 싸움을 알리고 죽어야 할 텐데……' 하는 생각이 들 었다. 캄캄한 어둠 저편으로 을밀대가 눈에 들어왔다. '옳다, 죽더라도 저 위에 올라가 우리가 싸우는 뜻과 평원공장의 횡포를 마음껏 외치고 죽자' 하고 마음을 바꿨다.

사다리도 없는데 지붕 위로 어떻게 올라갈까 이리저리 궁리를 했 다. 광목 한쪽 끝에 묵직한 돌을 묶어서 지붕 한 귀퉁이 너머로 던져 넘 겼다. 광목 한쪽을 기둥에 묶고 힘주어 당겨 보았다. 뒤편으로 늘어진 광 목에 매달려 지붕 위로 올라갔다.

5월 말, 봄이라지만 아직도 대동강에서 불어오는 새벽바람이 싸늘 했다. 누가 광목을 타고 쫓아 올라올지도 몰랐다. 늘어진 광목을 걷어 올 려 몸을 감쌌다. 계속 싸움을 하느라 피곤하고 지친 몸에 졸음이 몰려왔다. 죽을 작정을 하고 을밀대에 올라왔는데도 쏟아지는 잠을 이길 수 없어 깜박 잠이 들었다. 시끄러운 소리에 잠에서 깼다. 새벽 5시 조금 넘은 시각, 먼동이 트고 있었다. 산책 나온 사람들이 을밀대 앞마당에 몰려와 지붕을 쳐다보며 웅성거렸다. 웬 여자가 무슨 사연으로 저 위에 올라가 앉아 있을까 궁금한 표정이 서려 있었다.

강주룡은 사람들을 내려다보며 죽을 수는 있어도 결코 물러서지는 않겠다고 마음을 다졌다. 모여든 사람들에게 빼앗긴 나라의 노동자들의 처지를 설명하고, 평원고무공장 노동자들이 이렇게 싸울 수밖에 없는 이유와 각오를 밝히고 외쳤다. 연설을 듣던 한 예수교 장로는 감격해서 눈물을 흘리기도 했다. 강주룡이 을밀대 위에서 외쳤던 내용이 신문에도 간단히 실렸다. 뒤에 잡지사 기자와 인터뷰하면서 스스로 이렇게 전했다.

"우리는 49명 우리 파업단의 임금 감하를 크게 여기지는 않습니다. 이것이 결국은 평양의 2300명 고무공장 직공의 임금 감하의 원인이 될 것이므로 우리는 죽기로서 반대하려는 것입니다. 2,300명 우리 동무의 살이 깎이지 않기 위해 내 한 몸뚱이가 죽는 것은 아깝지 않습니다. 내가 배워서 아는 것 중에 대중을 위해서는… (중략) …명예스러운 일이라는 것이 가장 큰 지식입니다. 이래서 나는 죽음을 각오하고 이 지붕 위에 올라왔습니다. 나는 평원고무 사장이 이 앞에 와서 임금 감하 선언을 취소하기까지는 결코 내려가지 않겠습니다. 끝까지 임금 감하를 취소치 않으면 나는 자본가의… (중략) …하는 근로대중을 대표하여 죽음을 명예로 알 뿐입니다. 그러하고 여러분, 구태여 나를 여기(지붕)서 강제로 끌어낼 생각은 마십시오. 누구든지 이 지붕 위에 사다리를 대놓기만 하면 나는

곧 떨어져 죽을 뿐입니다."(《동광》 1931년 7월호, '중략' 부분은 원자료에도 중략한 것)

임금 인하를 막아 내다

강주룡은 을밀대 꼭대기에서 온몸으로 자본의 착취와 식민지 권력의 폭력을 폭로했다. 평원고무공장의 노동자 파업 투쟁이 평양 2,300명 고무 노동자들의 생존권을 가장 앞장서서 지키는 싸움이라는 것, 근로대중을 위해 희생하는 것이 명예스러운 삶이라는 것을 밝혔다.

신고를 받고 경찰이 달려왔다. 뒤쪽에서 소방대원이 사다리를 놓고 몰래 올라가, 완강히 버티는 강주룡을 아래로 밀어 떨어뜨렸다. 강주룡은 그물 위로 떨어지면서 기절했다. 평양서로 끌려간 강주룡은 5월 29일 저녁부터 6월 1일 새벽 2시에 풀려날 때까지, 쟁의가 해결되기 전에는 굶어 죽더라도 먹지 않겠다며 밥 한술 뜨지 않고 완강히 버텼다. 검속 기간이 끝나 풀려난 강주룡은 쉴 틈도 없이 바로 선교리 파업본부로 돌아가 동료들을 격려하고 파업을 지도했다.

평원고무공장 노동자들이 싸우고 있을 때 다른 공장 노동자들은 동정 태업을 벌였고, 평양노동연맹을 비롯한 노동·사회단체에서 적극 지원하겠다고 결의하고 응원했다. 회사 측에서는 직공을 새로 모집해서 공장을 돌리려고 했다. 강주룡이 풀려나자 힘을 얻은 노동자들은 공장 담을 넘어 공장 점거 투쟁을 벌였다. 이때 인병식(23), 오양도(27), 고도실(18),

최용덕(28)이 다시 잡혀 들어갔다. 이들도 58시간 단식 투쟁으로 버티다 6월 3일 저녁에 풀려났다.

새로 들어온 직공들을 막으려고 싸우던 강주룡과 간부들이 기절해 쓰러졌다. 며칠 동안 단식을 해서 몸이 쇠약해진 데다 세차게 쏟아지는 비를 맞으며 전차와 자동차를 가로막고 오랜 시간 진흙탕 속에서 뒹굴었기 때문이다.

6월 6일, 파업단 대표로 공장 측과 만난 강주룡은 "임금 감하를 반대하고 맹파했던 우리 직공들도 환원해야 한다. 공장 측에서는 명예를 위해서라도 파업 직공을 그대로 사용할 수 없다고 하지만 명예와 일가족의 생사 문제는 전연 판이한 문제가 아닌가." 하고 따졌다. 회사 측의 명예보다 더 중요한 것이 일가족의 생사가 달려 있는 노동자들의 생존권이라고 몰아붙인 것이다.

6월 8일, 1개월에 걸친 평원고무공장 노동자들의 파업 투쟁은 회사 측이 임금을 깎겠다는 주장을 철회하고 종전대로 임금을 지급한다는 성과를 얻고 마무리되었다. 그러나 파업한 노동자 전원을 채용하라는 요구는 이뤄 내지 못했다. 대신 파업공 27명과 신모집공 20명을 나누어 채용한다는 조건으로 쟁의가 매듭지어졌다.

6월 9일, 강주룡은 일제가 '평양 최초 최고의 적색노동조합'이라고 불렀던 평양 지역 혁명적 노동조합에 참여했던 것이 드러나 체포되었다. 평양지방법원 예심에 회부되어 1년 동안 감옥에서 비타협적인 옥중 투쟁을 벌였다. 이 과정에서 극심한 신경쇠약과 소화불량에 시달리던 강주룡은 1932년 6월 7일 병보석으로 풀려났다. 감옥에서 풀려나자 아픈 몸이 잠시 나아지는 듯했으나 얼마 지나지 않아 병이 다시 도졌다. 어려운 형편이라 병원조차 제대로 가 보지 못했다. 동료들의 처지도 딱하기는 마찬가지였다. 두 달 동안 앓아누웠던 강주룡은 1932년 8월 13일 오후 3시 반, 평양 서성리 빈민굴 68-28호에서 목숨을 잃었다. 서른두 살 한창 나이로 한 많은 세상, 그러나 치열하게 살았던 31년 삶을 마감했다. 이튿날 8월 15일, 남녀 동지 100여 명이 모여 장례를 치르고 시신을 평양 서성대 묘지에 묻었다.

1930년대 혁명적 노동조합운동과 '평양 적색노조'

1930년대 들어 세계 대공황과 전시 경제체제 아래서 식민지 지배 권력의 탄압이 거세지면서 드러내 놓고 노동운동을 하기가 더욱 힘들어졌다. 그러나 노동자들의 투쟁은 그치지 않고 오히려 늘어나고 있었다. 이러한 노동자들의 투쟁을 배경으로 1930년대 혁명적 노동조합운동이 일어났다. 일제가 이름을 붙인 '적색노조'나 '좌익노동조합' 같은 조직들이 혁명적 노동조합이었다. 혁명적 노동조합운동은 기업별 노동조합을 산업별 노동조합으로 바꾸고, 노동운동을 디딤돌 삼아 밑으로부터 당을 만들고, 생존권 투쟁은 물론 민족해방과 사회혁명을 목적으로 하는 노동운동이었다. 총독부가 만든 부정확한 통계를 보더라도 1931~35년 사이 혁명적 노동조합 활동을 하다 검거된 건수가 70여 건이었으며, 1,759명이 감옥에 잡혀갔다.

혁명적 노동조합 운동가들은 합법의 틀 안에서 활동하던 노동조합을 개량주의 조합이라고 비판했다. 혁명적 노동조합은 비밀결사체였지만 겉으로는 합법 형태를 내세운 노동조합, 파업본부, 노동자 친목회 같은 여러 가지 이름을 내걸고 활동했다. 조직을 만드는 과정은 사업장을 중심으로 '반'이나 '공장 그룹' 같은 세포 조직(정당·단체 등의 기반이 되는 말단 조직)을 기초로 분회를 두고, 분회 위에 공장위원회, 그 위에 지역 산업별 노동조합을 만든 뒤 전국을 아우르는 산업별 노동조합을 결성하는 것이었다.

혁명적 노동조합운동을 이끌어 갔던 사람들은 그때까지 전향하지 않고 활동하던 1920년대 사회주의자, 코민테른(1919년 만들어진 국제적인 공산당 조직)과 이어져 국외에서 들어온 활동가, 일제와 타협하지 않고 활동하던 사회운동가, 노동조합운동의 간부, 광주학생운동 이후 노동운동에 뛰어든 학생운동가, 1920년대 말부터 1930년대 전반에 걸쳐 노동운동을 하면서 커온 선진 노동자들이었다.

1930년대 혁명적 노동조합운동의 대표되는 사례들은 1933~36년 서울을 중심으로 경기도 일대에서 활동하던 이재유 그룹, 4차에 걸쳐 계속된 '태평양 노동조합 사건(1930~35)', 원산 지역 혁명적 노동조합운동을 들 수 있다.

강주룡이 참여했던 '평양 최초 최고의 적색노조'도 1930년대 만들어진 혁명적 노동조합의 하나였다. 평양 지역 혁명적 노동조합운동의 중심인물은 정달헌이었다. 강주룡이 밑에서부터 커온 선진 노동자였다면 정달헌은 엘리트 출신의 사회주의 활동가였다. 정달헌은 1899년 함남

흥원군 주익면 신계리에서 태어났다. 함흥 영생중학과 개성 송도고등보통학교를 마치고 서울 연희전문학교 문과에 입학했다. 1924년 8월 신흥청년동맹 기관지 《신흥청년》 동인이 되었으며, 1925년 9월 조선학생과학연구회 발기 대회에 참가하고 창립 이후 간부를 지낸 뒤, 1926년 2월 고려공산청년회에 가입했다. 이 무렵 조선공산당에 입당하여 경성부 제2구 제2야체이까(조직) 학생부 책임이 되었다. 1926년 5월 중순, 러시아로 가서 1926년 9월 동방노력자공산대학에 입학해 1929년 5월 졸업했다. 1930년 8월에 모스크바를 떠나 고향으로 돌아와 흥원 방면에서 활동가들을 모아 세우는 일을 시작했다.

정달헌은 1930년 12월 조선질소비료회사에서 공장의 실태 조사와 좌익운동 이론을 연구하는 모임을 만들었다. 1931년 1월 25일, 이 모임을 '좌익노동조합 결성준비회'로 고치고 지도자로 활동했다.

1931년 2월, 정달헌은 활동 근거지를 평양으로 옮겼다. 그는 대동강 주변 걸인 합숙소에 살 곳을 마련하고 걸인 행세를 하거나 지게꾼 일을 하면서 좌익 활동가, 선진 노동자, 노동조합 간부들을 만났다. 이들을 만나는 데 연결 고리 역할을 한 주요 인물이 배승룡과 조영옥이었다. 배승룡은 고무공장 노동자로서 평양뿐 아니라 신의주, 운산 금광 노동자들을 묶어세우는 일에도 참여했다. 조영옥은 평양여자고등보통학교를 다니다 학비를 댈 수 없어 자퇴하고, 근우회 회원으로 활동하다가 배승룡의 소개로 정달헌과 만나 '적색노동조합'에 가입했다. 강주룡은 이들을 통해 정달헌과 만나 '적색노조'에 가입한 것으로 보인다.

정달헌을 중심으로 한 평양의 선진 노동자들과 활동가들은 1931년

5월 4일 밤, 모란봉 아래에 있는 관왕묘 부근에서 적색노동조합을 만들기로 결의했다. 그런데 평양 지역의 적색노동조합 활동은 1931년 5월 28일부터 정달헌을 비롯한 중심인물들이 잡히면서 24일 만에 막을 내려야 했다. 평양 경찰서는 이를 '평양 최초 최고의 적색노조 사건' '정달헌 중심의 당 조직 준비사건' 이라고 발표했다. 6월 9일 강주룡도 이 사건에 연루되어 잡혀 들어갔다.

'평양 적색노조 사건' 은 1931년 7월 3일 예심에 회부되었다. 이 사건으로 9명이 구속되었고, 12명이 불구속으로 기소되었다. 검거망을 피해 나갔던 정두원이 얼마 뒤에 잡혀 들어와 구속자는 10명으로 늘어났다. 평양 적색노조 사건은 1933년 3월 22일에야 평양 지방법원에서 예심이 종결되었다. 검거된 지 22개월, 예심에 회부된 지 20개월 만이다. 예

신문에 실린 '평양 적색노조 사건' 연루자들.

심에 회부된 10명 가운데 차석규는 감옥에서 죽었고, 1932년 6월 병보석으로 출감했던 강주룡은 그해 8월 13일 사망했다. 나머지 8명이 평양지방법원 합의부 형사공판에 회부되었다. 정달헌과 정두원은 치안유지법 위반, 나머지 6명은 출판법 위반이 적용되었다.

1934년 3월 16일, 평양지방법원에서 8명에 대한 제1회 공판이 열렸다. 4월 30일, 정달헌에게 최고 6년, 나머지 사람들에게는 2년 반이 언도되었다.

정달헌을 뺀 나머지 7명은 미결 상태로

갇혀 있던 날짜가 850일로 계산되어, 판결 받은 다음날인 5월 1일 만기 출옥했다. 감옥에 갇힌 채 3년 가까이 미결로 신음하다 겨우 자유의 몸이 된 것이다. 하지만 그들 앞에 놓여 있는 상황은 여전히 일본 제국주의 지배 아래 고통받는 노동자·농민들의 신음소리와 식민지 조선의 척박한 현실이었다.

1930년대 혁명적 노동조합은 정달헌과 강주룡을 비롯한 노동자들의 만남에서 볼 수 있듯이 사회주의 활동가와 선진 노동자들의 결합체라고 할 수 있다. 노동자들의 경제적 이해와 노동조건 개선에서 나아가 민족해방과 사회혁명을 꿈꾸던 혁명적 노동조합의 전통은 해방 후 다시 살아나 1945년 11월 조선노동조합전국평의회(전평)의 결성과 활동으로 이어졌다. 그리고 그들이 꿈꾸던 해방 세상은 아직도 '오래된 미래'이다.

Zoom-in

우리가
기억해야 할
역사 속 인물들

1931년 5월 이전까지 강주룡의 이름을 아는 이들은 주변 사람들밖에 없었다. 강주룡은 공부를 많이 하지도 못했고, 해외 유학을 다녀온 인텔리 여성도 아니었으며, 남편의 영향을 받아 여성단체에서 활동한 여성 운동가도 아니었다. 세상이 하찮게 여기던 노동자이며 여성이었다. 강주룡의 이름은 '을밀대 고공 농성'과 함께 세상에 널리 알려지게 되었다. 평양에 있던 조그만 고무신발 공장 노동자가 을밀대 위에서 농성한 사건을 중앙 일간지에서도 '평양 을밀대에 체공녀 돌현'(동아일보, 1931. 5. 31), '을밀대 옥상에 올라가 파업 선동의 연설'(매일신보, 1931. 5. 30), '아사 동맹을 지속 을밀대에서 철야 격려'(조선일보, 1931. 5. 30)라고 크게 보도했다. 그의 죽음과 장례식도 신문에 실렸다.

강주룡의 이름은 강주룡만의 것이 아니었다. 기록된 역사의 뒤편에는 노동운동, 민족해방운동, 사회변혁운동에 참여했던 수많은 사람들의 이름이 있다. 그들은 자신의 행위를 기록할 틈이 없거나, 무엇을 기록했다 하더라도 제대로 갈무리해 두기가 힘들었다. 그 기록이 꼬투리가 되어 자신만이 아니라 조직과 동지에게까지 탄압이 미칠 수 있었기 때문이다. 때로 탄압하는 측에서 남긴 기록 속에 그들의 삶의 흔적이 일부 남아 있기는 하다. 그러한 기록은 자신과 주위의 일을 사실대로 낱낱이 말한 것이 아니므로 사실 가운데 일부만 반영하고 있을 뿐이다. 그렇기 때문에 '지도자'의 이름을 기억할 때는 그 이름 뒤에 있던 수많은 대중들을 함께 떠올려 보아야 한다.

또한 기록된 이름들이 역사 속에서 했던 역할도 제대로 되새겨 볼 필요가 있다. 식민지 시대 역사만 보더라도 강주룡 같은 여성이나 노동자의 이름은 오랫동안 역사의 무덤 속에 묻혀 있었다. 그 자리를 차지했던 것은 타협과 변절과 친일·민족 반역의 길을 걸어갔던 '친일파'들이었다. 여러 가지 행태로 친일의 길을 걸었던 자들이 스스로 '민족 지도자'를 자처하며 두툼하고 화려한 기록들을 남겼다. 그들은 기록을 남길 시간과 돈과 자료가 풍부했다. 뿐만 아니라 글 쓰는 고통을 스스로 지지 않아도 주위를 에워싼 지식인이나 작가를 고용해 '고상하고 아름답게' 자기를 기록하게 했다. 숨기고 싶은 부분은 빼버리고, 빼버리기엔 미련이 남으나 그래도 껄끄러운 부분은 교묘한 변명으로 분장을 했다. 그들의 실체를 제대로 보고자 할 때, 비춰 볼 수 있는 거울이 바로 강주룡 같은 인물이다.

을밀대에서 고공 농성을 하면서 강주룡이 외쳤던 말은 강주룡뿐 아니라 아마 그 당시 선진 노동자들, 혁명적 노동운동의 지도자들이 가졌던 보편적 인식이었을 것이다.

"내가 배워서 아는 것 중에 대중을 위해서는 … 명예스러운 일이라는 것이 가장 큰 지식입니다. 나는 자본가의 … 하는 근로대중을 대표하여 죽음을 명예로 알 뿐입니다."

식민지 조선의 활동가들뿐 아니라 사회변혁을 통해 해방된 세상, 아름다운 세상을 꿈꾸던 사람들이 가지고 있던 생각이기도 했다. 막심 고리끼의 소설 《어머니》의 한 부분에 이런 이야기가 나온다. 아들 파벨이 노동운동을 하다 감옥에 간 뒤 세상에 눈을 뜬 어머니 닐로바는 혁명운동을 하는 니콜라이 이바노비치와 그의 여동생 소피아를 도우며 함께 살아갔다. 어느 날 어머니 닐로바는 혁명운동의 임무를 띠고 시골로 내려가는 소피아와 동행을 하게 되었다. 길을 걸으면서 어머니는 소피아가 등에 아주 무거운 짐을 지고 운반하는 모습을 안타까워하면서 평소에 궁금하던 것을 물었다.

"당신의 노동은 누구에게 보상을 받으려고 하지?"

소피아가 대답한다.

"우리는 이미 모든 보상을 받았습니다. 우리는 만족한 생활을 발견했기 때문이죠. 우리는 모든 영혼을 다 기울여서 자랑스럽고 뜻있는 생활을 하고 있습니다. 그 이상 무엇을 더 바라겠습니까?"

세상에 태어나 살아가면서 자랑스럽고 뜻있는 일이 무엇인지 모르고, 또 그런 생활을 한 번도 해보지 못하고 죽어 가는 사람들이 적지 않을 것이다. 그에 비해 자랑스럽고 뜻있는 생활은 만족스런 생활일 터이고, 그런 생활을 하고 있다는 것만으로 '고통스런 노동'은 이미 보상을 받고 있다는 것이다.

"근로 대중을 대표하여 죽음을 명예로 알 뿐."이라던 강주룡의 활동은 당시 사회 변혁을 꿈꾸던 활동가들, 노동운동의 지도자들이 가졌던 '만족한 생활, 자랑스럽고 뜻있는 생활'이었을 것이다.

강주룡의 길지 않은 생애와 실천을 통해 오늘 다시 새겨 보아야 할 것은 시대와 타협하지 않으며 원칙대로 꼿꼿하게 사는 삶, 자신만이 아니라 대중의 이해를 실현하려고 앞장서는 실천, 아름다운 세상에 대한 버릴 수 없는 희망, 역사의 흐름을 따라 제 길을 걸어가는 자랑스러운 삶의 모습이다.

알렉산드로스 – 세계 제국 운영과 헬레니즘 문화

닉 맥카시, 박미영 옮김, 《알렉산더– 두려움을 정복하는 자, 세계를 정복하리라!》,
루비박스, 2004.

폴 카트리지, 이종인 옮김, 《알렉산더 – 위대한 정복자》, 을유문화사, 2004.

19세기 퀘이커 여성 – 빅토리아 시대 이중 규범과 페미니즘

리처드 에번스, 정현백 옮김, 《페미니스트》, 창비, 1997.

리타 M. 그로스, 김윤성 · 이유나 옮김, 《페미니즘과 종교》, 청년사, 1999.

이성숙, 〈영국 빅토리아 시대의 성병방지법과 매춘 여성들〉, 《서양사론》 69호, 2001.

크리스티나 폰 브라운, 탁선미 외 옮김, 《젠더 연구》, 나남출판, 2002.

이성숙, 《여성, 섹슈얼리티, 국가》 책세상, 2009.

양계초 – 중국 근대 격동기 개혁의 길

이혜경, 《천하관과 근대화론 : 양계초를 중심으로》, 문학과지성사, 2002.

허도학, 《중국 근대화 기수 양계초》, 임방서원, 2000.

전봉준 – 조선 말, 이루지 못한 농민들의 꿈

송찬섭, 《농민이 난을 생각하다》, 서해문집, 2004

역사문제연구소, 《전봉준과 그의 동지들》, 역사비평사, 1997.

역사학연구소, 《농민전쟁 100주년 쟁점과 인식》, 거름, 1994.

우윤, 《전봉준과 갑오농민전쟁》, 창비, 2000.

체 게바라 – 쿠바혁명, 라틴 아메리카 무장투쟁의 본보기

강정석, 〈복권 열풍의 혁명가 체 게바라〉, 《역사비평》 44호, 1998.

고영일, 〈체 게바라 : 신화와 회귀를 생각하며〉, 이성형 편, 《라틴 아메리카의 역사와 사상》, 까치, 1999.

이원태, 〈'체 게바라 신드롬'의 사회학〉, 《경제와 사회》 47호, 2000.

장 코르미에, 김미선 옮김, 《체 게바라 평전》, 실천문학사, 2000.

체 게바라, 홍민표 옮김, 《체 게바라의 모터사이클 다이어리》, 황매, 2004.

호치민 – 제국과 맞서 싸운 베트남 인민의 힘

더글라스 파이크, 녹두 편집부 옮김, 《베트남 공산주의 운동사 연구》, 녹두, 1985.

마이클 매클리어, 유경찬 옮김, 《베트남, 10,000일의 전쟁》, 을유문화사, 2002.
방현석, 《하노이에 별이 뜨다》, 해냄, 2002.
보 우옌 지압, 한기철 옮김, 《인민의 전쟁 인민의 군대》, 백두, 1988.
송필경, 《제국주의 야만에 저항한 베트남 전쟁》, 건치, 2002.
이영희, 《베트남 전쟁》, 두레, 1985.
조녀선 닐, 정병선 옮김, 《미국은 어떻게 베트남에서 패배했는가》, 책갈피, 2004.
최용호, 《물어보세요 베트남 전쟁과 한국군》, 국방부전사편찬위원회, 2004.

트라시마코스 - BC 5세기, 고대 그리스의 절정과 몰락

플라톤, 박종현 옮김, 《플라톤의 국가 · 정체》, 서광사, 1997.
플라톤, 최명관 옮김, 《플라톤의 대화편》, 훈복문화사, 2004.

최치원 - 신라 사회에 꺾인 6두품의 꿈

이재운, 《최치원 연구》, 백산자료원, 1999.
한국사학회, 《신라 최고의 사상가 최치원 탐구》, 주류성, 2001.

이문건 - 일기를 통해 보는 조선시대 양반의 일상생활

김현영, 〈16세기 한 양반의 일상과 재지사족- '묵재일기'를 중심으로〉, 《조선시대사학보》 18집, 2001.
《묵재일기》 《양아록》 《묵재집》 등 이문건 관련 자료(충북 괴산 종가 소재)
안봉서원(성주 이씨의 서원, 성주 소재)
이문건, 이조년 묘서(성주 소재)
이문건이 직접 새긴 부모의 비갈(한글고비, 서울시 노원구 소재)
이장경, 이조년 등 이문건 선대의 영정(성주 안봉서원 소재)

그로노바우스 - 17세기 뉴럽의 분발공화국

매튜 배틀스, 강미경 옮김, 《도서관 그 소란스러운 역사》, 넥서스BOOKS, 2004.
빈프리트 뢰쉬부르크, 이민수 옮김, 《여행의 역사》, 효형출판, 2003.
주경철, 《네덜란드 : 튤립의 땅 모든 자유가 당당한 나라》, 산처럼, 2003.

후쿠자와 유키치 - 근대 일본은 어떻게 설계되었나?

가와무라 신, 이혁재 옮김, 《후쿠자와 유키치》, 다락원, 2002.
정일성, 《후쿠자와 유키치》, 지식산업사, 2001.
후쿠자와 유키치, 양문송 옮김, 《학문을 권함》, 일송미디어, 2004.

이오덕 – 어린이와 겨레의 삶을 가꾸는 교육

이오덕, 《삶을 가꾸는 글쓰기 교육》, 보리, 2004.

이오덕, 《시 정신과 유희 정신》, 창비, 1997.

이오덕, 《아이들에게 배워야 한다》, 길, 2004.

이오덕, 《우리글 바로 쓰기 1 · 2 · 3》, 한길사, 1989~1995.

이오덕, 《참교육으로 가는 길》, 한길사, 1990.

몽타유 사람들 – 중세 프랑스 이단자들의 삶과 문화

제프리 리처즈, 유희수 · 조명동 옮김, 《중세의 소외집단》, 느티나무, 1999.

헤롤드 브라운, 라은성 옮김, 《교회사 안에 나타난 이단과 정통》, 그리심, 2002.

메노키오 – 르네상스와 종교개혁기의 민중적 책 읽기

뤼시엥 페브르, 김응종 옮김, 《16세기의 무신앙 문제》, 문학과지성사, 1996.

미하일 바흐찐, 이덕형 옮김, 《프랑수아 라블레의 작품과 중세 및 르네상스의 민중문화》, 아카넷, 2001.

올리비에 크리스텡, 채계병 옮김, 《종교개혁 : 루터와 칼뱅, 프로테스탄트의 탄생》, 시공사, 1998.

카를로 진즈부르그, 김정하 외 옮김, 《치즈와 구더기 : 16세기 한 방앗간 주인의 우주관》, 문학과지성사, 2001.

메네트라 – 18세기 프랑스 파리 장인의 세계

로버트 단턴, 주명철 옮김, 《책과 혁명 : 프랑스 혁명 이전의 금서 베스트셀러》, 길, 2003.

로제 샤르띠에, 백인호 옮김, 《프랑스 혁명의 문화적 기원》, 일월서각, 1998.

린 헌트, 조한욱 옮김, 《프랑스 혁명의 가족 로망스》, 새물결, 1999.

백인호, 《창과 십자가 – 프랑스 혁명과 종교》, 소나무, 2004.

F. 블뤼슈 외, 고봉만 옮김, 《프랑스 혁명》, 한길사, 1999.

이세희, 《프랑스 혁명사 연구》, 부산대학교 출판부, 2004.

시팅불 – 19세기 후반 미국 인디언의 행로

디 브라운, 최준석 옮김, 《나를 운디드니에 묻어주오 – 미국 인디언 멸망사》, 나무심는사람, 2002.

로버트 M. 어틀리, 김옥수 옮김, 《시팅불 : 인디언의 창과 방패》, 두레, 2001.

강주룡 – 일제강점기 식민지 노동자들의 삶과 투쟁

박석분 · 박은봉, 《인물 여성사》, 새날, 1994.

역사학연구소, 《역사 속의 미래 사회주의》, 현장에서미래를, 2004.